经世济民
诚信服务
德法兼修

"十四五"职业教育国家规划教材

职业教育国家在线精品课程配套教材

高等职业教育电子商务类专业

数实融合 守正创新

新形态一体化教材

国家职业教育电子商务专业教学资源库
升级改进配套教材

网络营销

(第三版)

○ 主　编　汪永华

○ 副主编　卢静宜　苏程浩　李　冶

○ 主　审　韩　艳

中国教育出版传媒集团

高等教育出版社·北京

内容提要

本书是"十四五"职业教育国家规划教材，也是职业教育国家在线精品课程配套教材、国家职业教育电子商务专业教学资源库升级改进配套教材，还是高等职业教育电子商务类专业"数实融合 守正创新"新形态一体化教材。

本书紧扣时代主题，坚持立德树人，服务网络营销高级技能人才培养，针对网络营销工作的新任务、新情境，以工作过程系统化为导向，按照"精准定位—精准识别—矩阵推广—加速转化—洞察绩效"的工作过程构建知识内容。全书共分为六个模块，分别是：认识网络营销、网络市场调研与分析、网络品牌营销、全渠道网络推广、网络促销、网络营销效果评估。

本书既可作为高等职业本科、专科院校，以及中等职业学校电子商务类、工商管理类专业的教材，也可作为网络营销、新媒体营销相关从业人员的案头读物。

本书配套建设有职业教育国家在线精品课程"网络营销"，可登录"智慧职教"平台在线学习。本书配套建设了类型丰富的数字化教学资源，精选其中具有典型性、实用性的微课资源，以二维码方式标注在教材边白处，供读者即扫即用。教师如需获取本书授课用PPT、电子教案、习题答案等配套资源，请登录"高等教育出版社产品信息检索系统"（xuanshu.hep.com.cn）免费下载。

图书在版编目（CIP）数据

网络营销 / 汪永华主编． -- 3版． -- 北京：高等教育出版社，2024.6

ISBN 978-7-04-062084-9

Ⅰ.①网… Ⅱ.①汪… Ⅲ.①网络营销-高等职业教育-教材 Ⅳ.①F713.365.2

中国国家版本馆CIP数据核字(2024)第067341号

网络营销（第三版）
WANGLUO YINGXIAO

| 项目策划 | 赵 洁 | 策划编辑 | 康 蓉 王 沛 | 责任编辑 | 王 沛 | 封面设计 | 赵 阳 | 版式设计 | 李彩丽 |
| 责任绘图 | 李沛蓉 | 责任校对 | 刘娟娟 | 责任印制 | 高 峰 |

出版发行 高等教育出版社　社址　北京市西城区德外大街4号　邮政编码 100120
购书热线 010-58581118　咨询电话 400-810-0598
网址 http://www.hep.edu.cn　http://www.hep.com.cn
网上订购 http://www.hepmall.com.cn　http://www.hepmall.com　http://www.hepmall.cn

印刷　北京市艺辉印刷有限公司　开本　787mm×1092mm 1/16　印张 15　字数 250千字
插页 1　版次 2013年9月第1版 2024年6月第3版　印次 2024年12月第2次印刷
定价 48.80元

本书如有缺页、倒页、脱页等质量问题，请到所购图书销售部门联系调换
版权所有　侵权必究
物料号 62084-00

第三版前言

党的二十大报告明确指出："加快发展数字经济，促进数字经济和实体经济深度融合，打造具有国际竞争力的数字产业集群。"随着电子商务模式的不断创新，网络营销模式也在不断创新，成为企业品牌塑造、开拓市场、获取客户与订单的重要方式。网络营销已经渗透到人们经济生活的方方面面，呈现出"全程媒体、全息媒体、全员媒体、全效媒体"的融媒体特征。

"网络营销"课程简介

2024年政府工作报告提出："大力推进现代化产业体系建设，加快发展新质生产力。"新质生产力的创新发展，为网络营销的升级提供了新动能。网络营销的岗位职责和活动内容随着产业的发展而不断升级，产生了很多新的情境和工作任务。从岗位看，除了传统的网络推广专员、网络运营专员和活动策划专员等，又产生了网络主播、新型自媒体人等新岗位；从工作职责看，这些新岗位上的职员主要负责品牌营销、网络推广、促销活动设计、客户服务与转化等网络营销工作。

因此，面对日新月异的新形势和不断涌现的新岗位，网络营销教材建设也需要不断提炼新的工作任务，创设网络营销的新情境和新内容，不断适应数字经济时代的新要求，适应网络营销岗位职责和活动内容升级的新需要。本书以系统化的网络营销工作过程为导向，按照"精准定位—精准识别—矩阵营销—加速转化—绩效洞察"的流程科学地构建了知识技能内容体系。本书具有以下特点：

一、落实立德树人根本任务，凝练课程思政元素

党的二十大报告明确指出："育人的根本在于立德。全面贯彻党的教育方针，落实立德树人根本任务，培养德智体美劳全面发展的社会主义建设者和接班人。"本书坚持价值塑造、知识传授与能力培

养的有机统一，将体现育人特色的素养目标置于三维学习目标之首。每章均设置有"职业道德与法规"栏目，作为课程思政教育的载体，并将党的二十大精神融入其中，致力于为社会培养具有良好职业操守、敬业精神、创新精神和专业能力的网络营销人才。

二、适应专业发展，突出职业教育类型特色

教育部相继发布了《职业教育专业目录（2021年）》和《职业教育专业简介（2022年修订）》。本书以上述文件精神为指导，科学编排教材内容，紧密对接相关专业的教学标准和课程标准，并结合网络营销的实际工作场景和业务流程，模块化设计教材内容，以帮助学生更好地掌握实际工作中所需要的知识和技能；本书还坚持产教融合理念，与行业内典型企业的工作人员及本领域内的专家共同编写。同时，本书设计了"调查研究与善作善成"栏目，将理论与实践相结合，以凸显"调查研究是获得真知灼见的源头活水"，提高学生将来从事网络营销工作的核心职业能力。

三、反映网络营销发展新趋势，体现数字经济背景下行业发展新特点

目前，网络营销内容创作已从单一的文字、图片呈现方式向短视频、直播、人工智能、VR、元宇宙等融媒体形式发展，网络营销内容分发也从单一情境向立体化情境、智能化精准营销转变。本书通过正文内容的完善和"数实融合新视界"栏目的设计，呈现行业发展中的典型案例，反映网络营销行业发展的新趋势、新场景和新模式，使学生在实际工作中具备一定的前瞻性思维。

四、以职业教育国家在线精品课程为依托，推进"一书一课一空间"建设

本书紧跟教育数字化的发展趋势，依托职业教育国家在线精品课程建设和国家职业教育电子商务专业教学资源库升级改进，进行新形态一体化教材建设，配套开发了微课、课件、教案等类型丰富的数字化教学资源，实现了课程建设与教材开发的相互支撑、交叉应用与开放共享，有效推动了线上线下混合式教学的开展。

本书由汪永华教授主编并负责统稿工作，卢静宜、苏程浩、李冶

担任副主编，韩艳担任主审。模块一由汪永华编写，模块二由平萍编写，模块三由李冶编写，模块四由卢静宜、章卫惠、周元斐等编写，模块五由吕丽珺编写，模块六由苏成浩编写。全国电子商务职业教育教学指导委员会对本书给予了充分的指导和帮助。由阿里巴巴网络科技有限公司、浙江省电子商务促进会、浙江国贸数字科技有限公司和浙江经济职业技术学院电子商务专业教师组成的产教融合编写团队为本书的内容构思、资料收集与整理等工作贡献了各自的聪明才智，在此对以上人员表示感谢，也特别感谢高等教育出版社编辑的帮助。同时，本书在编写过程中参阅了大量国内外公开出版的资料和文献，一并表示由衷的感谢。

由于网络营销行业的发展日新月异，加之编者的水平及时间有限，书中难免存在疏漏与不足之处，恳请广大读者和同行批评指正。同时，欢迎广大读者和同行与编者交流，本书主编的电子邮箱是79277630@qq.com。

编　者
2024 年 6 月

第一版前言

在本书将完成之际，阿里巴巴天猫、苏宁易购、京东商城、当当网、国美等重量级电商巨头发起了大规模促销活动：促销时间节点定于 2012 年 11 月 11 日，促销时段为 24 小时；11 日晚，在核心媒体 CCTV "新闻联播"黄金时段也报道了该电商大战消息，称有 50% 的电商都参与该促销活动。在促销活动结束后，根据阿里巴巴集团 12 日凌晨发布的数据信息，"双 11"促销的支付宝总销售额达 191 亿元，同比增长 260%，其中天猫为 132 亿元，淘宝为 59 亿元。由此可见现今网络营销的火爆程度，所有关注网络的消费者几乎都可以感受到来自网络的促销拉引。也就是说，网络营销作为电子商务的核心能力，越来越受到行业、企业和各类各层次人员的关注。

网络营销作为高等职业教育电子商务专业教学资源库建设项目 10 门核心课程之一，在前期调研所得到的相关信息中，编者已经知晓本课程受到的关注度较高；同时，编者作为教材编写工作的全程参与者，也充分感受到编写工作的艰辛；再者，本书作为高职高专许多优秀院校所组成的课程开发团队的共同成果，也等待着人们的评鉴，故编者深感压力巨大。尽管如此，还是希望本书能够成为电子商务从业人员、初学者、学生等喜欢的书籍，并为其从事网络营销相关工作提供帮助。

本书集合了 10 所高职院校电子商务专业骨干力量，经过多次研讨、斟酌，最终确定了教材整体框架。在此基础上，才开始动笔撰写各章节。在本书编写过程中，首先在内容上充分考虑了与"网络贸易""网上创业"等课程的交叉关系，根据电子商务企业网络营销职业岗位梳理其业务流程和能力要求，针对目前最常用的网络营销方法做重点内容介绍。网络营销实训项目围绕可操作性思路编写,主要体现"做中学"理念;每项实训都以某个具体业务为切入点,让学习者一步一步地完成该业务流程,具有直观、易学和带一定趣味性等特点,并且实现在脱机状态下可以完成相关实训;若初学者顺利通过本书设计的7个实训项目(技能训练)的测试,就可以认为学习者已经具备网络营销基本能力。

本书主要内容:第一章为网络营销概述,主要明确网络营销定义,介绍网络调研方法,分析网络消费者行为和网络品牌策略。第二章为搜索引擎营销,主要内容包括搜索引擎营销基础知识,搜索引擎营销一般原理,搜索引擎营销方法、技巧和搜索引擎营销基本形式等。第三章为网络推广,依次介绍了软文营销、E-mail营销、博客与微博推广、网络社区推广、即时通信(IM)推广和网络事件营销等典型的网络推广方式。第四章为网络广告,主要讲述网络广告的基本概念、定价模式、投放等相关知识。第五章为网络促销,主要介绍网络促销的主要形式、应用条件以及网络促销方案设计等。第六章为网络营销评估,主要介绍网络营销评估的概念、评估步骤及途径和网络营销评估内容。

本书在编写过程中参阅了大量国内外公开发表的资料和文献,并引用了其中的部分案例和图表资料,谨向诸多作者和相关组织及企业表示由衷的感谢。

鉴于网络营销涉及内容具有可变性和时效性特点,加之编者时间仓促、理论和业务水平有限,书中必定有不妥之处,敬请各位专家和读者批评指正,以利于再版时修订。

编 者

2013年5月

目录

模块一
认识网络营销　　001

单元一　网络营销概述　　004
单元二　网络营销环境　　009
单元三　网络营销思维　　021
单元四　网络营销的基本流程　　028

模块二
网络市场调研与分析　　041

单元一　网络市场调研　　044
单元二　网络市场细分与定位　　052
单元三　网络消费者行为分析　　058

模块三
网络品牌营销　　069

单元一　网络品牌营销概述　　072
单元二　网络品牌设计与策划　　077
单元三　品牌IP营销　　087

模块四
全渠道网络推广　　　　　　　　**101**

单元一　引起注意　　　　　　　104
单元二　引起兴趣　　　　　　　114
单元三　引导搜索　　　　　　　123
单元四　引导行动　　　　　　　132
单元五　引导分享和传播　　　　148

模块五
网络促销　　　　　　　　　　　**167**

单元一　网络促销认知　　　　　　　169
单元二　节假日促销　　　　　　　　174
单元三　价格促销　　　　　　　　　177
单元四　活动促销　　　　　　　　　180
单元五　网络促销方案设计与实施　　192

模块六
网络营销效果评估　　　　　　**199**

单元一　网络营销效果评估认知　　　202
单元二　网络营销效果评估指标　　　205
单元三　网络营销效果评估实施　　　208

参考文献　　　　　　　　　　　**225**

模块一

认识网络营销

学习目标

素养目标
- 培养网络营销思维，具备敏锐的市场洞察力和创新思维
- 在网络营销中严守法律法规底线，确保营销活动合法合规

知识目标
- 掌握网络营销的定义和特征
- 了解网络营销的发展历程
- 了解网络营销环境
- 熟悉网络营销思维的基本内容
- 掌握网络营销的基本流程

技能目标
- 能够分析网络营销环境
- 能够设计网络营销流程
- 能够在网络营销中对消费者画像进行正确分析

思维导图

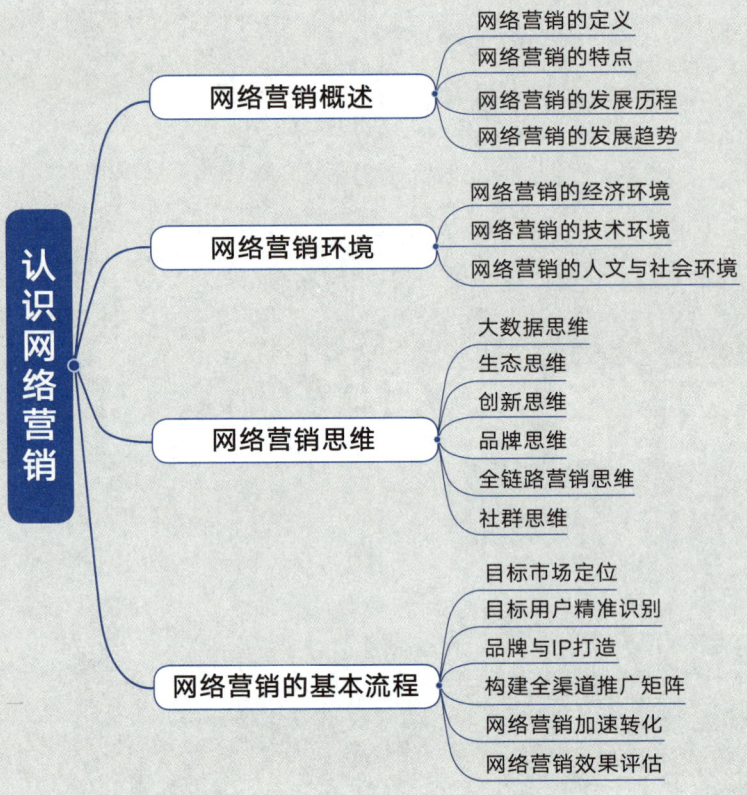

学习计划

■ 素养提升计划
_____
_____

■ 知识学习计划
_____
_____

■ 技能训练计划
_____
_____

引导案例

科大讯飞:"用技术说话"助力北京冬奥会

科大讯飞作为一个自主创新的人工智能企业,亟须通过建立差异化的品牌认知优势、借助富有创意的内容和营销事件增强传播势能,提高大众对科大讯飞的认知。北京冬奥会是一个向世界展示中国的机会,对于科大讯飞而言,这是传递品牌理念道路上的关键一站。

作为2022年北京冬奥会和冬残奥会官方自动语音转换与翻译技术供应商,科大讯飞致力于打造史上第一届沟通无障碍的冬奥会,其目标是实现人和组织的沟通无障碍、人和人的沟通无障碍、人和赛事的沟通无障碍、残障人士和奥运会的沟通无障碍,从而提升大众对科大讯飞的品牌认知,提升核心客户群对科大讯飞的技术认知,增强科大讯飞的品牌势能,提升受众对科大讯飞的兴趣度,通过多样化场景打造,赋能科大讯飞产品的营销转化。

科大迅飞的传播主题是:"用技术说话"。是技术,让中国实现大国崛起的弯道超车;是技术,让奥运会赛场上更多的中国面孔被世界记住;是技术,在背后保障整个冬奥会的沟通无阻。

科大讯飞构建营销阵地,用一组《用技术说话》的平面创意,以场景应用直观体现"无障碍沟通"价值,科大讯飞应用其核心技术"自动语音转写及翻译"创作了一支"用技术说话"的广告片《一封对话世界的邀请函》,提升了大众对品牌的认知;构建势能阵地,打造虚拟主持人形象,并使用语音合成技术,打造互动H5,普及冬奥会知识,提升核心客户群对科大讯飞技术实力的认知;构建体验阵地,让冬奥会实现人与人的无障碍沟通,用户可以使用科大讯飞翻译机与志愿者、赛事服务人员和运动员对话,并可以和家人进行双语交流,并可以拍摄vlog发于社交媒体,与粉丝互动,后续持续被B站、小红书、抖音等的博主进行二次创作;对北京冬奥会授权的录音笔、翻译机、翻译笔、听见系统进行创意化虚拟形象设计,助力用户在各类场景中应对自如,让用户感知科大讯飞的科技;开拓线上线下的营销渠道,在线下通过电梯媒体进行投放,触达精准人群。

科大讯飞紧抓冬奥会的四大关键节点——倒计时、火炬接力、开闭幕式、赛事夺冠,建立"冬奥会官方媒体+央级头部媒体+区域势能媒体+核心KOL+运动员+KOC"组成的媒体传播矩阵①。策划线上传播事件,科大讯飞官方自媒体原创发稿 90 篇,总计曝光量超过 500 万次;创建并运营"#用技术说话"话题,带动社会化传播;通过奥组委官方自媒体、体育及科技类 KOL 及营销行业媒体发稿 30 余篇,登上微博热搜榜 4 次,话题沉淀曝光量 7 300 万次,自媒体用户自发扩散转发超过 9 000 条,扩散曝光量超过 3.3 亿次,正面舆论占比为 96.6%;线下电梯媒体投放智慧屏 1 532 块、框架媒体超 1 000 个,共计触达 789 万人次,传播曝光量超过 5 300 万次;通过央视自媒体矩阵传播获得曝光量 3 500 万次。科大讯飞冬奥会整合营销总计曝光量 21 亿次,总曝光量超过 8 000 万次。

【案例分析】

在数字经济时代,科大讯飞借助北京冬奥会,应用营销科技和数字化技术,开展线上线下全渠道整合营销,通过品牌/场景价值导向主视觉(Key Visual,KV)、互动 H5、虚拟数字人等丰富的创意内容形成"组合拳",在北京冬奥会的不同阶段通过各媒体平台进行有效营销,让大众看到"用技术说话"的科大讯飞,实现了品牌价值的跃升。

单元一　网络营销概述

一、网络营销的定义

在传统的市场营销中,最经典的策略就是 4P 营销组合策略,即从产品(Product)、价格(Price)、渠道(Place)和促销(Promotion)四个方面展开营销活动。

其中,产品策略要求企业注重产品功能的开发,要求产品有独特的卖点,把产品的功能需求放在第一位;价格策略就是根据不同的市场定位,制定不同的价格;渠道策略强调企业不直接面对消费者,而是注重经销商的培育和营销网络的建立,企业通过渠道商与消费者建立联系;促销策略就是企业注重通过销售行为的改变来刺激消费

---

① KOL,英文为 Key Opinion Leader,是指拥有更多、更准确的产品信息,且为相关群体所接受或信任,对该群体的购买行为有较大影响力的人;KOC,英文为 Key Opinion Consumer,即关键意见消费者。

者，以各种促销行为促成消费增长。

如今，一方面，传统零售企业在电子商务的冲击下，已经今不如昔；另一方面，国内一些大型电子商务平台，不断创新服务模式，推出线上线下相融合的全渠道营销、社群团购、直播电商、即时零售等，赢得了更多消费者的青睐。

从以上两方面发展趋势的比较中，可以看到互联网对商贸活动影响的力度、速度、广度、深度和高度前所未有，数字技术已成为推动变革的重要力量，实体经济正在与数字经济深度融合发展。传统的营销模式被颠覆，新兴营销模式、营销手段和营销科技呈井喷式涌现。

国内一些大型电子商务平台的成功，说明它们不仅很好地应用了4P的策略，也成功地实施了4C和4R营销策略。所谓4C营销策略，即消费者（Consumer）策略、成本（Cost）策略、便利（Convenience）策略和沟通（Communication）策略。4C营销策略强调，企业首先应该把追求顾客满意放在第一位，其次是努力降低顾客的购买成本，还要充分注意顾客购买过程中的便利性，而不是从企业的角度来确定销售渠道策略，最后还应以消费者为中心实施有效的营销沟通。

在数字经济时代，科特勒咨询机构又提出了4R营销策略的概念，包括数字画像与识别（Recognize）、数字化覆盖与触达（Reach）、建立持续关系（Relationship）、实现交易与回报（Return）。这四个步骤形成了一个操作闭环，从识别消费者开始，通过触达和建立关系，最终获得回报。在这个过程中，企业需要不断理解、应用和实施与此相关的策略，并根据反馈调整和优化。

国内一些大型电子商务平台始终瞄准消费者需求，通过平台大数据，创造性地提供客户真正想要的个性化产品和服务；通过大范围的比价、方便的搜索等降低消费者购物的总成本；通过开发各种在线沟通工具与消费者沟通，提升消费者的购物便利性。同时，国内各大电子商务平台也积极应用社交软件、短视频、直播等新型融媒体手段，创造供需双方的交互感、参与感、现场感，缩短营销链路，实现高效交易。

通过以上分析，结合当前电子商务的发展现状及趋势，本书对网络营销的定义如下：网络营销就是以大数据精准分析为基础，以数字技术为方法或手段，通过信息流广告、搜索引擎营销，以及图文、短视频、直播等内容的生产与分发，发掘客户需求、创新产品与服务、满足客户需要、与客户建立关系、传递价值、交换价值、实现多赢目标的综合营销活动。

网络营销的内涵、技术、方法都在不断地发展和迭代中，关于网络营销的定义和理解也只能适用于一定的时期，随着时间的推移，当下的定义可能显得不够全面，或者不能够反映新时期的实际状况。因此，不要把网络营销理解为僵化的概念，而是需要根据网络营销环境的发展，在具体实践中根据本企业当时的状况灵活运用。

二、网络营销的特点

网络营销是企业整体营销战略的一个组成部分，它不可能脱离一般营销环境而独立存在。在很多情况下，网络营销理论是传统营销理论在互联网环境中的应用和发展。对于不同的企业，网络营销所处的地位有所不同。以经营网络服务产品为主的平台型网络企业，更加注重网络营销整体策略制定、营销技术创新、内容分发平台建设等。而转型中的线下企业，重点是利用数字技术或手段、内容分发渠道等开展网络营销，实现线上线下的营销资源整合。

由此可以看出，网络营销与传统市场营销可以相互配合，相得益彰。但由于网络营销依赖互联网应用环境而具有自身的特点，因此有相对独立的特点。网络营销作为一种新兴的营销方式，具有以下显著特点：

（1）跨时空性。网络营销不受传统时空限制，可以每天24小时不间断地提供服务，企业和消费者可以随时进行信息交流和交易活动。

（2）多媒体互动性。互联网能够传输包括文字、图像、声音、视频等多种形式的信息，为营销活动提供了丰富的表现手法和创意空间。

（3）交互性。通过网络平台，消费者可以与企业直接交流，查询商品信息，参与产品测试，提供反馈意见，实现供需双方的互动。

（4）个性化。网络营销可以根据每个消费者的特定需求和偏好，提供个性化的产品和服务，实现一对一的营销沟通，满足消费者的个性化需求。

（5）整合性。网络营销能够将不同的营销活动（如产品信息发布、促销活动、顾客服务等）进行统一规划和协调，以一致的整合信息面向消费者。

（6）超前性。网络营销顺应了定制化和直复式营销的发展趋势，能够快速响应市场变化，便于企业及时更新产品信息和调整策略。

（7）高效性。网络营销可以高效地储存和处理大量信息，快速响应消费者查询，提供精确的市场推广信息，提高营销效率。

（8）经济性。与传统营销相比，网络营销节约了店面租赁、水电、人工等成本，尤其对于中小企业来说，是一种成本效益较高的营销方式。

（9）技术性。网络营销的实施依赖于各种网络技术和工具，如搜索引擎优化（Search Engine Optimization，SEO）、社交媒体营销（Social Media Marketing，SMM）、电子邮件营销等，具有一定的技术门槛。

网络营销的这些特点使其成为企业在信息化社会中开拓市场、提升品牌价值、实现销售的重要手段。随着技术的不断进步和市场环境的不断变化，网络营销也在不断地发展和完善中。

三、网络营销的发展历程

网络营销是随着互联网的应用而逐渐开始为企业所应用的。在1997年之前，我国的网络营销并没有清晰的概念和方法，也很少有企业将网络营销作为主要的营销手段。1997年后，网络营销逐渐发展起来，其发展历程主要经历了以下五个阶段：

（一）萌芽阶段（2000年之前）

在这个阶段，大多数企业对于网络营销几乎一无所知，只有少部分企业开始尝试利用网络进行营销活动。此时的网络营销方式比较单一，主要是通过电子邮件营销和简单的网站建设来宣传产品或服务。

（二）应用和发展阶段（2001—2004年）

随着互联网技术的不断发展和普及，越来越多的企业开始重视网络营销，并尝试探索更多的营销方式。这个阶段出现了搜索引擎营销、网络广告、论坛营销等多种形式的网络营销方式，企业开始通过建立自己的网站、发布广告、参与论坛交流等方式来扩大品牌知名度和产品销售量。

（三）高速发展阶段（2004—2009年）

随着移动互联网的兴起和普及，网络营销进入高速发展阶段。这个阶段出现了许多专业的网络营销服务机构，为企业提供全方位的网络营销服务。同时，搜索引擎优化（Search Engine Optimization，SEO）、点击付费广告（Pay Per Click，PPC）等网络营销技术也得到了广泛应用。

（四）社会化阶段：（2010—2015年）

随着社交媒体平台的兴起和普及，网络营销逐渐向社会化方向发展。这个阶段的企业开始注重在社交媒体平台上建立品牌形象，通过发布有价值的内容来吸引潜在客户,并通过网络互动和口碑传播来提高品牌知名度和美誉度。

(五) 多元化生态体系阶段(2016年至今)

随着数字经济的深入发展和各种新技术的涌现,网络营销进入了多元化生态体系阶段。这个阶段的企业不仅可以通过传统的网站和社交媒体平台进行网络营销活动,还可以利用短视频、直播、虚拟现实等技术来创造更加丰富多样的网络营销方式。同时,大数据分析和人工智能技术的应用也使企业的网络营销变得更加精准和智能化。

四、网络营销的发展趋势

如今,通过网络营销对自己的产品或服务进行宣传已成为企业必选的营销策略。网络营销所具有的巨大优势让其日益繁荣,表现出以下趋势:

(1) 大数据与智能化营销。随着大数据技术的发展,企业能够更好地了解用户的需求和行为模式。这使得营销活动可以更加精准地定位目标受众,提高转化率。同时,通过大数据分析和机器学习,营销活动可以更加智能化,实现自动化广告投放和个性化推荐等功能。

(2) 社区和社群营销。社区和社群营销已经成为网络营销的一个重要趋势。企业可以通过建立自己的社区或加入已有的相关社群,与用户深入互动,提高用户黏性和品牌忠诚度。

(3) 短视频和直播营销。短视频和直播营销已经成为网络营销的新宠。短视频能够快速传递品牌信息,吸引用户的注意力;而直播营销则能使企业与用户进行即时互动,增强用户的参与感。

(4) 社交电商。社交电商的兴起改变了传统销售模式。企业可以通过社交媒体平台直接销售产品,提供更加便捷的购物体验。

(5) 内容营销。内容营销已经成为网络营销的重要手段。通过创造有价值的内容,企业可以吸引用户的注意力,提高用户黏性,增加品牌知名度和美誉度。

(6) 线上线下融合。随着互联网的普及,线上线下的界线已经越来越模糊,但线下实体店仍然是消费者购物的重要场所。因此,线上线下深度融合已成为网络营销发展的趋势,企业需要将线上线下营销活动结合起来,实现全渠道营销。

(7) 虚拟现实和增强现实的应用程度加深。虚拟现实(Virtual Reality, VR)和增强现实(Augmented Reality, AR)技术的发展为网络营销提供了新的可能性。企业可以通过这些技术为用户提供沉浸式体验，提高用户参与感和品牌忠诚度。

（8）数据安全和隐私保护。随着用户对数据安全和隐私保护的关注度提高，网络营销需要更加重视用户的数据安全和隐私保护。

（9）多平台整合。随着社交媒体平台的多样化，品牌需要将多个网络营销平台整合起来，进行跨平台的营销推广。

无论网络营销的发展趋势如何变化，企业在应对过程中采用何种营销手段，用户体验始终是至关重要的。企业需要提供优质的产品和服务，满足用户的需求和期望，以获得用户的信任和支持。随着技术的不断进步和市场环境的变化，网络营销的发展趋势也会不断变化，企业需要保持敏锐的市场洞察力，不断创新和适应市场变化和发展趋势。

单元二　网络营销环境

一、网络营销的经济环境

网络营销的经济环境一般包括经济政策环境、经济发展环境和数字经济环境。

（一）经济政策环境

我国网络营销经济政策环境聚焦于推动数字经济的发展，强化电子商务的作用，以及通过政策和技术支持来促进数字营销的健康发展。这些措施旨在应对新形势下的挑战，把握数字化发展的新机遇，推动中国数字经济向更高质量、更广范围发展。

为深入贯彻落实党中央、国务院关于发展数字经济、建设数字中国的总体要求，进一步推动"十四五"时期电子商务的高质量发展，根据《中华人民共和国国民经济和社会发展第十四个五年规划和2035年远景目标纲要》，商务部、中央网信办和发展改革委于2021年10月9日联合发布了《"十四五"电子商务发展规划》（以下简称《规划》），旨在推动电子商务的高质量发展。《规划》强调了电子商务在数字经济和实体经济中的重要地位，以及其在促进数字产业化、拉动产业数字化、推进治理数字化中的关键作用。

国务院于2022年1月12日发布了《"十四五"数字经济发展规划》，明确了

"十四五"时期推动数字经济健康发展的指导思想、基本原则、发展目标、重点任务和保障措施,强调了数字经济的重要性,将其视为继农业经济、工业经济之后的主要经济形态。"十四五"时期,我国数字经济转向深化应用、规范发展、普惠共享的新阶段。

党的二十大报告明确指出:"加快发展数字经济,促进数字经济和实体经济深度融合,打造具有国际竞争力的数字产业集群。"在网络营销实践中,企业应积极运用数字化技术和管理模式创新,不断提升自身的竞争力和创新能力。通过网络营销等方式,实现线上线下的互动和融合,拓展消费渠道和场景,提高消费者的购物体验和服务水平。

(二)经济发展环境

我国坚持新发展理念,不断推动高质量发展,立足国内大循环、畅通国内国际双循环,已全面建成小康社会,取得伟大历史性成就。据国家统计局网站消息,2023年全年国内生产总值1 260 582亿元,按不变价格计算,比上年增长5.2%。分产业看,第一产业增加值89 755亿元,比上年增长4.1%;第二产业增加值482 589亿元,比上年增长4.7%;第三产业增加值688 238亿元,比上年增长5.8%。分季度看,一季度国内生产总值同比增长4.5%,二季度同比增长6.3%,三季度同比增长4.9%,四季度同比增长5.2%。从环比看,四季度国内生产总值同比增长1.0%。

从宏观角度看,目前中国经济总体上保持了稳中向好的发展态势,政府继续实施积极的财政政策和稳健的货币政策,以支持经济的稳定增长,出台了一系列减税降费、扩大内需、鼓励创新等政策措施,为经济发展提供了有力的政策支持,经济增速在全球主要经济体中名列前茅。我国经济稳中向好的发展态势与网络营销紧密相连。网络营销通过创新商业模式、拓展市场渠道、优化资源配置,有效推动了经济的稳步增长;网络营销降低了企业运营成本,提升了产品和服务的市场竞争力,为消费者带来了更多选择和便利;同时,网络营销还促进了产业升级和转型,助力传统行业焕发新活力,为经济稳中向好提供了有力支撑。

(三)数字经济环境

网络营销让消费者享受到了更加快捷、高效的服务,降低了消费者的消费成本,提高了售后服务的质量,让企业的营销部门获得了更强大的技术支持,助力我国电子商务的规模和质量实现双提升。我国电子商务交易额保持快速增长,国家统计局的数据显示,2023年全国网上零售额15.43万亿元,其中,实物商品网上零售额13.02万亿元，同比增长8.4%，占社会消费品零售总额的比重为27.6%。

> **行业发展与瞭望**
>
> **数字经济助推网络购物市场新趋势**
>
> 中央广播电视总台与中国信息通信研究院联合发布的《中国城市数字经济发展报告（2023）》显示，2023年，我国数字经济规模超过50万亿元，总量稳居世界第二位，占GDP比重提升至41.5%，中国互联网广告市场规模为5 732亿元，企业全渠道营销热情愈发高涨，数字经济与实体经济融合愈发紧密。
>
> 随着市场主体日趋多元，网络购物市场的竞争方式逐步从粗放发展转向精耕细作；电商平台积极通过组织改革、低价策略和拓展海外电商等方式寻求新增长。
>
> 一是推进组织改革以适应市场变化。阿里巴巴、京东等电商平台陆续在组织和人事等方面进行改革，力图通过加快组织更新速度、提升敏捷程度等途径，适应市场的全新变化。例如，阿里巴巴启动"1+6+N"组织变革，分拆出阿里云智能、淘宝天猫商业、本地生活等六大业务板块；又如，京东进行了组织架构调整，进一步压缩管理层级，提升组织效率。
>
> 二是采用低价策略吸引用户。电商平台重新聚焦低价策略，力图通过低价提升用户活跃度和下单转化，同时进一步触达广大下沉市场的潜在用户。如阿里巴巴将"价格力"定为淘宝2023年的重大战略之一并上线相关营销频道；京东推出"百亿补贴"活动，积极推进低价策略。
>
> 三是积极拓展海外电商业务。例如，拼多多跨境电商平台Temu和快时尚服装跨境电商平台SHEIN均保持较快发展，一季度分别位列美国各类应用下载量第一位和第五位；阿里巴巴第一季度国际零售商业收入达139.67亿元，同比增长41%；抖音集团跨境电商平台TikTok Shop在东南亚地区发展势头良好，在印度尼西亚电商类应用下载量位列第四位。电商平台积极探索业务出海，有助于进一步形成中国制造和中国电商的发展势能。

二、网络营销的技术环境

我国网络营销面临的技术环境，可以用"ABCDEFG"来形容，其中，A为人工智能（AI），B为区块链（Block Chain），C为云计算（Cloud），D为大数据（Big Data），

E为绿色化和生态化（Ecological），F为人脸识别（FaceID），G为5G等新技术。下面主要介绍其中"ABCDEF"的相关内容和元宇宙技术在网络营销中的应用。

（一）人工智能

人工智能（Artificial Intelligence，AI）是一门研究、开发用于模拟、延伸和扩展人的智能的理论、方法、技术及应用系统的新技术科学。它试图了解智能的实质，并生产出一种新的能以人类智能相似的方式做出反应的智能机器。近年来，AI飞速发展，其应用领域也在不断扩大。涵盖了如机器视觉、生物识别、专家系统、自动规划、智能搜索、定理证明、自动程序设计、智能控制、机器人学、语言和图像理解等多个领域。

AI在营销领域的应用已经越来越广泛，为企业提供了更高效、精准和个性化的网络营销解决方案。

（1）聊天机器人。聊天机器人已经成为改善用户服务和用户体验的重要工具。借助机器学习和自然语言处理技术，聊天机器人可以理解用户查询的问题并进行回答，无须人工干预。这不仅可以更快地为客户服务，而且有助于大幅降低企业的成本。

（2）推荐系统。AI可以通过分析用户的历史行为、兴趣和偏好等数据，预测用户可能感兴趣的产品或服务，并为用户提供个性化的推荐。这有助于增加销量和提高客户满意度。

（3）内容营销。AI可以帮助企业快速生成和优化营销内容（Artificial Intelligence Generated Content，AIGC），如网络广告、社交媒体帖子和电子邮件等。通过分析用户数据和反馈信息，AI可以确定有效的内容类型和发布时间，以提高营销内容的质量和吸引力。

> **数实融合新视界**
>
> ## AI产品的内容营销生产能力
>
> 2023年3月，百度正式发布大语言模型、生成式AI产品文心一言。百度研发的这一知识增强大语言模型，在营销内容生产方面也具备显著的能力。它可以利用自身对大量语料库的学习和理解，生成与营销相关的文本内容，如广告文案、宣传语、产品描述、营销邮件等。
>
> 文心一言已经具有了营销内容生产能力，它能够深入理解营销活动的目的、受众和关键信息，根据用户需求生成符合要求的营销文本。根据目标受众的特点和偏

好，文心一言可以生成个性化的营销内容，提高内容的吸引力和转化率。文心一言支持生成多种形式的营销内容，如短文案、长文章、广告语、电子邮件等，满足不同的营销场景和需求。

2024年2月，OpenAI发布了首个AI视频生成模型——Sora。这是一个历史性的里程碑，在视觉领域实现了与大语言模型类似的突破。Sora可以根据用户的文本提示，创建最长60秒的逼真视频，该模型了解这些物体在物理世界中的存在方式，可以深度模拟真实物理世界，生成具有多个角色、包含特定运动的复杂场景。

在网络营销领域，Sora可能会让内容制作的门槛大大下降，使其成本降低，周期加快，尤其对于一些标准化的广告内容，比如品牌产品的介绍说明类短视频，或者电商网页的创意广告，Sora有机会成为这部分基础类视频的生产者。这意味着更多的品牌有机会投入更少的视频制作成本，用更少的资金、时间、人力成本制作出数量更多的视频内容用以营销。更重要的是，Sora类创作工具可以大大降低试错成本，帮助品牌实现降本增效。

尽管企业或品牌通过AI在网络营销中能够以更低的成本得到一个高质量的传播视频，但一方面，其内容质量和创意程度还将高度依赖人为的创造力，只有具备核心创造力，才有可能指导并"投喂"AI工具，为其提供后续的创作服务；另一方面，部分人工智能技术确实对传统道德伦理及既定法律法规产生冲击，并产生全球性新的伦理规范和规则，而在规则规范形成过程中，要保持积极互动跟踪，推动伦理规范和全球规则朝着健康向上的轨道前行。2023年4月，国家网信办发布了《生成式人工智能服务管理办法（征求意见稿）》，明确提出利用生成式人工智能生成的内容应当体现社会主义核心价值观。

（4）营销预测。AI可以利用机器学习算法分析历史销售数据、市场趋势和其他相关因素，预测未来的销售情况和市场变化。这有助于企业制订更准确的营销计划和预算。

（5）定制网站。AI可以根据用户的偏好和行为，为企业定制个性化的网站体验。例如，根据用户的地理位置、设备类型和历史访问记录等信息，AI可以调整网站的内容、布局和功能，以提供更好的用户体验。

（6）语音搜索。随着智能语音助手和智能家居设备的普及，越来越多的用户开始使用语音搜索来查找产品和服务。AI可以帮助企业优化其网站和内容，以更好地适应语音搜索的需求。

(7) 图像识别系统。AI的图像识别技术可以帮助企业识别和分析用户上传的图片和视频，以获取有关用户兴趣和偏好的更多信息。这有助于企业更准确地了解用户需求，并提供更个性化的产品和服务。

目前，AI在营销领域的应用正在不断扩展和深化，为企业提供了更多的机会和挑战。企业需要不断学习和掌握新技术，以更好地适应市场的变化和用户的需求。

（二）区块链技术

区块链是一种块链式存储、不可篡改、安全可信的去中心化分布式账本，它结合了分布式存储、点对点传输、共识机制、密码学等技术，通过不断增长的数据块链记录交易和信息，确保数据的安全和透明性。区块链技术在网络营销领域的应用主要在以下几个方面：

（1）商品和服务溯源。将商品的生产、流通和销售等多个环节的信息都存储在区块链上，消费者可以根据商品上的二维码或条码扫描溯源信息，了解商品的生产、运输和销售等全部流程中的信息，保障消费者的权益和利益。这可以提高消费者对于品牌的信任度，促进销售。

（2）防伪验证。通过将商品的相关信息放到区块链上，企业可以实现全球性防伪验证，既让消费者购买得更加放心，也保护了品牌的声誉不受损害。消费者可以通过商品上的防伪码，在区块链上查询相关信息，进而保障自己的利益。这有助于打击假冒伪劣产品，维护品牌形象。

（3）智能合约。区块链技术可以支持智能合约的自动执行和验证，从而简化营销活动的流程和降低成本。例如，在网络营销推广活动中，智能合约可以自动验证用户的行为和条件，然后自动发放奖励或优惠券，提高用户的参与度和满意度。

（4）数据安全和隐私保护。区块链的去中心化和加密特性可以保护用户数据的安全和隐私，避免数据被篡改或泄露。在网络营销活动中，用户的个人信息和交易数据可以得到更好的保护，提高用户对于企业的信任度和忠诚度。

总的来说，区块链技术在网络营销领域的应用可以提高品牌的透明度、信任度和安全性，促进销售和用户参与度的提高。目前，区块链技术在网络营销领域的应用还处于初级阶段，需要更多的探索和实践。

（三）大数据和云计算技术

大数据是指数据量巨大、类型多样、处理速度快、价值密度高的数据集合。大数据技术通过采集、存储、处理和分析这些数据，以提取有价值的信息。云计算是一种基于互联网的计算方式，通过网络将计算资源（如服务器、存储设备、应用程序等）提供给用户使用。

在大数据与云计算的关系方面，云计算是大数据的基础，它为大数据提供了可扩展的存储和计算资源，通过云计算平台，企业可以快速地处理和分析大数据，挖掘出有价值的信息；大数据需要云计算的支撑，因为大数据需要大规模的算力和资源存储空间，云计算正好可以满足这一需求，同时，云计算的虚拟化技术和分布式架构也使得大数据的处理更加高效和可靠。

大数据和云计算是当今数字化时代的重要技术，它们相互支持、相互依赖，为企业提供了更高效、更精准的数据分析和营销策略。大数据和云计算在网络营销领域的应用主要包括以下几个方面：

(1) 市场预测。企业可以利用云计算的存储和管理功能，集中存储和管理大量的消费者数据和市场信息。通过分析历史销售数据、市场趋势和竞争对手情况，企业可以预测未来的市场变化和销售情况，提前制订相应的营销计划。

(2) 消费者行为分析。基于云计算的大数据分析工具可以帮助企业实时分析市场趋势和消费者需求，通过分析消费者的购买行为、兴趣偏好和社交媒体互动等数据，企业可以更好地了解消费者需求，及时进行市场洞察，从而制定更精准的营销策略。

(3) 个性化营销。基于大数据的分析结果，企业可以根据不同消费者的特点和需求，为其提供个性化的产品推荐和服务体验，提高消费者的满意度和忠诚度。

(4) 营销自动化。云计算可以提供各种自动化工具，帮助企业实现营销流程的自动化，提高营销效率。例如，云计算平台可以自动发送邮件、管理社交媒体。

(5) 跨渠道整合。云计算可以帮助企业整合各个渠道的营销活动和数据，提供跨渠道的统一视图和一致的用户体验。

(6) 营销效果评估。通过分析营销活动的效果和转化率等数据，企业可以评估营销策略的有效性，优化营销方案，提高营销投入的回报率。

（四）绿色化和生态化

绿色化和生态化是两个相互关联的概念，它们都强调环境保护和可持续发展。绿色化更侧重于具体的环保措施和可持续性发展，而生态化则更强调整个生态系统的平衡与和谐发展。在此基础上，网络营销生态思维的核心思想为：在吸引用户关注的基础上，进一步建立用户与用户之间、用户与企业之间的价值关系网络，整合供应链各节点资源，构建完整的服务生态，打造高效、绿色的供应与消费新场景。

绿色化和生态化在网络营销领域中的应用如下：

（1）制定绿色促销策略。企业可以设计环保、节能的产品，减少产品对环境的负面影响，吸引环保意识较强的消费者；也可以采用可降解、可回收的包装材料，减少包装废弃物对环境的影响，提高品牌形象；还可以通过绿色广告、绿色公关等手段，宣传企业的环保理念和产品，提高消费者的环保意识和购买意愿。

（2）进行生态营销传播。企业可以构建生态产业链，实现资源的循环利用和废弃物的减量化、资源化，提高企业的环保绩效和竞争力；也可以通过生态广告、生态公关等手段，传播企业的生态理念，引导消费者形成绿色消费习惯。

在网络营销领域，绿色化和生态化的应用不仅有助于企业提高环保绩效和品牌形象，还可以满足消费者对环保、健康的需求，推动社会的可持续发展。同时，生态化营销也有助于企业构建生态产业链，实现资源的循环利用和废弃物的减量化、资源化，降低生产成本，提高企业的竞争力。

（五）人脸识别技术

人脸识别是一种基于深度学习技术的面部分析服务，它通过摄像头捕捉人脸图像，并利用算法对图像进行处理和分析，最终判断出图像中的人是否为预设的目标人物。这项技术已经广泛应用于安防、支付、旅游等领域，并且逐渐向营销领域拓展。人脸识别技术在网络营销领域中的应用主要包括以下几个方面：

（1）顾客分析。在店铺中，人脸识别技术可以精准识别出顾客的身份，从而为其推荐相应的优惠活动或产品，提高顾客的购买体验。这种个性化的营销策略有助于提高销售额和顾客满意度。

（2）人流统计与分析。通过人脸识别技术，可以轻松计算在图像画面里出现的人的数量，从而分析人流量和顾客行为。这对于零售行业分析货品摆放合理性、优化店铺布局等方面非常有价值。

（3）广告精准投放。人脸识别技术可以快速准确地分析画面中出现的人物属性，如年龄、性别等信息。这些数据可以为广告投放提供指导，确保广告内容更加符合目标受众的兴趣和需求，从而提高广告效果。

（4）客户管理。利用人脸识别技术，企业可以识别出重要客户，并给予他们足够的关注和重视。例如，在客户进店时自动识别其身份，并提供不同客户对应的专属优惠和服务，从而提升客户忠诚度和品牌形象。

尽管人脸识别技术在营销领域具有广泛的应用前景，但在实际应用过程中也需要注意保护用户隐私和数据安全。企业在网络营销时需要遵循相关法律法规，确保在合法合规的前提下使用这项技术。

（六）元宇宙技术

元宇宙（Metaverse）是一个虚拟的、数字化的世界，由多个3D虚拟空间和实时渲染技术所组成，用户可以在其中进行互动，从事社交、娱乐、商业等多种活动。它是一个平行于现实世界运行的人造新型社会体系的数字生活空间，具备同步和拟真、开源和创造、永续性、闭环经济系统四大核心属性。元宇宙本质上是对现实世界的虚拟化、数字化过程，需要对内容生产、经济系统、用户体验，以及实体世界等内容进行大量改造。元宇宙的发展是循序渐进的，是在共享的基础设施、标准及协议的支撑下，由众多工具、平台不断融合、进化而最终成形。它基于扩展现实技术为用户提供沉浸式体验，基于数字孪生技术生成现实世界的镜像，基于区块链技术搭建经济体系，将虚拟世界与现实世界在经济系统、社交系统、身份系统上密切融合，并且允许每个用户进行内容生产和世界编辑。未来从元宇宙的应用场景中又可以预见很多网络营销新场景。

元宇宙技术在网络营销领域的应用主要包括以下几个方面：

（1）虚拟展示和推广。元宇宙提供了一个虚拟的展示空间，企业可以在其中展示产品、服务和品牌形象，吸引潜在客户的关注。这种展示方式不仅可以降低成本，还可以实现更加生动、逼真的展示效果。

（2）虚拟活动和体验。企业可以在元宇宙场景中举办各种虚拟活动，如虚拟发布会、虚拟展览、虚拟演出等，让用户在其中获得沉浸式体验。这种活动方式不仅可以提高用户的参与度和互动性，还可以扩大品牌的影响力和知名度。

（3）虚拟社区和营销。元宇宙中的虚拟社区为企业提供了一个与用户互动、交流的平台。企业可以在社区中发布营销信息，与用户互动并回答用户问题，从而提高品牌的认知度和用户忠诚度。

（4）虚拟代言和营销。在元宇宙场景中，企业可以创建虚拟代言人，通过虚拟代言人的形象和声音来传递品牌信息和营销信息。这种代言方式不仅可以降低代言成本，还可以实现更加灵活、多样化的营销手段。

总而言之，元宇宙在营销领域的应用不仅可以帮助企业实现更加生动、逼真的展示效果，提高用户的参与度和互动性，扩大品牌的影响力和知名度，还可以降低营销成本，提高营销效率。然而，随着元宇宙技术的不断发展和应用，企业也需要关注其可能带来的隐私、安全等问题，并采取相应的措施来保护用户的权益。

三、网络营销的人文与社会环境

企业存在于一定的社会环境中，同时企业又是社会成员所组成的一个小的社会团体，不可避免地受到社会环境的影响和制约。人文与社会环境的内容很丰富，在不同国家、地区、民族之间的差别非常明显。在营销竞争手段向非价值、使用价值型转变的今天，企业进行网络营销必须重视人文与社会环境的分析，主要有以下几个方面：

（一）更加年轻化的主流消费人群

在数字经济时代，作为更加年轻化的"Z世代"，已成为主流消费人群。"Z世代"是一个网络流行语，是指1995—2009年出生的一代人，他们一出生就与网络信息时代无缝对接，受数字信息技术、即时通信设备、智能手机产品等的影响比较大，所以又被称为"网生代""互联网世代"等。"Z世代"的消费理念呈现出以下多元化的特点：

1. 看重消费体验

"Z世代"特别注重消费体验，包括购物体验、浏览体验、场景体验、试用体验、体感体验、氛围体验和服务体验等，他们喜欢仿真模拟、实景仿造，喜爱智能穿戴设备的装配，喜欢线上线下无缝连接的服务、限量版产品、小众品牌，以及体验式环境；他们看重物品的质感、美感、观感以及耐用度、舒适度、光洁度等，更喜欢那些能够给自己带来情感慰藉和精神滋养的商品；他们强调与产品之间的"眼缘"。

2. 拒绝奢靡消费

中国社会科学院等机构联合发布的《Z世代群体价值观念报告》显示，"Z世代"消费者更关心性价比，关注特色和感受，78%的受访者有规律储蓄的习惯，仅有11%的受访者考虑买房买车。这些年轻人同样会"心疼8元的邮费、15元的会员费"。

3. 关注消费品位

"Z世代"在物质较为充裕的年代里成长，他们可选择的范围更大、可探视的场域更广、可体验的事物更多，他们需要在纷繁复杂的消费场景里彰显个人独特的消费眼光、消费视角、消费品位，体现个人与众不同的消费境界、消费观感和消费风格。

4. 接纳消费符号

"Z世代"在消费文化的符号交换和符号创制中,追求的不仅是一种"可视化的生活",也包括其他许多网络媒介和时尚符号所表征的生活。

(二)更为细分的市场

造成市场进一步细分的因素就是消费者需求,传统的销售模式都是服务于消费者的,为消费者提供专门的产品,目的都是抢占市场份额;然而,在数字经济环境下,由于科学技术的不断更新和进步,传统营销模式当中的"市场细分"已融入每个消费者的需求中,有助于企业最终获得更多消费者的信任,从而在现阶段的市场中抢占一定的份额。

(三)更高的服务要求

由马斯洛需求层次理论可知,人在基本需求得到满足之后,才会努力去实现更高层次的需求。消费者通过网络购物的方式,不仅对产品的功能和效用有一定的要求,在情感上也需要得到满足,更需要得到商家的尊重和理解。根据这些理论,需要转变销售的思路,从4P到4C,再到4R,反映出在数字经济环境下,只有围绕消费者的需求进行营销,才能更好地适应时代的发展。

(四)更大的选择范围

在传统营销模式下,可供消费者选择的商品或者服务存在一定的局限性,通常情况下局限在本城市之内,然而,"货比三家"是绝大多数消费者选择产品或者服务的基本原则,消费者高度重视产品的实际功能、产品的优势以及售后服务质量等,是一种比较理性的消费行为;而在数字经济环境下,消费者的选择范围不再局限于城市之内,而是拓展到了全世界范围,而且价格更加透明化,有助于消费者与其心理预期的价格做对比,从而有利于消费者更加理性地消费,但是产品的信息过于丰富,也会造成消费者在选择商品时难以抉择,导致了消费者的消费行为倾向于感性化。

(五)更直接的产品流程参与

在传统的营销模式下,商家将已经制造完成的商品以及服务,经过许多途径销售到消费者手中,在这种情况下,消费者完全处于被动接受的地位,但是在数字经济环境下,消费的情形发生了极大的变化,消费者可以结合本身的需求,直接与商家交流自己所需产品的各个方面,商家根据消费者的需求进行设计和制造,让消费者有机会深入参与产品生产、制作、销售、使用体验分享,以及售后社群互动等各个环节。

职业道德与法规

"清朗"系列行动净化网络营销环境

网络空间天朗气清、生态良好是广大网民的共同期待，也是管网治网的重要目标。党的二十大报告指出我国"网络生态持续向好"，强调要"推动形成良好网络生态"。这既是对网络空间治理工作的充分肯定，更是对新形势下进一步做好网络营销工作的重要部署。

国家互联网信息办公室实施的"清朗"系列专项行动以"推动形成良好网络生态"为工作目标，聚焦新情况新问题和难点瓶颈，开展一系列专项整治活动，具体包括：一是"清朗·从严整治'自媒体'乱象"专项行动；二是"清朗·打击网络水军操纵信息内容"专项行动；三是"清朗·规范重点流量环节网络传播秩序"专项行动；四是"清朗·优化营商网络环境 保护企业合法权益"专项行动；五是"清朗·生活服务类平台信息内容整治"专项行动；六是"清朗·整治短视频信息内容导向不良问题"专项行动；七是"清朗·暑期未成年人网络环境整治"专项行动；八是"清朗·网络戾气整治"专项行动；九是"清朗·2023年春节网络环境整治"专项行动，营造出喜庆祥和的春节舆论氛围。

清朗系列行动对网络营销的影响主要体现在以下两个方面：

第一，"清朗"系列行动对于网络营销的环境起到了积极的净化作用。该系列行动主要是针对网络上的乱象进行整治，包括打击网络暴力、遏制网络谣言、规范无良营销号等。这些行动有效地遏制了一些不法分子利用网络进行恶意营销、造谣传谣等行为，为网络营销创造了一个更加健康、公正的环境。在"清朗"系列行动的推动下，网络营销需要更加注重诚信、公正和合法，避免使用不当手段进行恶意竞争。

第二，"清朗"系列行动也对网络营销的策略和方式产生了一定的影响。在"清朗"系列行动的背景下，网络营销需要更加注重内容的真实性和合规性，避免过度夸大、误导消费者。同时，网络营销也需要更加注重用户体验和口碑营销，通过提供优质的产品和服务来赢得用户的信任和支持。此外，网络营销还需要关注社会责任感和公共利益，积极履行企业的社会责任，为社会的和谐稳定作出贡献。

单元三　网络营销思维

思维是人类认识世界的核心因素，它涉及人们理解、分析、判断、推理以及解决问题的过程。网络营销思维是人们在网络营销活动中形成的认识和分析问题的思维方式，它可以用来指导人们精准地开展网络营销活动。网络营销思维主要包括以下内容。

一、大数据思维

大数据思维（Big Data Thinking）是指在处理和分析大规模数据时所采用的一种思维方式和方法论。它强调对数据的全面收集、整合和分析，以获取有价值的信息和洞察，并基于这些信息作出决策和行动。大数据思维包括以下核心原则：

（1）数据驱动。大数据思维强调以数据为基础进行决策和行动，而不仅仅依靠经验和直觉。通过分析大量的数据，可以发现隐藏的模式和趋势，提供准确的事实依据。

（2）全面性。大数据思维强调对多源、多维度、多类型的数据进行全面收集和整合。通过整合来自不同渠道和来源的数据，获得更全面、更准确的信息。

大数据与"小数据"的根本区别在于大数据采用全样思维方式，而"小数据"强调抽样。随着技术的发展，过去不可能获取全样数据，不可能存储和分析全样数据的情况都已一去不复返。

（3）实时性。大数据思维注重对数据的实时获取和分析。随着技术的发展，几乎可以实时收集和处理大量的数据，以快速响应和适应变化环境。

（4）可扩展性。大数据思维考虑到数据规模的扩展性。随着数据量的增加，传统的数据处理和分析方法可能无法满足用户的需求，因此需要采用适应大规模数据处理的技术和工具。

目前，应用大数据是网络营销活动的起点，发现市场机会需要大数据调研分析的支撑，如市场分析、竞品分析、消费者画像分析等活动，都需要以大数据分析作为支撑。因此，要做好网络营销，就需要具备大数据思维。

二、生态思维

随着大数据、云计算、人工智能等技术的发展，消费者对于产品的需求越来越多样化、个性化，市场瞬息万变，竞争方式也出现了新变化。单个企业在复杂的网络和消费环境中，很难触达、覆盖和赢得所有目标消费者，特别是平台型电子商务企业必须争夺更多客户资源，抢占市场，扩大平台规模，建立电子商务生态圈，为消费者提供一站式、全方位的服务。此时，竞争进化成了一个生态圈与另一个生态圈之间的竞争。所以，网络营销也需要具备生态思维。

在数字经济背景下，平台型电子商务企业热衷于应用生态思维建立平台生态圈。平台生态圈是指电子商务平台企业通过平台圈住（连接）更多用户量、圈住用户更多需求和利益、增加平台的用户数量和竞争力，实现平台的网络规模经济效益的一种行为。

网络营销生态思维与企业生态思维有一定的共性，同时又有特定的含义。企业生态思维注重产品系列的关联，网络营销生态思维的重点在于用户价值的关联关系。预计用户价值型网络营销将成为网络营销社会化的高级形态。

在网络营销实践中，企业往往在吸引粉丝关注的基础上，进一步建立用户与用户之间、用户与企业之间的价值关系网络，整合供应链各节点资源，构建完整的服务生态，明确用户与用户之间的关系及用户价值体现，使得用户成为企业价值链的组成部分，通过社会关系网络互联及全维度价值传递，打造高效、绿色的供应与消费新场景，从而最大化实现用户价值。对于平台型电子商务企业来说，构建完备的网络生态，可以使卖家享受供、产、销"一条龙"服务，使买家享受吃、喝、游、购、娱等"一站式"服务，打通线上线下多消费场景。

行业发展与瞭望
生态化发展渐成趋势

阿里巴巴官网及其发布的《2023财务年度报告》显示：该公司的业务范围包括中国商业、国际商业、本地生活服务、菜鸟、阿里云、数字媒体及娱乐、创新业务及其他业务的生态体系，形成了涵盖消费者、商家、品牌、零售商、第三方服务提供者、战略合作伙伴及其他企业的生态体系。

随着平台电商业务范围的逐步扩大，它们也都走向了国际化，这些平台已成为某一国家、某一地区主流的数字交易平台，成为一个地区乃至一个国家数字经济发展的重要引擎。

而小米公司的生态商业系统也在逐年壮大，旗下产品从智能手机不断延伸扩展到了家用电器、出行工具、日用品等各领域，并且在每个领域都取得了不错的业绩。从小米的整体生态来看，依然是以智能手机为整体生态运行的逻辑基点，通过小米手机积累的制造工艺和其背后的大数据，深度挖掘用户在各领域的需求，以运用于各领域产品的研发。

可见，无论是阿里巴巴等电子商务平台还是小米等互联网企业，它们生存的关键在于能够不断生产出新产品来满足用户需求的多样性，这些产品如同大自然中的新物种，而新物种的存活则是由其内部性状组合和基因多样性决定的，这些性状和基因只有不断发展、更新和变化，才能成功成长和发展。因此，那些真正做成独角兽的公司，它内部的生态一定不是固化的，而是在时刻进化的，能容纳更多物种进入生态的共生循环。

三、创新思维

创新是以现有的思维模式提出有别于常规思路的见解为导向，利用现有的知识和物质，在特定的环境中，本着理想化需要或为满足社会需求，而改进或创造新的事物、方法、元素、路径、环境，并能获得一定有益效果的行为。例如，生产一种新产品是产品创新，采取一种新的生产方法是工艺创新，开辟市场与渠道是市场开拓创新等。

创新思维是指能够独立思考、开放思维、不拘泥于传统观念和方式，寻找新的解决方案和创造新的价值的思维方式。创新思维强调对问题的重新定义，突破传统思维的限制，鼓励尝试新的方法和观点。创新思维就是善于突破常规、打破思维定式、思维惯性等，开发新产品，采用新工艺、新方法，拓展新渠道等。

网络营销创新思维是指在互联网时代背景下，运用创新思维方式来思考和解决互联网的相关问题，寻找新的商业模式，创造新的价值。网络营销创新思维强调对互联网技术和平台的理解，注重用户需求和体验，倡导快速迭代和试错的方法。

（一）创新思维的三个层次

第一个层次：聚焦。创新思维强调通过深入了解用户需求和行为来设计和开发产品和服务，聚焦一个点，做到最好。比如，手机厂商聚焦到一个点上去发力，如5G技术、拍照、视频剪辑、音乐等。

第二个层次：较高的性价比和独特性。创新思维强调以较低的成本获得较高的价值，即较高的性价比。通过数字技术的应用，可以将产品或服务提供给更广泛的用户群体，实现规模化效益，从而提高性价比。

创新思维还注重独特性。在竞争激烈的市场环境中，独特的产品或服务能够吸引用户的注意力并带来竞争优势。因此，在网络营销创新中，创新者需要思考如何提供与众不同的价值，从而吸引用户并留住他们。也就是说，企业在打造独特的产品或服务时，要能够找到用户的痛点，然后去解决这个痛点，使其成为企业的一个独特卖点。这个所谓的痛点，就是用户在使用某个产品的时候，有一些不方便的地方。比如，人们在看电视的时候，遥控器会经常找不到，这个时候，如果有一款电视，在电视上有一个按钮，用户一按这个按钮，遥控器就会发出"嘀嘀嘀"的响声，就很好找遥控器了，这就解决了用户的一个痛点。

第三个层次：超预期的附加值。企业给客户赠送更多的产品，企业向客户提供更好的优质体验和服务，企业给客户更长的保质期或保证期，这些都是外界糅合进来的超预期附加值。

（二）创新思维的培养

（1）注重用户需求。在网络营销中，创新的核心是以用户为中心。了解用户的需求、痛点和偏好，从而开发出更符合市场需求的产品或服务。

（2）采用敏捷开发方法。敏捷开发是一种迭代、灵活、快速响应用户需求的开发方法。通过快速试错和持续改进，可以更快地推出产品和服务，并根据用户反馈进行迭代和优化。

（3）建立创新实验室。建立一个创新实验室或创新团队，专门负责研究和开发新的产品或服务。这个团队可以利用不同的技术和方法，进行创新实验和试验。

（4）跨界合作。与其他行业或领域的组织进行合作，进行知识和资源共享，从而获得新的创新思路和创意。

（5）关注行业趋势。及时了解和研究行业的发展趋势和变化，从中发现新的机会和挑战。

（6）注重用户反馈。及时收集和分析用户的反馈和意见，不断改进产品或服务，以提高用户满意度和体验。

通过采用这些方法，可以培养和发展网络营销中的创新思维，从而更好地进行创新并创造价值。

四、品牌思维

品牌思维是指将品牌视为企业核心竞争力的一种思维方式和战略观念。它强调建立和塑造企业品牌的重要性，并将品牌作为企业长期发展和市场竞争的关键因素。

做网络营销，首先要有品牌思维。具体来说，品牌思维包括以下几个方面：

（1）品牌定位。品牌定位是指确定品牌在目标市场中的独特位置和价值主张。通过明确品牌的目标受众、核心竞争优势和差异化特点，企业可以在市场中建立独特的品牌形象和价值。

（2）品牌价值。品牌价值是指品牌所代表的核心价值和信念。企业应该通过品牌传递积极的价值观，与目标受众建立情感连接，提升品牌认可度和忠诚度。

（3）品牌体验。品牌体验是指用户在接触和使用品牌产品或服务时的整体感受和印象。企业应该注重提供优质的品牌体验，包括产品质量、服务态度、购物环境等方面，从而赢得用户的信任和满意。

（4）品牌管理。品牌管理是指对品牌进行战略规划、推广和维护的过程。企业需要建立科学有效的品牌管理体系，包括品牌传播、市场推广、品牌形象建设等方面，以确保品牌的一致性和持续发展性。

（5）品牌扩展。品牌扩展是指将品牌的影响力和市场份额扩展到其他产品或服务领域的策略。通过品牌的延伸和多元化发展，企业可以进一步提升品牌价值和市场竞争力。

品牌思维对企业的重要性在于，它能够帮助企业建立独特的市场定位，提高产品或服务的附加值，从而实现品牌溢价和市场份额的增长。同时，品牌思维还能够提高企业的品牌忠诚度和用户口碑，提高用户留存率和重复购买率。

总体而言，品牌思维是企业在市场竞争中取得成功的重要思维方式和战略观念。通过注重品牌定位、价值观、体验、管理和扩展，企业可以建立有竞争力的品牌，实现长期的市场竞争优势。

五、全链路营销思维

全链路营销是一种综合性的营销策略，旨在通过整个销售和营销过程中的每个环节来吸引、转化和留住潜在客户。它涵盖了从品牌宣传到销售闭环的所有环节，以全面提升网络营销效果。

全链路营销可以分为以下几个阶段：

（1）意识阶段。通过广告、内容营销、社交媒体等渠道吸引潜在客户的注意力，增加品牌知名度和用户的认知度。

（2）关注阶段。在潜在客户表达兴趣之后，企业为其提供有价值的信息和内容，建立客户与品牌之间的互动和联系。

（3）考虑阶段。为潜在客户提供详细的产品或服务信息，解答他们的疑虑和问题，促使他们进一步考虑购买。

（4）决策阶段。提供优惠、促销和其他激励，引导潜在客户做出购买决策。

（5）购买阶段。提供便捷的购买渠道和流程，确保交易顺利完成。

（6）使用与忠诚阶段。提供满意的产品或服务体验，建立客户忠诚度，促使客户再次购买并成为品牌的忠实支持者。

在全链路营销中，关键是确保各个环节之间的衔接和协调。通过细致的数据分析和追踪，了解客户在每个阶段的行为和需求，企业可以以此优化营销策略，提高转化率和回报率。

全链路营销强调整个销售过程的连贯性和一致性，以实现更高的销售增长和客户满意度。通过精细的定位、个性化的营销策略和持续的关系建立，企业可以更好地满足客户需求，提高市场份额，建立持久的品牌忠诚度。

六、社群思维

社群思维是指将社群作为基础，利用社群的力量来推动网络营销和业务发展的一种思维方式。社群思维强调将用户聚集在一起，通过社群的管理和运营提升用户黏性、品牌认知度和销售转化率。社群思维的核心在于以下几点：

（1）用户中心。社群思维以用户为中心，关注用户的需求和反馈，将用户的需求和意见融入产品和服务中，提升用户体验和满意度。

（2）互动和参与。社群思维强调与用户的互动和参与，通过与用户的互动，增强用户的参与感和归属感，提高用户的忠诚度和品牌认知度。

（3）共享和共赢。社群思维认为社群成员之间可以共享信息和资源，通过共享实现共赢。企业可以借助社群的力量，扩大品牌影响力和知名度，提升销售转化率。

（4）创新和迭代。社群思维鼓励创新和迭代，通过不断改进产品和服务，满足用户不断变化的需求，提升用户体验和满意度。

在网络营销实践中，社群思维的应用需要结合具体的业务场景和目标受众，制定相应的策略和措施。例如，在电商领域，可以通过建立用户社群，将具有共同兴趣和需求的用户聚集在一起，通过社群的运营和管理，提升用户的购买意愿和忠诚度。

总之，社群思维是一种以用户为中心、强调互动和参与、注重共享和共赢、鼓励创新和迭代的思维方式。通过社群的运营和管理，可以提升用户的黏性、品牌认知度和销售转化率，推动业务的发展和创新。

数实融合新视界
小米社群运营模式

小米始终坚持用户至上的原则，注重与用户的互动和沟通，通过线上论坛、微博、微信等多种渠道，了解用户的需求和反馈，将用户的需求和意见融入产品和服务中，提升用户体验和满意度。

小米注重培养忠实用户，通过推出限量版产品、组织线下活动等方式增强用户的归属感和忠诚度。同时，小米还鼓励用户参与产品的设计和改进，让用户成为产品创新的推动者和传播者。

小米通过线上社交平台的建设，将用户聚集在一起，形成了一个庞大的用户社群。通过这些平台，小米与用户进行实时的互动和交流，增强了用户的参与感和归属感。

小米还注重线下活动和体验的开展，通过线下发布会、体验会等组织形式，让用户亲身感受产品的特点和优势，提高用户的购买意愿和忠诚度。

小米鼓励创新和迭代，不断推出新产品和服务，满足用户不断变化的需求。同时，小米还通过数据分析和技术创新不断优化产品和服务，提升用户体验和满意度。

通过以上措施的落实和执行，小米成功地建立了一个庞大的用户社群，提升了品牌认知度和销售转化率，推动了业务的快速发展和创新。

单元四　网络营销的基本流程

一、目标市场定位

精准定位是营销中非常重要的一项策略，它可以帮助企业搞清楚"我是谁？我将为谁服务？我提供哪些服务？"从而更好地了解目标市场和目标客户，并将资源和策略聚焦在最有价值的客户群体上。

在网络营销中，精准定位是从网络市场调查开始的，其目的是了解市场需求、竞争态势和消费者行为，以便为产品或服务找到一个具有潜力和竞争优势的市场空间。网络的广阔性和数据的丰富性为精准定位提供了更多的数据和工具。企业可以通过以下方式实现目标市场定位：

微课：网络运营专员及典型工作任务

（1）数据收集与分析。利用网络数据分析工具，采集相关数据并进行相关分析，深入了解目标市场的规模、消费者需求、竞争对手的优势和劣势等。

（2）人口统计数据分析。通过网络渠道收集和分析目标客户的人口统计数据，如年龄、性别、地理位置、教育程度等。这些数据的分析结果将有助于更准确地确定目标客户的特征和需求。

（3）关键词研究。通过关键词研究工具来了解目标客户在搜索引擎上的搜索行为，将帮助企业确定他们关注的话题和他们使用的关键词，以使企业能够更好地优化营销内容和广告。

通过以上方法，企业可以更加精准地定位自己将要进入的市场、提供的服务以及目标客户在哪里等，企业只有精准定位，找到市场的空白与缝隙，才能推出适销对路的产品与服务，获得成长的空间。

> **数实融合新视界**
> ## 华为的战略定位
>
> 华为公司通过调研做出了的精准战略定位：始终坚持以客户为中心，持续推动技术进步和产品创新，"做多连接，撑大管道"，通过多种战略举措推动行业的数字化转型，引领云时代发展。
>
> 相应地，华为推出了多个领域产品线，如终端产品线、企业业务线、云核心网产品线等。其中，终端产品线是华为的三大业务之一，其产品覆盖手机、个人计算

机和平板电脑、可穿戴设备、移动宽带终端、家庭终端和消费者云等；企业业务线主要服务于政府、教育、金融、医疗、制造、交通等行业，提供定制化场景化解决方案；云核心网产品线则是华为面向电信运营商提供的核心网络产品，支持融合全制式接入，调度全网络能力，使能全业务创新。

二、目标用户精准识别

用户画像是根据用户特征、网络浏览内容、网络社交活动和消费行为等信息抽象得到的一个标签化的用户模型。通过对数据进行挖掘和分析，给用户"贴标签"，"标签"是用来表示用户某一维度特征的标识，可用于业务运营和数据分析。

企业在实际操作的过程中，往往会以浅显和贴近生活的话语，将用户的属性、行为与期待的数据转化联结起来。作为实际用户的虚拟代表，用户画像所形成的用户角色并不是脱离产品和市场之外所构建出来的。用户角色的形成需要有代表性，能代表产品的主要受众和目标群体。

用户画像可以围绕产品进行人群细分，确定产品的核心人群，从而有助于确定产品定位，优化产品的功能。同时，用户画像也可以帮助企业进行市场洞察，预估市场规模，从而辅助制定阶段性目标，指导重大决策，提升投资回报率；有助于避免产品或服务的同质化，进行个性化营销。用户画像分析的作用主要体现在以下五个方面：

（1）精准营销。根据历史用户特征，分析产品的潜在用户和用户的潜在需求，针对特定群体，利用电子邮件、微信、微博、短视频、直播等方式进行营销。

（2）用户统计。根据用户的属性、行为特征对用户进行分类后，统计不同特征下的用户数量、分布；分析不同用户画像群体的分布特征。

（3）数据挖掘。以用户画像为基础构建推荐系统、搜索引擎、广告投放系统，提升服务精准度。

（4）服务产品。对产品进行用户画像和受众分析，更透彻地理解用户使用产品的心理动机和行为习惯，完善产品运营，提升服务质量。

（5）行业报告及用户研究。通过用户画像分析可以了解行业动态，比如目标人群消费习惯分析、消费偏好分析、不同地域品类消费差异分析。

简单来说，用户画像就是根据用户社会属性、生活习惯和消费行为等信息而抽象出的标签化的用户模型，也就是将用户信息标签化。可以根据这些标签建立用户画像，进行精准营销,进而不断提高网络营销的效果和效率。

三、品牌与IP打造

在数字经济时代,品牌与IP(Intellectual Property)的打造都是网络营销领域的重要策略,它们可以帮助企业建立独特的形象,增加品牌知名度和客户忠诚度。

(一)品牌打造

品牌打造是指通过塑造企业的形象、价值观和品牌故事等方式来建立独特的品牌认知。以下是品牌打造中的一些关键要素:

(1)确定品牌定位。品牌定位是品牌打造的核心,需要通过市场调研和竞争分析,确定品牌在市场中的位置和差异点。

(2)设计品牌形象。品牌形象是品牌打造的关键,需要通过品牌名称、标志、色彩等视觉元素的设计,以及品牌声音、气味、触感等感官元素的设计,塑造出独特的品牌形象。

(3)制定品牌策略。品牌策略是品牌打造的指导方针,需要根据品牌定位和目标市场,制定相应的品牌传播策略、品牌推广策略和品牌维护策略。

(4)讲述品牌故事。明确企业的使命和价值观,并将其融入品牌传播中,以吸引共鸣和忠诚的消费者。通过讲述品牌故事,使消费者更好地了解品牌的发展、核心价值和独特之处。

(5)进行品牌传播。品牌传播是品牌打造的必要手段,企业需要通过广告、公关、社交媒体等多种渠道,将品牌信息和品牌形象传递给目标受众,提高品牌知名度和影响力,吸引目标受众的关注和认可。

(6)进行品牌维护。品牌维护是品牌打造的长期过程,企业需要持续关注品牌形象和品牌价值的维护,包括品牌的持续改进和升级,以及品牌危机事件的处理等。

(7)提供品牌体验。企业需要提供与品牌价值观一致的卓越客户体验,通过产品质量、服务和用户体验等方面来塑造品牌形象。

(二)IP打造

IP打造是指通过与知名的个人、角色、品牌或事件建立合作关系,以增加品牌影响力和市场竞争力。与品牌打造类似,以下是IP打造中的一些关键要素:

(1)选择IP类型。选择与目标市场和品牌形象相符的知名个人、角色或品牌,以吸引目标客户群体的关注和认可。

（2）确定合作方式。与选定的IP进行合作，可以通过代言、联名产品、活动合作等方式，扩大品牌知名度和市场覆盖范围。

（3）展开故事串联。将品牌故事与IP的故事相结合，通过共同的故事情节和价值观传达品牌形象，增强品牌认知度和情感共鸣。

（4）进行持续推广。与IP建立长期合作关系，通过持续的宣传和推广活动来保持品牌的关注度和市场竞争力。

品牌打造和IP打造可以相互结合，共同推动品牌的发展。通过建立独特的品牌形象和与知名IP的合作，企业可以在市场中脱颖而出，也可以吸引更多的目标客户。

四、构建全渠道推广矩阵

随着新一代互联网和自媒体的发展，消费者和商品之间的桥梁被重新架构，这将彻底改变现有的商业模式，将彻底重构"人—货—场"：把建场（平台）、组货、卖不同的货给不同的人群，变为聚人（粉丝）、建群、给不同的群配不同货。如何聚人、建群？从目前来看，这一使命主要落在了全渠道推广矩阵和内容输出上。

网络营销内容传播是企业试图向消费者直接或间接地告知、劝说和提醒其销售产品和品牌信息的活动。在某种意义上，营销传播代表着企业及其品牌的声音，它们是企业与消费者进行对话和建立关系的桥梁。营销传播能够通过强化顾客忠诚度来提高顾客资产。

（一）传播渠道选择

（1）自有媒体（Owned Media），即企业自己的渠道，是由品牌方自行管理的媒体渠道，如某手机品牌的微博、某银行的微信公众号等。消费者与品牌方之间的关系取决于消费者如何理解品牌，会产生哪些表现。

（2）赚来媒体（Earned Media），即品牌不通过自有媒体，而是通过其他媒体和消费者的口碑来传播，可以说消费者是品牌的创造者。消费者主导的媒体渠道，更多地表现为所获得的口碑。

（3）付费媒体（Paid Media），即企业通过购买广告位或广告时段来展示品牌或产品的媒体渠道，包括各种形式的在线广告和传统媒体广告。通过付费媒体，企业可以快速提高品牌曝光度，吸引消费者，提高营销转化率。

(二) 营销内容的生产

微课：内容构思策划

营销企业通过内容创作与输出，让内容承担发现需求、创造需求、传播品牌价值主张、提供购买决策、分享消费体验等使命，产生持续的影响力并完成聚粉，粉丝一边阅读内容，一边完成了商品的消费和购买。这种新型内容营销模式不仅成为新兴自媒体（如抖音、小红书）的主要盈利模式，淘宝、京东商城等电子商务平台也将"内容化"作为转型发展的战略之一，用来提升用户黏性，增加用户停留时长并提高用户转化率。

比起其他载体，在网络营销中，内容营销可以通过动画、文字、视频、声音等各种介质中呈现出来，对于目标客户更具有吸引力，但是"言之无文，行而不远"，在网络上如果给用户的都是些空洞的、雷同的，甚至是抄袭的内容，不但不能起到营销的效果，还有相当大的反作用。因此，企业应根据不同营销场景，策划营销内容。一般来说，营销内容可以分为以下几类：

（1）热点性内容。企业可以借助相关的平台进行数据分析，实时了解、追踪并合理利用热门事件，策划符合品牌调性的、真实的、具有正向价值引导作用的内容，迅速提升内容的关注度。

（2）时效性内容。企业可以利用时效性，在特定的时间段借助拥有一定人气和关注度的事物，创造丰富的主题内容，将有价值的内容展现给用户，获得较好的传播效果。

（3）持续性内容。持续性内容带来的价值是连续持久性的，是内容策略的中流砥柱，是获取流量的主力军。因此，企业需要规划好主题，持续性进行内容生产，获得用户的长期关注。

（4）方案性内容。围绕特定营销活动，综合考量受众人群的定位、主题的确定、营销平台的选择、预期效果等因素，策划方案内容，并依据策划方案生产营销内容，产生特定的营销效果。

（5）促销性内容。促销性内容是指在特定时间内进行促销活动产生的能够充分体现优惠活动、节日氛围的营销内容。促销性内容的价值往往在于快速促销产品，提升产品销量。

随着自媒体的兴起，营销内容的生产从PGC（Professionally-generated Content，专业生产内容）向UGC（User Generated Content，用户生产内容）、PUGC（Professional User Generated Content，专业用户生产内容）方面发展，内容生产呈现出百花齐放、百家争鸣的态势。营销内容生产应根据营销的场景与诉求，并考虑平台的特点生产营销内容，同时注意以下几个方面：

（1）站在用户的视角来描述内容让用户感同身受，感觉企业了解自己的需求。

（2）关注垂直领域的价值和需求。如果企业想吸引垂直领域的用户，就需要关注如智能手机、新能源汽车等行业的话题并且提供相关的内容。

（3）注重创意的表达。内容创作时需要写好标题；关注内容的创意呈现形式，可以是图表、图片、视频等；内容要有趣、有用、有温度。

（4）使内容分享更容易。在内容的发布传播渠道中，企业需要考虑用户的传播需求，提供分享到微博、朋友圈等社交媒体平台的按钮。

（三）内容分发渠道选择

内容分发渠道是指将内容传递给目标受众的途径，不同的内容分发渠道适用于不同的受众和场景。以下是一些常见的内容分发渠道：

（1）社交媒体平台。如微信、微博、抖音等平台，具有广泛的用户基础，是传递信息的重要渠道之一。通过制定合理的社交媒体营销策略，可以有效提高内容的曝光度和受众覆盖面。

（2）内容聚合平台。如今日头条、一点资讯等平台，通过算法和个性化推荐技术，可以将内容推送给相关用户，能够提高内容的传播效果。

（3）自媒体平台。如百家号、知乎专栏等平台，为个人或企业提供了发布原创内容的渠道，通过优质的内容吸引和留住用户。

（4）短视频或直播平台。如抖音、快手等平台，适合发布短视频内容或用直播方式发布内容，通过短视频或者直播形式呈现信息，提高用户的视觉体验和信息接收效果。

（5）线下活动。如研讨会、展览、路演等活动，能够吸引目标受众的参与，通过现场互动和交流，提高内容的传播效果。

在选择内容分发渠道时，需要考虑目标受众的特点、内容类型和传播效果等因素，选择最适合的渠道推广；同时，需要制定合理的营销策略和推广计划，不断优化和调整渠道策略，以提高内容传播的效果和品牌影响力。

五、网络营销加速转化

流量和转化很多时候是互为一体的。例如，一个网站的访问量是流量，注册量是转化，注册量与访问量的对比就是转化率。其实，流量是一个环，由一个个节点组成，从每个节点到下一个节点，都可以计算转化率。

（一）流量

流量指的是在一定时间内访问电子商务网站或点击电商店铺产品链接的用户数量。流量对于网络营销而言非常重要，因为它代表着网站（网店）的受欢迎程度和潜在的购买力。

获取流量的方式主要有自然流量和付费流量两种。自然流量指的是通过搜索引擎优化（Search Engine Optimization，SEO）、社交媒体营销、内容营销等手段，让用户自发地访问电商网站。而付费流量则是通过广告投放、搜索引擎营销（Search Engine Marketing，SEM）等手段，引导用户访问电商网站。

需要注意的是，流量的质量比数量更重要。即使网站流量很高，但如果都是低质量的流量，那么转化率和销售额可能不会提高。因此，网络营销需要通过数据分析找到真正有购买意愿的用户，并针对这些用户进行精准营销和个性化推荐，提高转化率和销售额。

（二）流量转化

流量转化指的是将网站或电商平台的潜在用户转化为实际购买用户的过程。流量转化既是网络营销的核心目标之一，也是衡量网络营销成功与否的重要指标。

要提高流量转化率，需要从多个方面入手。首先，优化网站结构和页面设计，提高用户体验和满意度，让用户更容易找到所需信息并完成购买。其次，通过精准营销和个性化推荐，提高用户对网站的信任度和满意度，增加用户回访率。此外，提供优质的产品和服务，进行高性价比的促销，增加用户对网站的信任度和忠诚度，也是提高流量转化率的关键。

为了更好地实现流量转化，需要对网站和用户进行数据分析和监测。通过对用户访问行为的分析，可以了解用户的购买意愿和需求，从而制定更精准的营销策略和个性化推荐策略。同时，通过监测网站的性能和用户体验，可以及时发现并解决用户在使用产品或服务方面的问题，提高用户满意度和转化率。

（三）流量转化技巧

1. 寻找差异化

想要在同类产品中凸显品牌，就要找到一个具有差异性的定位。比如，某二手车的"没有中间商赚差价"定位，戳中了消费者喜欢最低价的内心诉求；某手机"充电五分钟通话两小时"的定位凸显了自身的功能，也是比较好的差异化定位；再如，某专车面对众多率先进入市场的同类品牌，将安全作为自身的定位，"除了安全，什么都不会发生",回归出行的本质,更容易吸引用户。寻找差异化一般有三个方法:第一是侧重用户属性,强调给谁用;第二是侧重产品属性,强调干什么用;第三是借助市场上占据领导地位的产品,进行关联定位。

2. 打造独属符号

在这个快阅读的时代,人们每天接触的信息量非常大,很容易忽略企业的品牌内容。如果企业的品牌有一个专属的符号,并且简单、清晰、存在感强,就更方便使用户强化品牌记忆,让消费者在购买同类产品时,第一个想到本企业的品牌。要打造品牌专属符号,可以从视觉、听觉、嗅觉、味觉、触觉等几个角度创意。

3. 植入合适的场景

如果同类品牌已经很多强大的竞争对手,企业想要实现营销流量突破,就需要从场景切入,突出品牌的一个卖点,积累第一批粉丝,吸引他们消费,等到积累足够多以后,再向其他使用场景延伸。这是因为用户在生活中想起产品是有固定顺序的,只有当他身处某种情景下时,他才会产生相应的需求,进而想到需求的解决方案,也就是企业的产品功能,最后才是想起品牌。如某汽车品牌的"吉是所有美好的开始"等广告语都是基于场景来寻找创意的。想运用好场景营销的方法,方法只有一个,那就是寻找用户最直接的使用场景,且用户的联想路径越短越好。

4. 产生裂变

企业可发挥用户自主传播效应,产生裂变。如果品牌的老用户有一定的黏性,就可以采取所有方式中成本最低、转化效果最好、持久不衰的裂变营销。

目前,通过微信达成裂变是企业比较常用的方式,也有很多方法,如裂变海报、用户生成专属海报、朋友圈传播等。当然,想要达到理想的效果,关键还要看内容和福利的设置。

此外,小程序也是一种能够帮助企业实现流量转化的工具,通过细化用户画像获取不同用户的详细信息,提供精细化服务。这样一方面可以让用户在小程序内快速找到想要的服务,另一方面可以帮助商家用精确的内容与服务触达用户。

数实融合新视界

国货美妆品牌的流量转化

在国货升级的时代背景下,"国潮"孕育而生。对于国货美妆品牌麦吉丽而言,借势周年盛典、新品发布等关键节点,讲好品牌故事、品牌实力、新品价值，拉近和消费者距离，提升品牌好感度，深化品牌认可度。

（1）发起"品牌+国潮"主题征文，通过引导用户生产内容为品牌造势，面向420多名优质作者，发起"#国货新势力·素颜潮自信#"品牌主题征文，邀请用户与品牌进行内容共创。活动期间内容创作1 149篇，内容传播超过8 000万次，阅读量超过800万次。海量品牌内容讨论，帮助企业重塑品牌和产品口碑。

（2）定制"#国潮素人大变身——宝妈如何成为独立优雅女性#"情景剧，帮助麦吉丽拉近与宝妈人群的情感距离。通过百度经验官方直播互动，总曝光超过1 000万次，观看人次超过30万次。

（3）邀请护发领域专家做客"国货好物评测·洗护用品专场"直播间，通过产品成分解读、在线答疑、产品现场使用分享，全面解读麦吉丽洗护系列产品，并通过商品挂载为电商引流。

综上所述，品牌全域曝光超过1.34亿次、品牌内容共创1 149篇、品牌资讯指数增长136倍。同时，围绕"尽享素颜之美"的品牌核心和"国货之光"的内容方向发起征文，海量且正面的舆论声音，为重塑品牌口碑迈出了坚实的一步。

六、网络营销效果评估

企业进行网络营销活动时，要对营销活动进行效果总结和评估，使企业对网络营销活动有一个准确的判断，从而更好地把握网络营销活动的方向。网络营销评估是一个系统工程，需要企业的网络技术部门和销售推广部门共同参与。网络营销效果评估可以使企业充分把握企业网络营销推广费用的流向，并能在众多推广平台中选择出最适合企业发展需要的网络营销推广平台。

网络营销效果评估就是利用各种网络统计分析系统，结合网下的统计方式来分析网络营销效果，并结合销售情况做出准确的评估，任何企业对网络营销效果做评估时，均可从统计分析数据和销售业绩着手。

网络营销是企业营销活动的重要组成部分，它往往在第一时间将企业的发展情况以及产品的创新情况宣传出来。围绕网络营销，以网络营销效果评估结果为参照，企业可以更加有针对性地整合内部资源，再创造适合企业发展特点和市场环境的企业组织，以提高企业的整体管理水平。

调查研究与善作善成
用户画像分析

【调研目的】

本次用户画像分析的目的是深入了解企业的目标用户群体,以便更好地为他们提供定制化的服务和产品。通过了解用户的喜好、需求、消费习惯等信息,更好地满足他们的期望,提高用户满意度和忠诚度。

【调研要求】

每4~6个人为一组,选取任意行业的一家企业,按照以下要求进行调研:

(1)调研范围。本次调研应覆盖企业的所有目标用户群体,以确保数据的全面性和准确性。

(2)调研方法。采用线上问卷调查、社交媒体数据抓取、深度访谈等多种方式进行调研。

(3)数据收集。确保数据收集的完整性和准确性,对关键信息应进行核实和验证。

(4)数据分析。运用数据分析工具对收集到的数据进行深入分析,以揭示用户的特征和行为模式。

(5)调研周期。本次调研应在一周内完成。

【调研内容】

(1)客户基本信息。包括年龄、性别、职业、收入等基本信息。

(2)客户需求与期望。了解用户对企业产品或服务的需求和期望,以及他们认为重要的产品或服务特性。

(3)消费习惯。了解用户的购买频率、购买渠道、支付方式等信息。

(4)品牌认知。评估用户对企业品牌的认知程度,包括品牌形象、品牌口碑等。

(5)社交媒体行为。抓取用户在社交媒体上的行为数据,以了解他们的兴趣、关注点等信息。

【调研成果】

(1)完成一份详细的用户画像报告,包括用户的特征、需求、消费习惯等方面的描述。

(2)基于调研结果,为企业提供针对不同用户群体的营销策略建议。

同步测试

一、单项选择题

1. 网络营销以（　　）分析为基础，以数字技术为方法或手段。
   A. 客户　　　　　　　　　　B. 大数据精准
   C. 传统市场　　　　　　　　D. 供应链

2. 数字经济时代的 4R 营销策略包括（　　）。
   A. 产品、价格、渠道、促销
   B. 消费者、成本、便利、沟通
   C. 数字画像与识别、数字化覆盖与触达、建立持续关系、实现交易与回报
   D. 产品、客户、市场、服务

3. 网络营销的一般流程包括：① 网络营销效果评估；② 目标用户精准识别；③ 构建全渠道推广矩阵；④ 目标市场定位；⑤ 品牌与 IP 打造；⑥ 网络营销加速转化。下面顺序排列正确的是：（　　）。
   A. ①②③④⑤⑥　　　　　　B. ②①③④⑤⑥
   C. ③①②④⑤⑥　　　　　　D. ④②⑤③⑥①

4. 企业可以在每天 24 小时不间断地提供服务，企业和消费可以随时进行信息交流和交易活动，这是网络营销的（　　）特点。
   A. 跨时空性　　　　　　　　B. 超前性
   C. 共享性　　　　　　　　　D. 技术性

5. 创新思维的三个层次不包括（　　）。
   A. 聚焦　　　　　　　　　　B. 有超高的性价比和独特性
   C. 价值独享　　　　　　　　D. 超预期的附加值

二、多项选择题

1. 区块链技术在网络营销领域的应用体现在（　　）。
   A. 商品和服务溯源　　　　　B. 防伪验证
   C. 智能合约　　　　　　　　D. 数据安全和隐私保护

2. 用户画像的作用体现在（　　）。
   A. 精准营销　　　　　　　　B. 用户统计
   C. 数据挖掘　　　　　　　　D. 行业报告

3. 网络营销的效果表现在（　　　　）等方面。
   A. 提升企业的品牌价值　　　　　　B. 加强与客户之间的沟通
   C. 拓展对外发布信息的渠道　　　　D. 改善客户服务
4. 社群思维的核心在于（　　　　）。
   A. 用户中心　　　　　　　　　　　B. 互动和参与
   C. 共享和共赢　　　　　　　　　　D. 创新和迭代
5. 网络营销思维包括（　　　　）。
   A. 大数据思维、生态思维　　　　　B. 创新思维、品牌思维
   C. 全链路营销思维　　　　　　　　D. 社群思维

三、简答题

1. 网络营销面临哪些新的技术环境？
2. 在我国，当前网络营销面临的最主要的经济环境是什么？
3. 除了本模块中提到的网络营销思维，请继续补充做好网络营销需要的其他思维。
4. 网络营销的步骤是什么？

模块二

网络市场调研与分析

学习目标

素养目标
- 在网络市场调研中树立求真实务、实事求是的意识
- 在网络市场调研中树立保护消费者个人信息、不泄露数据信息的意识

知识目标
- 掌握网络市场调研的特点和步骤
- 掌握网络市场调研的具体方法
- 熟悉网络消费者的需求特征、购买动机及购买过程
- 了解网络消费者行为特征
- 掌握网络市场细分和网络市场定位的定义
- 掌握网络市场细分和市场定位的标准、程序及策略

技能目标
- 能够设计组织网络市场调研
- 能够使用网络调研工具开展网络市场调研
- 能够分析网络消费者行为特征
- 能够分析不同企业的目标市场

思维导图

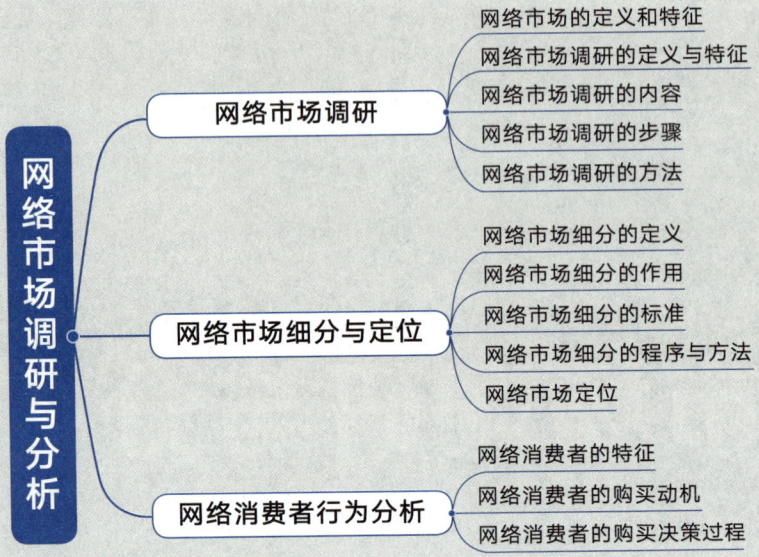

学习计划

- **素养提升计划**

  _____

  _____

- **知识学习计划**

  _____

  _____

- **技能训练计划**

  _____

  _____

引导案例

Temu在线购物调查报告

　　Temu是拼多多旗下的跨境电商平台，于2022年9月1日上线。Temu进行了一项关于美国消费者在线购物习惯的调查，调查涉及超过1 000名18—65岁的美国成年人，提供了关于影响他们在线购物决策因素的深入见解。

　　调查结果显示，美国消费者在购物时更倾向于选择电商平台，而不是品牌自己的网站。同时，近2/3的受访者表示，价格是他们购物时的首要考虑因素。调查发现，78.4%的受访者表示他们在购买产品之前会在网上进行比价。除了价格之外，该项调查发现，产品质量和交货速度也是影响消费者购买决策的重要因素。而品牌声誉、在线安全和可持续发展等因素对消费者的影响较小。近3/4的受访者认为他们在网上能够获得比实体店更好的优惠，因此更喜欢在线购物。消费者更倾向于选择提供广泛产品种类的平台，这表明在线综合市场比单一零售商网站更受欢迎。这一调查结果反映了当前美国消费者在在线购物时的实际需求和偏好。

　　调查还显示，社交媒体在消费者了解在线购物平台方面发挥了重要作用，所有年龄段的受访者主要通过这些渠道了解Temu。然而，消费者的购买行为更多是基于个人兴趣而非社交媒体上的内容，53.4%的受访者表示不会因为看到别人拥有某物而受到影响去购买。

　　从2022年9月进入美国市场至2023年12月，Temu的广告投放支出超过5.17亿美元。在Temu的广告支出中，76%的费用投放于社交媒体，而在数字媒体上的展示型广告支出为13%。

　　随着电商平台的不断发展和竞争的加剧，价格、产品质量和交货速度等因素将成为电商平台吸引消费者的关键。同时，消费者对于品牌声誉、在线安全和可持续发展等因素的关注也在逐渐增加，电商平台需要在这些方面不断提升自身的竞争力，以满足消费者的需求。

　　总的来说，必要的网络市场调研为电商平台和品牌提供了有关消费者偏好和行为的有价值信息，对于它们制定营销策略和优化用户体验具有重要的参考意义。同时，随着消费者对价格敏感度的提高，电商平台和品牌需要更加关注价格策略的制定，以在激烈的市场竞争中脱颖而出。

【案例分析】

网络市场调研在不同行业和场景中有重要作用。网络市场调研可以帮助企业更好地了解市场需求、消费者行为、竞争对手动态和行业趋势，从而制定更合理、更有效、更有创新性的战略和营销方案。网络市场调研也可以帮助企业更好地适应不同的市场环境、文化差异和社会变化，从而提升品牌竞争力和客户满意度。

在互联网时代，网络市场调研是了解消费者和进行网络营销的前提与基础。网络市场调研是一种融互联网技术与传统调研方法为一体，集经济、方便、快速等优点于一身的调研方式，它为调研工作的开展提供了一种新的选择，为网络营销的有效开展提供了数据支持。

单元一　网络市场调研

一、网络市场的定义和特征

网络市场也称网上虚拟市场，是企业进行电子商务活动的虚拟市场。网络市场是由互联网上的企业、政府组织和网民组成的市场。中国互联网络信息中心（CNNIC）发布的第53次《中国互联网络发展状况统计报告》数据显示，截至2023年12月，我国网络购物用户规模达9.15亿人，较2022年12月增长6 967万人，占网民整体的83.8%。2023年，全国网上零售额达15.42万亿元，同比增长11%。

网络市场的主要特征表现在以下几个方面：无店铺的经营方式，无存货的经营形式，成本低廉的竞争优势，无时间限制的全天候经营，无国界、无区域界限的经营范围，精简化的营销环节。

二、网络市场调研的定义和特征

市场调研是指运用科学的方法，有目的、系统地收集、记录、整理有关市场营销的信息和资料，分析市场情况，了解市场现状及其发展趋势，为市场预测和营销决策提供客观、正确的资料。

网络市场调研是利用互联网技术进行市场调研的一种方法，其大多应用于企业内部管理、商品营销、广告和业务推广等商业活动中。例如，在网上利用问卷进行的中国互联网市场发展现状调查。

企业在进行网络市场调研时，经常会遇到一些问题：是采用传统市场调研方式，还是采用网络市场调研方式？进行网络市场调研是否准确、有效？事实上，当前企业利用互联网进行调研的方式跟传统方式相似，但是由于网络市场调研是不受时间和空间限制的，这就使得网络市场调研与传统市场调研方式相比，具有不同的特征。

相对于传统市场调研所存在的样本采集困难、调研费用昂贵、调研周期过长、调研环节监控滞后等一系列问题，网络市场调研具有高效便捷、质量可控等特征。具体表现在以下四个方面：

（一）网络市场调研信息收集的广泛性

互联网是没有时空限制的，这与受时空制约的传统市场调研方式有很大不同。如果利用传统市场调研方式在全国范围内进行市场调研，需要各个区域部门的配合，在一定的时间和成本限制下，调研信息的收集数量有限。而利用互联网在全世界范围内对用户进行在线调研，则可以获得庞大的样本数量。

（二）网络市场调研信息获取的及时性和共享性

网络市场调研有效克服了传统市场调研中调研结果存在时滞性的缺点。只要轻点鼠标，世界任何一个角落的用户都可以加入其中。从用户输入信息到调研信息被企业接收，只需要极短的时间。企业调研人员利用计算机软件整理资料，短时间内就可以得出调研结果。而参与调研者只要点击"结果"键，就可以知道到现在为止所有被调研者的观点所占的比例，使被调研者了解企业此次调研活动的结果，提高其参与感和满意度，实现了信息的全面共享。

（三）网络市场调研过程的便捷性和经济性

在网络上进行市场调研时，无论是调研者还是被调研者，只需要拥有一台能上网的计算机，就可以实施调研。若是采用问卷调研的方法，调研者要在企业网站上发布电子调查问卷，并提供相关信息，然后利用计算机对被调研者反馈的信息进行整理和分析。这种方式不仅十分便捷，而且会大大减少企业市场调研的人力和物力耗费，缩减调研成本。

（四）网络市场调研结果的准确性和可靠性

网络市场调研结果具有较高的准确性和可靠性，能够反映市场的历史和现状，主要体现在以下几个方面：第一，调研者不与被调研者进行任何的接触，可以较好地避免来自调研者主观因素的影响；第二，被调研者接受询问、观察，均是处于自然、真实的状态；第三，企业网站的访问者一般都对本企业有一定的认知，易于配合调研工作；第四，企业网络站点访问者一般都对企业具有一定的兴趣，填写问卷也具有一定的自发性。

三、网络市场调研的内容

网络市场调研与传统市场调研一样，都包括以下三方面的内容，以保证调研过程的质量。

（一）市场需求容量调研

市场需求容量调研主要包括：现有和潜在的市场需求容量、市场最大和最小需求容量、不同商品的需求特点和需求规模、不同市场的营销机会、企业和竞争对手的现有市场占有率等情况。

（二）可控因素调研

可控因素调研主要包括对产品、价格、销售渠道和促销方式等因素的调研，是企业自身可以在经营过程中控制的因素，主要包括以下几个方面：

（1）产品调研。产品调研包括对产品性能、特征和客户对产品的意见的调研；对产品生命周期及产品所处生命周期阶段的调研；对产品的包装、品牌等给客户留下的印象的调研。

（2）价格调研。价格调研包括对产品价格的需求弹性调研；对竞争对手价格变化情况调研；对新产品价格制定或老产品价格调整所产生的效果调研；对选品并实施价格优惠策略的时机和实施这一策略的效果的调研。

（3）销售渠道调研。销售渠道调研包括对企业现有产品分销渠道状况的调研；对中间商在分销渠道中起到的作用及各自实力的调研；对用户对中间商尤其是代理商、零售商的印象等内容的调研。

（4）促销方式调研。促销方式调研主要是对人员推销、广告宣传、公共关系等促销方式的实施效果进行分析、对比的调研。

（三）不可控因素调研

不可控制因素主要是指属于企业外部且不受企业控制的因素。不可控因素调研主要包括政治环境调研、经济发展状况调研、社会文化因素调研、技术发展状况与趋势调研和竞争对手调研等。

四、网络市场调研的步骤

网络市场调研一般包括以下几个步骤。

（一）明确调研问题、确定调研目标

通过互联网获取调研信息时具有双面效应：一方面，互联网具有数量庞大的信息流，通过信息搜索，企业调研者最终总可以找到想要的信息；另一方面，企业调研者进行信息搜索时，可能无法精确地找到其所需要的重要数据。因此，明确调研问题、确定调研目标非常必要。企业可以设定的网络调研目标有：谁是最有可能要买本企业提供的产品或服务的客户？客户对本企业和竞争者的印象如何？在企业日常的运营中，可能要受哪些约束，应如何规避？

微课：网络市场调研方法与步骤

（二）确定调研对象

网络市场调研对象包括消费者、竞争者以及行业中其他利益相关者等。

1. 了解目标消费者

（1）定义目标市场。确定本企业产品或服务的潜在消费者群体，可以基于潜在消费者的地理位置、年龄、性别、收入、生活方式等因素来确定。

（2）使用数据分析工具。利用数据分析工具来深入了解消费者的行为、兴趣、购买习惯等。

（3）社交媒体监测。通过监测社交媒体平台上的讨论内容和话题趋势，了解消费者的需求和期望。

2. 研究竞争者

（1）识别竞争者。确定直接和间接的竞争者，包括提供类似产品或服务的企业或品牌，以及市场上的潜在进入者。

（2）进行竞品分析。了解竞争者的产品或服务、定价策略、营销方法、社交媒体活动等。

（3）网络监测。持续监测竞争者的在线活动，了解其市场策略和新品发布等动态。

3. 识别行业中的其他利益相关者

（1）供应商和分销商。研究供应链中的供应商和分销商，了解他们的影响力和市场地位。

（2）合作伙伴。确定与业务相关的合作伙伴，如营销伙伴、第三方服务提供商等。

（3）监管机构。了解政府机构、行业协会等对行业的影响，以及相关的法律法规。

网络市场调研是一个持续的过程，企业应随着市场环境和消费者需求的变化，定期重新评估和调整本企业的目标消费者、竞争者和利益相关者。

（三）制订调研计划

（1）确定资料来源。明确调研资料是二手资料还是一手资料。二手资料可以通过查阅报告、收集行业数据、分析竞争对手等方式获得；一手资料则可以通过问卷调查、访谈、实地观察等方式收集。

（2）选择调研方法。根据实际情况选择专题讨论、问卷调查或实验等不同方法。专题讨论可以通过网络论坛、视频会议等方式进行；问卷调查可以通过电子邮件或社交媒体发布；实验则可以选择多个变量进行测试。

（3）设计抽样方案。确定抽样方案，要保证样本能够代表整个目标市场，且要确保调研结果的可靠性。

（4）确定联系方法。即确定如何与调研对象接触，例如，是通过社交媒体、电子邮件，还是通过在线问卷。

（四）进行信息收集

数字技术的突飞猛进使得资料收集方法更加多样化，网络市场调研可以不受时空限制地在全国甚至全球范围内进行。在进行网络市场调研的信息收集时，最重要的是选择信息来源和确定信息收集方法。

1. 选择信息来源

（1）网络搜索。利用搜索引擎（如百度）搜集公开的市场数据、行业报告、新闻发布和论坛讨论等信息。

（2）在线调查。通过问卷星、腾讯问卷等在线工具，设计调查问卷，直接从目标消费者那里收集数据。

（3）社交媒体分析。分析微博、微信、抖音等社交媒体平台上的用户生成内容，获取消费者的偏好和态度。

(4) 专业网络平台。访问行业论坛和专业网站，获取行业内部信息和专业数据。

2. 确定信息收集方法

(1) 网络爬虫技术。自动抓取互联网上的信息，这需要编程技能来开发和维护爬虫程序。

(2) 数据挖掘。通过分析大量数据，找出有价值的市场和消费模式。

(3) 焦点小组。在线组织一组目标用户，进行深入访谈和讨论，获取更为详细的信息。

(4) 专家访谈。通过视频会议等方式，邀请行业专家提供见解。

（五）分析调研信息

收集信息后要分析调研信息，这一步非常关键。调研人员如何从数据中提炼出与调研目标相关的信息，直接影响到最终的调研结果。这一步骤是网络市场调研能否发挥作用的关键。与传统市场调研的结果分析类似，网络市场调研也要尽量排除不合格问卷，这就需要对回收的问卷进行综合分析和论证。此外，网络市场调研人员还要使用一些数据分析技术，如交叉列表分析技术、概括技术、综合指标分析技术和动态分析技术等，或者使用Excel、SPSS、SAS、Python、Hadoop等分析软件。分析时，网络市场调研人员必须保证速度、准确性与真实性。

（六）撰写调研报告

撰写调研报告是整个网络市场调研活动的最后一个阶段。调研报告不是数据和资料的简单堆砌，网络市场调研人员不能把大量的数字和复杂的统计结果送到管理人员面前，否则就失去了调研价值。正确的做法是把与网络营销关键决策有关的主要调查结果归纳总结并展示出来，必要时还要给出相关的对策和建议并以调查报告所应具备的正规结构写作。

职业道德与法规

网络调研要严守法律法规

党的二十大报告明确指出："坚持全面依法治国，推进法治中国建设。"企业在进行网络市场调研时，严守法律底线是至关重要的。这不仅是遵守国家法律法规的基本要求，也是保护企业自身利益和长远发展的必要手段。

网络市场调研涉及大量数据的收集、处理和分析，其中包括个人隐私信息、消费者行为等敏感信息。如果企业不遵守法律规定，擅自收集、使用或泄露这些信息，不仅可能面临法律制裁，还会损害企业的声誉和消费者信任。

在组织、个人收集数据方面，《中华人民共和国网络安全法》第四十一条明确规定：网络运营者收集、使用个人信息，应当遵循合法、正当、必要的原则，公开收集、使用规则，明示收集、使用信息的目的、方式和范围，并经被收集者同意。网络运营者不得收集与其提供的服务无关的个人信息，不得违反法律、行政法规的规定和双方的约定收集、使用个人信息，并应当依照法律、行政法规的规定和与用户的约定，处理其保存的个人信息。

《中华人民共和国个人信息保护法》第五条明确规定：处理个人信息应当遵循合法、正当、必要和诚信原则，不得通过误导、欺诈、胁迫等方式处理个人信息。该法第六条明确规定：处理个人信息应当具有明确、合理的目的，并应当与处理目的直接相关，采取对个人权益影响最小的方式。收集个人信息，应当限于实现处理目的的最小范围，不得过度收集个人信息。

总之，确保调研活动的合法性、合规性和道德性，不仅有助于保护企业的利益和声誉，还能为企业的长远发展奠定坚实的基础。

五、网络市场调研的方法

网络市场调研通常有两种方式：一种是网络直接调研，即利用互联网直接通过问卷调查等方法收集一手资料；另一种是网络间接调研，主要表现为利用互联网的媒体功能，从互联网收集二手资料。

（一）网络直接调研

网络直接调研的方法有以下几种：

（1）利用企业自己的网站进行调研。网站本身就是宣传媒体，如果企业网站已经拥有固定的访问者，就完全可以利用自己的网站开展网络市场调研。这种方式要求企业的网站必须有调查分析功能，对企业的技术要求比较高，但可以充分发挥网站的综合效益。

（2）借助第三方网站进行调研。如果企业自己的网站还没有建好，可以利用第三方网站进行调研。这里包括访问者众多的网络媒体提供商（Internet Content Provider，ICP）、互联网上众多的免费调查平台。这种方式比较简单，企业不需要建设网站、进行技术准备，但必须花费一定费用。

(3) 利用电子邮件进行调研。此种方法是通过采取向被调研者发送电子邮件的形式将调研问卷发给一些特定的网络用户，由用户填写后以电子邮件的形式反馈给调研者的调研方法。这种方法属于主动调查法，与通过传统邮件进行调研相似，其优点是传送的时效性更高。

(4) 利于小程序进行调研。小程序是一种无须下载就可以使用的应用，用户可以通过扫描二维码或搜索关键词来打开小程序。其兼具原生App的良好性能和H5程序的开发成本低、跨平台优势。利用小程序进行网络市场调研是一种便捷、高效的方式。首先，企业要根据调研需求设计小程序，包含调研主题、问题内容及选项。然后，通过社交媒体、企业微信公众号等渠道推广小程序，吸引目标用户参与。用户在手机上即可轻松完成调研，实时提交数据。此外，小程序可设置自动收集用户信息（如地理位置、使用时长等），为调研提供多维度的数据。最后，通过小程序后台统计数据，分析市场趋势，可以为企业决策提供有力支持。这种方式不仅降低了调研成本，还大大提高了数据收集和分析的效率。

(5) 在社群中进行调研。社群通常是指一组有着共同兴趣、目标、价值观或者特征的人们所组成的集合。这个集合既可以是线上的，也可以是线下的；既可以是虚拟的，也可以是实体的。在社群中，成员之间可以进行交流、互动、分享信息、合作等活动，形成一个相对稳定的社会群体。通过社群进行网络市场调研是一种针对性较强、效率较高的方式。首先，企业需要选择与目标市场相关的社群，可以是社交媒体群组、论坛、兴趣小组等。其次，在社群中发布调研信息，包括调研主题、目的和参与方式。为了提高参与度，可以提供一定的奖励或福利。社群成员可以根据引导进入调研小程序或网络链接，完成调研后，系统自动收集并分析数据。这种方式能快速收集到目标群体的意见和需求，有助于企业了解市场趋势和竞争状况。同时，通过社群推广还能增强品牌影响力。

(6) 利用视频会议进行调研。调研者在一些关键问题的定性上，可采取主持召开网络在线会议的方式，组织分散在不同地域的被调研者发表意见，这些被调研者往往是相关问题或领域的专家学者。

(二) 网络间接调研

网络间接调研主要是利用互联网收集与企业营销相关的市场、竞争者、消费者以及宏观环境等方面的信息。企业用得最多的是网络间接调研方法，因为通过这种方法获取的信息较为广泛，能满足企业管理决策需要，而网络直接调研一般只适合针对特定问题进行的专项调研。网络间接调研的渠道主要有利用搜索引擎收集资料，访问相关网站收集资料，利用网上数据库查找资料等。

（1）利用搜索引擎收集资料。搜索引擎是信息资料收集的重要渠道之一，用搜索引擎查找信息资料需要使用恰当的关键词和一些搜索技巧。目前国内主要的搜索引擎有百度、360、必应、搜狗等。由于每个搜索引擎都有一定的局限性，可以把要搜索的关键词在多个搜索引擎试一下，可能会搜出意想不到的结果。

（2）访问相关网站收集资料。如果知道某些专题的信息主要集中在哪些网站，可直接访问这些网站，获得所需资料。与传统媒体的信息相比，相关专业网站一般数据更全，时效性更强。

（3）利用网上数据库查找资料。在互联网上，还可以利用相关的网上数据库（即Web版的数据库）查找资料，如百度指数、360趋势、微信指数等。

单元二　网络市场细分与定位

一、网络市场细分的定义

市场细分是指营销者通过市场调研，依据消费者的需要和欲望、购买行为和购买习惯等方面的差异，把某一产品的市场整体划分为若干消费者群的市场分类过程。每个消费者群就是一个细分市场，每个细分市场都是由具有类似需求倾向的消费者构成的群体。网络市场细分是指企业在网络市场调研的基础上，依据网络消费者的需求、购买动机与习惯爱好的差异性，把网络市场划分成不同类型消费群体的过程。每个网络细分市场都是由需求和欲望大体相同的网络消费者组成。同一网络细分市场内部，网络消费者需求大致相同。

二、网络市场细分的作用

（一）有利于企业开拓和把握新的市场机会

对企业而言，网络消费者尚未被满足的需求往往是潜在的，一般不易被发现。在网络市场调研基础上的网络市场细分,可以使企业深入了解顾客的不同需求,并根据各子市场的潜在购买数量、竞争状况及本企业的实力综合分析,发掘新机会,开拓新市场。

(二)有利于企业制定和调整网络营销组合策略

网络市场细分是网络营销组合策略成功运用的前提。企业通过对其网络营销市场细分,能够有效地把握细分市场的规模和特点,进而可以深入了解顾客需求,有助于企业针对各细分市场制定和实施精准的网络营销组合策略。同时,进行网络市场细分使得企业更容易得到目标市场的反馈信息,有利于企业及时调整营销组合策略。

(三)有利于企业合理配置资源,取得最佳营销效果

企业在网络营销中都将面对主要和次要的目标市场。企业通过市场细分,可以更容易找到目标市场的特点,从而扬长避短,选择对自己最有利的目标市场,将有限的人力、物力、财力等资源集中配置于一个或少数几个细分市场上,避免分散力量,从而达到事半功倍的网络营销效果。

三、网络市场细分的标准

在网络营销环境下,存在买卖关系的市场可以分为企业、消费者和政府三方,产生六种交易模式,如表2-1所示。

表2-1 网络营销交易模式

电子商务模式	交易方式	商家性质	买家性质
B2B	线上	企业	企业
B2C		企业	消费者
C2C		消费者	消费者
B2G		企业	政府
C2G		消费者	政府
O2O	线上至线下	企业或消费者	消费者

应当把消费者看作一个特定的群体,称为目标市场。根据市场营销学中的STP策略,即市场细分(Segmentation)—目标市场选择(Targeting)—市场定位(Positioning),

目标市场选择是建立在市场细分基础上的。在市场细分完成后，企业要准备以相应的产品或服务满足其需要的一个或几个子市场。进行市场细分的目的是找到合适的目标客户并对由此形成的目标市场加以分析，确定针对目标市场的最佳营销策略。从STP的角度，如表2-1所示的网络营销交易模式分类就是按若干细分市场的标准区分的。例如，B2B实际上是产业市场上的交易活动，而B2C是消费者市场上的交易活动。因此，网络市场细分包含网络产业市场和网络消费者市场两种类型的细分标准。

1. 网络产业市场的细分标准

（1）宏观细分，即通过总体特征进行市场细分。例如，按照行业不同，将产业市场划分为服装行业市场、汽车行业市场、游戏行业市场等；按照地理位置不同，将国内市场划分为东部市场、中部市场、西部市场等。

（2）微观细分。微观细分关注不同规模的企业市场或不同原材料市场。

2. 网络消费者市场的细分标准

网络消费者市场的细分标准可以概括为地理因素、人口统计因素、心理因素和行为因素四个方面。每个方面又包括一系列的细分变量，如表2-2所示。

表2-2　网络消费者市场细分标准及变量一览表

细分标准	细分变量
地理因素	地理位置、城市大小、地形地貌、气候、交通状况、人口密集度等
人口统计因素	年龄、性别、职业、收入、教育、家庭人口、家庭生命周期等
心理因素	生活方式、性格、购买动机、态度等
行为因素	购买时间，购买数量，购买频率，购买习惯（品牌忠诚度），对服务、价格、渠道、广告的敏感程度等

四、网络市场细分的程序与方法

（一）网络市场细分的程序

网络市场细分一般要经过以下程序：

1. 明确研究对象

根据企业战略计划的任务、目标及发现的潜在市场机会等，确定要分析的产品市场，进而判断将这一产品的整体市场还是从中划分出来的局部市场作为细分和研究的对象。

2. 确定市场细分的方法、标准和具体变量

企业根据实际需要拟定采用哪一种市场细分的方法，而后选择市场细分的标准，即决定从哪个或哪些方面对市场进行细分；最后确定具体的细分变量，将其作为有关细分标准的基本分析单位。

3. 收集信息

企业通过一定的数据收集方法取得与已选细分方法、细分标准及细分变量有关的数据和必要的资料。

4. 实施细分并进行评价

企业运用科学的定性和定量方法分析数据，找出有明显差异的细分市场，并对各个细分市场的规模、竞争状况及变化趋势等进行测量、分析和评价。

5. 选择目标市场，提出营销策略

市场细分的结果是企业要根据市场细分结果来制定网络营销策略。网络营销策略的选择有两个结果：如果通过细分市场，企业发现市场机会多，需求充分，存在较高的潜在利润，就可以根据细分结果选择具体的目标市场营销策略；反之，企业可放弃这一市场。

（二）网络市场细分的方法

根据细分程度不同，网络市场细分包括以下三种方法：

1. 完全细分

如果网络购买者的需求完全不同，那么每个消费者均可成为一个单独的市场，在这种情况下，完全可以根据市场所包含的消费者数目进行最大限度的细分，即这个市场细分后的小市场数目也就构成此市场的消费者数目，这样的细分方法称为完全细分。在实际的网络营销场景中，少数产品的各个消费者之间完全独立才适用这种细分方法。但在大多数情况下，要把每种产品的消费者都当作一个市场，并进行差异化生产，从成本控制、资源分配和经济利益上看均是不可取的。

2. 按某一影响需求的因素细分

对通用性强、可选择性不太强的产品，通常可按某一影响购买者需求最强的因素进行细分，如按照年龄进行细分。

3. 按多个影响需求的因素细分

按照两个或两个以上影响消费者需求的因素细分的方法称为系列因素细分法。在现实网络营销环境中，大多数产品的销售都会受到消费者多种需求因素的影响，如不同年龄范围的消费者，因心理或者地理因素，对服装的需求会有所不同；同一年龄范围的消费者，因收入情况不同，也会产生对不同档次服装的需求。因此，大多数产品都需要按照两个或两个以上的因素细分。

五、网络市场定位

网络市场定位是在网络市场细分的基础上，确定企业在网络市场中的独特位置。定位的目的是在消费者心中形成独特的品牌形象和认知，从而与竞争对手区分开来。

（一）网络市场定位的依据

一个好的网络营销目标市场应当具备以下条件：第一，该网络营销市场有一定购买力，能取得一定的营业额和利润；第二，该网络营销市场有尚未满足的需求，有一定的发展潜力；第三，企业有足够的能力满足该网络营销市场的需求；第四，企业在该网络营销市场上有一定的竞争优势。以上都是网络市场定位的依据。

（二）网络市场定位的策略

网络市场定位和传统的市场定位具有相似性和一致性，以下是几种典型的网络市场定位策略：

1. 避强定位策略

避强定位策略，是指企业为了回避与目标市场竞争者的直接对抗，将企业定位于当前市场空白点（潜在市场）上，开拓市场新领域，即开发并销售当前网络市场上没有的某种特色产品或服务。这种定位方式市场风险较小，成功率较高。

2. 迎头定位策略

迎头定位策略，是指企业选择靠近当前竞争者或者处于与当前竞争者重合的位置，争夺相似的客户资源，即在产品、价格、分销渠道及促销等方面选择与竞争对手相似的策略。例如，在B2C市场上，京东超市和天猫超市均采取迎头定位策略，它们的产品策略、价格策略，以及促销方式都非常相似。

3. 重新定位策略

重新定位策略，是指企业在已有市场位置的基础上获得新的市场位置，即企业通过变动产品或服务特色等，来改变目标消费者对产品的认识，塑造新的形象。当然，企业启动重新定位策略既有企业主动思维，也有市场环境推动的影响。

影响企业采用重新定位策略的因素主要有以下两点：

（1）竞争者因素，竞争者推出的市场定位占领了本企业已有市场，使得本企业产品的市场占有率下降。

（2）消费者因素，消费者偏好发生变化，从喜欢本企业的品牌转移到喜欢竞争对手的品牌。例如，随着手机技术的不断成熟和国民品牌的发展，越来越多的消费者更加偏爱国产手机品牌，如华为、小米、OPPO、vivo等。

4. 对立型定位策略

对立型定位策略是强竞争性导向（非用户需求导向）的一种策略，它是与竞争对手采用显著差异化的定位，适合市场已经相对饱和、后发创业的品牌。这种定位的逻辑是必须有一个能够对标的竞品，最好是行业最大、知名度最高的竞品，这样企业的对立才有价值，才能被用户感受到，才能避免同质化竞争。从形式上来讲，对立型定位策略往往在广告语言上会使用"更""比""没有""增加""不是……而是……"等字词，体现对比优势。例如，甲企业已经成了快车、专车的代名词，乙企业作为后发者，以甲为对标，提出了"更安全的专车"。

5. 升维定位策略

升维定位策略，也就是创造新的需求，或者启发消费者产生新的需求，让用户觉得这种产品不同于其他产品，是一种更高维度的购买体验，那他自然也会成为新产品的拥护者。升维定位策略特别适合创新型产品，或者创业阶段的企业。

在表现形式上，经常看到的升维定位策略的表现就是"×××行业开创者""重新定义×××"等表述。消费者通常有趋强、好奇、选大牌、选更先进的产品的心理，所以此策略也会产生实际效果。例如，小米电视定位是互联网电视，现在年轻人买电视机，首选就是互联网电视。在他们心目中，互联网电视是一个全新品类。

数实融合新视界

以差异化定位切入市场

载象是一个抗压纸箱包装品牌，专业提供抗压纸箱研发、生产和销售于一体的包装服务。在纸箱行业的发展过程中，载象逐渐找到自己的差异化定位，并将其落地到企业内部。

一、纸箱行业的发展背景

（1）电商的拉动。2023年我国包装工业年生产总值预计在1.15万亿元，总产量位居亚洲第一位，实现了持续高速的发展。包装市场的年增长在15%左右，尤其是近些年电商行业的拉动，包装纸箱行业的前景一片大好。

（2）纸箱行业的现状。一是群龙无首，鱼龙混杂，纸箱行业因为受地域的限制，一家纸箱工厂基本只能覆盖方圆300公里的区域，都是各自为战，整个行业没有领头羊。二是见单就做，话语权低。由于整个行业还处于比较粗放的阶段，基本上每家纸箱工厂都是见单就做。同时，纸箱又是采购商的附属品，供应商往往没有话语权。三是产品同质化严重，竞争力差，获客的主要途径大多是通过集体招标的形式，主要的竞争策略就是看谁的价格低，谁就能获得订单。

（3）载象的专业优势。载象是行业里的"老兵"。该企业最早是做电子箱和医疗箱起家，周转速度快，能够天天24小时在线服务。产品过硬、快速响应，这是载象的独特优势。

二、差异化定位找准切入点

该企业经调查发现，纸箱在物流中经常出现一个问题，那就是"塌箱"，这是大部分客户都会诟病的一个问题。因为一旦箱子塌了、瘪了、坏了，就会直接影响企业品牌的形象。由此，载象针对塌箱的问题，在行业里率先提出"抗压"概念，喊出了"怕塌箱，选载象"的品牌口号，开创了"抗压纸箱"的新品类。经反复市场测试后，载象确定纸箱的第一特性为"抗压"，于是对产品进行定位升级，回归产品本质，突出纸箱的抗压性能。载象聚焦产品的抗压特性，发力于包装的附加价值，坚持自产自销，材料全部采用大厂好原纸，解决高码远运的塌箱问题，与其他细分市场形成了有效的区隔与互补。

单元三　网络消费者行为分析

网络消费者，又称数字消费者，是指通过互联网在电子商务市场中进行消费活动的人群。如果想更好地把握住这个群体，就应该更多地去了解他们。

一、网络消费者的特征

（一）思想开放，喜欢追逐时尚潮流，容易接受新鲜事物

目前作为网络消费者主体的"80后""90后"，已成为社会发展的中坚力量，也是网络消费的主力军。而"00后"普遍进入青春期并逐渐成年，这些新用户群体的消

费习惯和消费能力发生了巨大变化。无论是"80后""90后"还是"00后",他们的普遍特点就是思想开放,喜欢追逐时尚潮流,更容易接受新鲜事物。

(二) 注重表现自我,个性化强烈

因为网络消费者思想较为开放,这使得他们拥有较为个性化的喜好,有相对独立的见解和想法,并且自我感觉良好,喜好特立独行,突出个性。

(三) 目的性和随意性消费并存

网络消费者一般存在两种消费倾向,并且这两种消费倾向的重要性和影响力难分高低,这就为冲动消费和刺激性消费带来很大的营销空间。但由于网络消费者的控制欲较强烈,再加上产品或服务的可选择性很强,导致他们的耐性不足,且随意性增强。

(四) 趋向理性消费

目前,网络消费者在消费时变得更加冷静、理性,有意识地衡量消费行为带来的实际价值。网络消费者转向选择价格更具竞争力的渠道,在购买商品和选择渠道时更加理智。他们广开思路,积极地寻求折扣和促销,有的通过社群体验,有的借助淘宝店代购,有的则尝试在直播中下单。另外,他们并没有在选择品牌和产品时做出妥协,而是更加谨慎地权衡,更加积极地寻找折扣和促销活动。

(五) 偏爱双向互动

与从前不同,网络消费者正在主动参与品牌共创,并通过社交平台放大创造力,反哺品牌营销和研发创新。现在的网络消费者不仅在乎产品或服务的品质,还在乎消费过程中的参与感。他们喜欢更有趣、更有亲和力、更有温度、更有创新性的品牌,通过与品牌的积极互动甚至共创品牌,与企业建立更稳固、更和谐的关系。

(六) 注重线上线下融合

消费者的需求越来越多样化,越来越注重线上线下融合的购物体验。例如,越来越多的消费者在线上下单,然后到店享受产品或服务,这种融合方式满足了消费者对便利性和体验感的双重需求。

二、网络消费者的购买动机

所谓动机,是指引起和维持个体行为并使其朝一定目标和方向前进的内在心理动力。换言之,动机是推动人们去从事某种活动,达到某种目标,并指引活动去满足需要的活动动力。网络消费者的购买动机是指在网络购买活动中,驱使网络消费者产生

购买行为的某些内在的驱动力。

动机是一种内在的心理状态，不容易被直接观察到或测量出来，但可以根据人们长期的行为表现加以理解和归纳。对于销售方来说，通过了解消费者的动机，就可以解释和预测消费者的行为，并采取相应的促销手段。而对于网络营销来说，动机研究更为重要。因为网络营销是一种不见面的销售，消费者复杂、多层次、交织和多变的购买行为不能被直接观察到，只能够通过文字或语言的交流想象和体会。

网络消费者的购买动机包括生理动机和心理动机。前者是指人们由于各种生理需求而引起的购买动机，后者则是由于人们的认知、感情、意志等心理过程而引起的购买动机。

（一）网络消费者的生理动机

生理动机是指网络消费者为保持和延续生命有机体而引起的购买动机。这种购买动机是建立在生理需要的基础之上的，具体可以分为四类，如表2-3所示。

表2-3 网络消费者生理购买动机类型

动机	需要	举例
维持生命	满足衣食住行用的需要	在网上购买生鲜、日用品
保护生命	满足保护生命安全的需要	在网上预约挂号、购买保险
延续生命	满足组织家庭、哺育儿女的需要	孕妈在母婴网站上为即将出生的婴儿购买物品
发展生命	满足未来生活得更好等的需要	在网上报名参加暑期的夏令营活动

（二）网络消费者的心理动机

网络消费者购买行为的心理动机主要包括以下三个方面：

（1）理智动机。理智动机是建立在人们对于网络销售的商品的客观认识基础上的。网络消费者的购买动机是在反复比较各个网络平台的商品之后才产生的，他们往往对所要购买商品的特点、性能和使用方法早已心中有数。理智购买动机具有客观性、周密性和控制性的特点。这种购买动机的形成，基本上依赖理智，而较少受到外界的影响。

（2）感情动机。感情动机是由人的情绪和感情所引发的购买动机。这种动机还可以分为两种形态：一种是低级形态的感情动机（情绪动机），它是由于喜欢、满意、快乐、好奇等因素而引起的，具有冲动性、不稳定性的特点。例如，在网上突然发现一本好书、一件新产品，就很容易产生这种冲动性的感情动机。另一种是高级形态的感情动机，它是由人们的道德感、美感、群体感所引起的，具有稳定性、深刻性的特点。而且，网络平台提供了异地买卖送货的业务，大大促进了这类购买动机的形成。例如，通过网上花店购买鲜花送给异地的朋友等，这就属于高级形态的感情动机。

（3）惠顾动机。惠顾动机是基于理智经验和感情之上的，它是消费者因对特定的网站、图标广告、商品产生特殊的信任与偏好而重复地、习惯地前往访问并购买的一种动机。从它的产生来说，或者是由于搜索引擎的便利、图标广告的醒目、站点内容的吸引；或者是由于某一驰名商标具有较高的权威性和认可度；或者是因为产品在网络消费者心目中树立了可靠的信誉。因此，网络消费者购买时，心中首先确立了购买目标，并在各次购买活动中克服和排除其他的同类产品的吸引和干扰，按照事先确定的计划进行购买。具有惠顾动机的网络消费者，往往是某一平台的忠实用户，他们不仅自己经常光顾这一平台，而且对其他消费者也会产生较大的影响。

行业发展与瞭望

十大消费者洞察趋势

凯度China MONITOR调查机构发布的调查报告显示，消费者行为表现出以下十大趋势：

1. 消费持续理性，消费走向"长期主义"

内外环境变化带来的不确定感增强了人们未雨绸缪的储蓄意识，让人们更注重对财务的长期规划。消费者愈发重视消费的规划性，并不断通过更理性、谨慎的消费选择来维持生活品质。品牌需要减少对流量的依赖，转向生产真正以满足消费者需求为导向的产品。

2. 长期财务规划意识提升，专业投顾业务处于启航阶段

消费者的长期财务规划意识逐渐形成，规避风险成为第一要务。超过六成中国消费者的理财风格偏保守，对理财产品的持有时间也有所上升。同时，人们对于更专业的财富管理和投资顾问的需求日益提升。

3. 银发经济持续升温，银发一族消费力旺盛

在人口结构老龄化加剧、消费观念转变等趋势的影响下，银发经济持续快速增长，正在成为含金量最高的细分市场之一。同时，互联网的普及催生了大批有钱有闲的银发族成为线上消费"新生代"，加速释放消费活力。

4. 环保意识持续提升，深度贯彻可持续消费理念

中国消费者的环保意识持续提升，可持续消费已成为常态理念。越来越多的消费者在日常生活各个方面积极履行绿色承诺，愿意为环保付出精力和金钱。二次换新、闲置循环成为新风尚。

5. 数字公益高速发展，助力公益成为社会文明新风尚

基于对社会价值实践和时代使命的热切关注，消费者公益心和公益行动力持续提升，品牌如何更好地肩负起更多社会责任成为企业必答题。在数字技术的支持下，数字公益的蓬勃发展让我们看到数字技术赋能公益的全新生命力与巨大发展潜力。

6. 全生命周期健康关注突显，消费者争做自己健康第一责任人

消费者争做自己健康第一责任人的意识不断加强，对全生命周期健康的追求逐步突显。品牌需密切关注目标消费者的全生命周期养生保健需求，并布局多样化触达渠道，满足消费者不同消费场景下的购物需求。

7. 人们向往自然逃离倦怠，户外体验沉淀成为一种生活方式

近年来，消费者渴望摆脱生活倦怠感，回归生活本质。持续多年的户外体验风潮作为回归自我、保持松弛的生活方式，逐渐褪去专业化和场景化门槛，成为一种新的生活方式。

8. 情感和陪伴需求持续上升，陪伴经济持续升温

人们开始重新追求人与人、人与社会的联结和守望，对情绪共鸣和深度陪伴的亲密关系的诉求持续上升。亲情、爱情、友情等深度陪伴关系都在向着更平等、包容的方向深化。消费场景也在人们建立或加深情感联结的过程中逐渐被细化和延伸，带来陪伴经济的持续升温。

9. 元宇宙概念持续升温，虚拟偶像、数字孪生业态加速

交互性虚拟数字人成为热潮，为社交方式注入新活力，许多企业开始致力于研究高级虚拟形象，架起品牌与年轻消费者沟通的桥梁。数字孪生也被应用于文化传媒行业，各地政府积极推动搭建与现实世界共生的数字孪生世界，完成现实世界在数字时代的升级和延展，以数字化赋能文化产业高质量发展。

10. 体验型消费重新焕活，线下业态加速复苏

随着可支配收入的提高，消费者对个性化、差异化消费体验的追求也随之提升。疫情后时代的开启，更是让消费者得以重拾"逛街"带来的乐趣和体验感，加快了线下消费场景的复苏。消费者期待在线下消费渠道中获得更多元、更具体的服务体验。

三、网络消费者的购买决策过程

根据传统营销理论,消费者的购买行为分为五个阶段,如图2-1所示。消费者意识到其实际情况与期望情况之间的差异,迫使他们通过内部信息资源(如记忆)或外部信息资源(如广告)收集信息,在此基础上,筛选出一些解决方案,并据此做出购买决策。

微课:网络消费者的购买决策过程

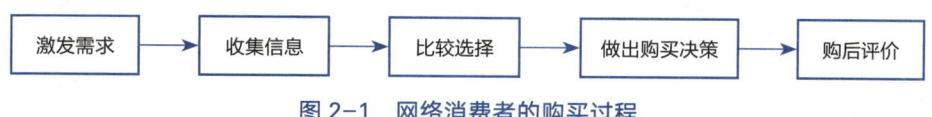

图2-1 网络消费者的购买过程

(一)激发需求

网络购买行为的起点是激发需求。消费者的需求是在内外因素的刺激下产生的。当消费者对市场中出现的某种商品或服务发生兴趣后,才可能产生购买欲望。这是消费者做出消费决定过程中不可或缺的基本前提。如若不具备这一基本前提,消费者也将无从做出购买决定。

在传统的购买过程中,激发需求的动因是多方面的。人体内部的刺激(如饥饿、口渴的刺激)可以引发对食物、饮料的需求。外部的刺激也可以成为"触发诱因",如发现朋友使用新款手机,感到非常时尚,由此产生了自己也要买一台的想法。但对于网络营销而言,激发需求的动因只能局限于视觉和听觉。文字的表述、图片的设计、短视频的展示是网络营销诱发消费者购买的直接动因。这就要求从事网络营销的企业要注意了解与自己产品有关的实际需求和潜在需求,了解这些需求在不同时间的不同程度,了解这些需求是由哪些刺激因素诱发的,进而巧妙地设计促销手段,去吸引更多的消费者浏览产品或服务,激发他们的需求欲望。

(二)收集信息

当需求被激发之后,每个消费者都希望自己的需求能得到满足。所以,收集信息、了解行情成为消费者购买行为的第二个环节。这个环节的作用就是汇集商品的有关资料,为下一步的选择奠定基础。

在购买过程中,收集信息的渠道主要有内部渠道和外部渠道。内部渠道是指消费者个人所储存、保留的市场信息,包括购买商品的实际经验、对市场的观察以及个人购买活动的记忆等。外部渠道则是指消费者可以从外界收集信息的渠道,包括个人渠道、商业渠道和公共渠道等。

一般来说，在传统的购买行为中，消费者对信息的收集大都处于被动状态，往往是看到其他消费者购买了什么商品，自己再去注意；或者是看到了广告才注意到。与传统购买时的信息收集方法不同，网络消费者的信息收集带有较强的主动性。在网络购买过程中，商品信息的收集主要是通过互联网进行的。一方面，网络消费者可以根据已经了解的信息，通过互联网进行跟踪查询；另一方面，网络消费者又不断地在网络上浏览并寻找新的购买机会。由于消费层次不同，网络消费者大都具有敏锐的购买意识，始终领导着消费潮流。

（三）比较选择

比较选择是指网络消费者在收集信息的基础上，根据自己购买商品的目标与评估原则，利用一定的评估方法，对商品的各个方面进行评估，从多个方案中选择最合适的购买方案。

（四）做出购买决策

网络消费者的购买决策过程是一个以特定目标为中心的解决问题的过程。一般意义上的决策，是指为了达到某一预定目标，在两种以上的备选方案中选择最优方案的过程。做出购买决策是网络消费者作为决策主体，为实现满足需求这一特定目标，在购买过程中进行的评价、选择、判断、决定等一系列活动。

购买决策在网络消费者购买活动中占有关键地位，是购买行为的核心环节。首先，网络消费者决策进行与否，决定了其购买行为发生或不发生；其次，购买决策的内容规定了购买行为的方式、时间及地点；最后，决策的质量决定了购买行为的效用大小。因此，决策在购买行为中居于核心地位，起着支配和决定其他因素的关键作用。

（五）购后评价

网络消费者购买商品是为了获得商品的效用，网络消费者通过购买商品以及对商品的使用，能够使自己在某些方面的需求得到满足，从而获得生理或心理上的愉悦。商品能满足人们某种需要的特性就是它的效用。在购后评价过程中，网络消费者通过比较商品的效用与原有期望，得出自己的满意度。因此，网络消费者的满意度是与期望值紧密相连的。根据满意度的不同，网络消费者的购后评价会出现购后协调和购后不协调两种情况，企业应努力提升网络消费者的满意程度。

调查研究与善作善成
网络调研问卷的设计与发布

【调研目的】

（1）掌握在线调研问卷的制作与发布方法。

（2）理解问卷设计过程中应注意的问题。

【调研要求】

我国新能源汽车的高速发展为世界经济发展注入新动能，2020年10月，国务院发布《新能源汽车产业发展规划（2021—2035年）》，提出发展新能源汽车是我国从汽车大国迈向汽车强国的必由之路，是应对气候变化、推动绿色发展的战略举措。

低碳经济成为我国未来发展的主要方向，在此背景下，新能源汽车应运而生，新能源汽车具有节能减排、保护环境等多方面的优点，也代表世界汽车产业的发展方向。而新能源汽车发展，不仅仅有简单的资金实力支撑，更是技术积累、方向突破、短板补齐、资源整合。加速破新、创新成为必然趋势。随着5G时代的来临，智能汽车对芯片的需求也越来越大。新能源汽车的发展还需要配套的充电基础设施建设。世界各地都在加大新能源汽车充电设施的建设，以提供更加便捷、高效的充电服务。

电动汽车的市场趋势正在对电池生产和供应链产生积极的连锁反应。全球已宣布的电池项目足以满足到2030年的电动汽车需求。不过电池和材料市场仍高度集中，2022年中国电池及材料出口占全球份额的35%以上。

确定调研目标，围绕网络营销目标设计网络问卷，通过专业的问卷调查平台（如问卷星）发放问卷。

【调研内容】

（1）学习网络调研问卷的相关知识。

（2）了解新能源汽车的发展状况，制定调研目标和调研计划，写出调研提纲。

（3）根据调研提纲，构思调研问卷内容，并设计合适的调研问卷。

（4）通过专业的问卷调查网站创建网络问卷。

【调研成果】

形成关于新能源汽车的发展状况与趋势的调研问卷，并分析调研结果。

同步测试

一、单项选择题

1. 网络市场调研的开展既没有时空限制，又可以获得庞大的样本数量，这体现了网络市场调研的（　　）。

    A. 广泛性　　　　　　　　　　　　　　B. 及时性和共享性

    C. 便捷性和经济性　　　　　　　　　　D. 准确性和可靠性

2. 网络间接调研法是指利用互联网收集与企业营销相关的市场、竞争者、消费者以及宏观环境方面的（　　）。

    A. 一手数据　　　　　　　　　　　　　B. 二手数据

    C. 文本数据　　　　　　　　　　　　　D. 信息

3. 企业选择靠近现有竞争者或与现有竞争者重合的市场位置，争夺同样的客户资源，彼此在产品、价格、分销渠道及促销各方面差别不大，可采用（　　）。

    A. 重新定位策略　　　　　　　　　　　B. 避强定位策略

    C. 迎头定位策略　　　　　　　　　　　D. 升维定位策略

4. 网络消费者市场的四个主要细分变量是（　　）。

    A. 行为因素、利益因素、人口因素、心理因素

    B. 行为因素、心理因素、人口因素、地理因素

    C. 时机因素、态度因素、人口因素、利益因素

    D. 地理因素、人口因素、心理因素、行为因素

5. 网络目标市场营销的首选步骤是（　　）。

    A. 网络市场定位　　　　　　　　　　　B. 网络市场细分

    C. 目标市场选择　　　　　　　　　　　D. 评价目标市场

二、多项选择题

1. 消费者购买过程包括（　　）及购后评价阶段。

    A. 激发需求阶段　　　　　　　　　　　B. 收集信息阶段

    C. 做出购买决策　　　　　　　　　　　D. 比较选择阶段

2. 网络市场调研的内容包括（　　）。

    A. 市场需求容量调研　　　　　　　　　B. 可控因素调研

C. 不可控因素调研　　　　　　　　D. 员工内部调研

3. 按网上调研采用的技术，网络直接调研方法包括（　　　　）。

   A. 企业自己的网站、第三方的网站　　B. 电子邮件与小程序

   C. 社群　　　　　　　　　　　　　　D. 视频会议

4. 可控因素调研主要包括对（　　　　）等因素的调研，是企业自身可以在经营过程中控制的。

   A. 产品　　　　　　　　　　　　　　B. 价格

   C. 销售渠道　　　　　　　　　　　　D. 促销方式

5. 以下选项中属于网络间接调研方法的是（　　　　）。

   A. 利用搜索引擎收集资料　　　　　　B. 访问相关网站收集资料

   C. 通过视频会议法搜集资料　　　　　D. 利用网上数据库查找资料

三、简答题

1. 简述网络市场调研的步骤。
2. 简述网络市场细分的程序。
3. 网络市场调研的常用方法有哪些？
4. 简述网络市场调研的过程。

模块三

网络品牌营销

学习目标

素养目标
- 树立品牌大国意识，培养自主创新能力
- 注重网络品牌营销中的知识产权保护，不侵犯他人的知识产权

知识目标
- 掌握网络品牌的定义
- 了解网络品牌营销的内涵
- 熟悉网络品牌的定位与策划
- 了解网络品牌设计要素和宣传推广
- 掌握数字IP品牌的定义和应用

技能目标
- 能够分析网络品牌的营销设计要素
- 能够提炼网络品牌营销的宣传推广方式
- 能够对数字IP的构成要素进行分析
- 能够针对网络品牌进行策划设计

思维导图

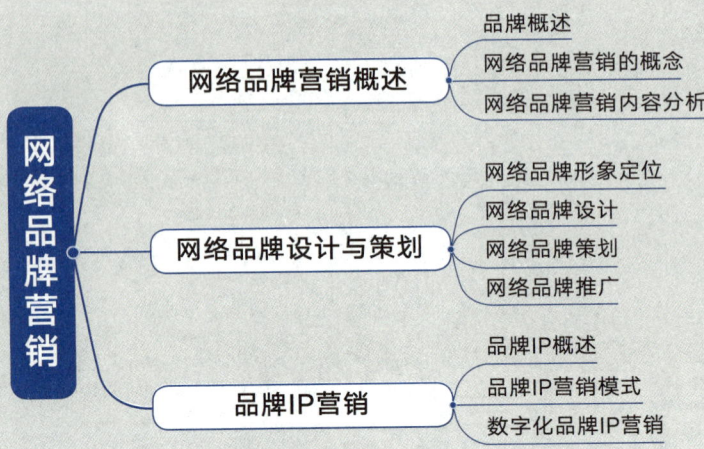

学习计划

■ **素养提升计划**
_____
_____

■ **知识学习计划**
_____
_____

■ **技能训练计划**
_____
_____

引导案例

荣耀手机打造高端的影像力与品牌力

荣耀 Magic 系列新手机自发布后联合媒体发起寻找"100 张中国脸"活动,用手机影像记录了 100 位在时代横流中坚持走"正确但艰难的路"的不平凡人物,致敬非凡时代。

在营销活动期间,荣耀官方微博发布了访谈视频和百人长图,视频中各位时代人物讲述了坚持正确但艰难的路背后的故事,并向外界传递正能量。致敬"走正确但艰难的路"精神,荣耀从华为独立后也面临一条艰难的道路。随着消费结构调整,用户对高端产品有着更强烈的需求、更苛刻的要求。为此,荣耀为给用户带来前沿尖端的用机体验,将品牌定位从"年轻人的科技潮牌"升级为"全球标志性的科技品牌",致力于用创新智能设备不断推动社会进步。荣耀 Magic 系列新手机作为此次活动影像的载体,借助业界领先的全新移动影像技术,在更加真实的还原人物形象、传达人物精神的同时,也在向外界宣告荣耀的新态度,将不断探索手机摄影场景,带来比肩专业摄影的效果,引领行业发展。

荣耀的营销活动得到广泛的肯定和好评。使荣耀展现出一个有温度的科技企业品牌形象,践行"科技理想主义",致力于传播社会正能量,为其突破高端用户群体,实现口碑转化和销量回升奠定基础。

【案例分析】

荣耀手机通过精准定位、创新技术和深度用户洞察,成功打造高端品牌力。首先,要明确品牌核心价值和目标用户,进行精准的市场定位;其次,持续创新,不断推出具有竞争力的技术和产品,提升品牌实力;再次,深度理解用户需求,通过用户互动和反馈,不断优化产品和服务;最后,利用网络营销手段,如社交媒体等,扩大品牌影响力,与消费者建立紧密互动。这些启示对于网络品牌营销具有重要意义,可以帮助品牌在竞争激烈的市场中脱颖而出,实现持续增长。

单元一　网络品牌营销概述

一、品牌概述

品牌是指用以识别某个或某群销售者的产品或服务，并使其与竞争对手的产品或服务区别开来的商业名称及其标志。品牌通常由文字、标记符号、图案、颜色等要素或这些要素的组合构成。品牌（brand）在传统概念中通常用来指代商标（trademark）。商标是一个比较正规的用语，尤其是注册商标（register trademark），它所强调的是法律含义。人们在说到商标的时候，往往强调它的注册情况，以及商标的所有权、使用权、使用许可转让权、被假冒、被侵权的情况等；而当说到产品品牌的时候，人们所注意的是这个品牌所代表的商品，这种商品的质量、性能、满足效用的程度，以及品牌本身所代表的商品的市场定位、文化内涵、消费者对品牌的认知程度等。也就是说，品牌作为一个能够识别、区分和传达价值的标识，不仅是一个名称或标志，而且涵盖了其在消费者心目中所产生的认知和情感印象。

一般来说，品牌具有以下特征：

(1) 专有性。品牌拥有者经过法律程序的认定，享有品牌的专有权，这意味着品牌是一种知识产权，受到法律的保护。

(2) 价值性。品牌是企业的一种无形资产，具有价值性。品牌的价值主要体现在其能够为消费者提供独特的产品或服务，并获得消费者的认可和信任，从而为企业创造长期稳定的利润。

(3) 风险性。品牌在成长过程中往往存在风险和不确定性。市场需求的变化、竞争的加剧、技术的革新等因素都可能影响品牌的成长和发展。

(4) 表象性。品牌是无形的，它通过一系列有形的载体来表现自己的形象和价值，如标识、包装、广告等。

(5) 扩张性。品牌具有很强的扩张性。企业可以利用品牌的优势提高品牌的市场开拓能力，利用品牌资产进行扩张。

(6) 承诺性。品牌是一种承诺和保证。品牌需要提供给消费者强劲的价值利益，以满足消费者的需求与欲望，以赢得消费者的忠诚，取得他们的长期信赖。

(7) 竞争性。品牌是企业展开市场竞争的工具之一。在产品功能、结构等因素趋于同质化的时代，关键是看谁的品牌更有竞争力。拥有强有力品牌的企业，能在市场竞争中处于有利的位置，不仅能留住老顾客，而且能开发出大量潜在消费者，树立起良好的品牌形象，提高市场覆盖率和占有率。

（8）忠诚性。现代市场竞争从某种意义上说就是品牌的竞争。优秀品牌比一般品牌更容易提高消费者的忠诚度。优秀品牌不仅可以影响人们的生活态度和观点，甚至可以影响社会风气。

近年来，我国品牌建设取得了积极进展，品牌影响力稳步提升，对供需结构升级的推动引领作用显著增强。2022年7月，国家发展改革委等七部门发布《关于新时代推进品牌建设的指导意见》，提出"立足新发展阶段，完整、准确、全面贯彻新发展理念，构建新发展格局，以深化供给侧结构性改革为主线，以满足人民日益增长的美好生活需要为根本目的，坚持质量第一、创新引领，开展中国品牌创建行动。适应新时代新要求，进一步引导企业加强品牌建设，进一步拓展重点领域品牌，持续扩大品牌消费，营造品牌发展良好环境，促进质量变革和质量提升，推动中国制造向中国创造转变、中国速度向中国质量转变、中国产品向中国品牌转变，久久为功促进品牌建设高质量可持续发展。"

二、网络品牌营销的概念

（一）品牌营销的定义

品牌营销是指企业通过利用消费者对产品或服务的需求，以产品或服务的质量、文化内涵以及独特性来创造品牌在用户心中的价值认可，最终形成品牌效应的营销策略和过程，是通过运用各种营销策略使目标客户形成对企业品牌、产品、服务的"认知—认识—认可"的过程。简单地讲，品牌营销就是把企业的产品或服务的特定形象通过某种方式使消费者产生深刻印象的过程。

品牌营销的关键点在于为品牌找到具有差异化个性、能够深刻感染消费者内心的品牌核心价值，它让消费者明确、清晰地识别并记住品牌的利益点与个性，这是驱动消费者认同、喜欢一个品牌的主要因素。

随着互联网的普及，消费者获取信息和开展交流的方式发生了巨大变化。这为品牌传播提供了平台，但也意味着品牌需要面对更大的竞争和调整。在社交媒体上，品牌故事可以迅速传播，通过引人入胜的品牌故事，企业可以与消费者建立更紧密的情感连接；社交媒体和平台互动使消费者能够更直接地接触品牌，分享品牌使用体验，为品牌发展提出建议，这一方面有助于增强消费者的忠诚度和参与度，另一方面也可以帮助企业迅速获取消费者的反馈和意见，从而及时调整策略和改进产品。网络环境还大大提升了品牌的透明度，消费者将更加关注品牌的价值观和社会责任等，企业需要在这些方面做出更多的努力，以赢得消费者的信任。

（二）网络品牌营销的定义和特征

网络品牌营销（Internet Brand Marketing），是指利用互联网技术和平台，通过一系列营销策略和手段，提升品牌的知名度和美誉度，从而促进产品销售和增加市场份额的一种营销方式。网络品牌营销的特点包括以下五个方面：

（1）互动性。网络品牌营销注重品牌与消费者的互动和沟通，企业可以通过社交媒体、在线客服、论坛等方式及时了解消费者需求和反馈，提高消费者对品牌的认知和忠诚度。

（2）个性化。网络品牌营销能够根据消费者的兴趣和需求，向消费者提供个性化产品和服务，提高其满意度和体验感。

（3）整合性。网络品牌营销可以与企业的其他营销活动整合，如线下活动、电视广告等，实现线上线下联动，提高营销效果。

（4）全球性。互联网的全球性使得网络品牌营销能够覆盖全球范围内的目标受众，从而扩展了企业的市场范围。

（5）数据化。网络品牌营销可以通过数据分析和挖掘，了解消费者行为和偏好，从而制定更加精准的营销策略，优化营销效果。

行业发展与瞭望

品牌营销发展趋势

艾媒咨询发布的《2024—2025年中国品牌营销与千禧青年消费趋势研究报告》，品牌营销呈现以下发展趋势：

一是AI（人工智能）赋能品牌营销，精准而高效。随着互联网产业的飞速发展，数字营销市场逐渐成熟，营销技术日新月异。品牌主对营销预算的管理趋向精细化，对营销策略的制定趋向科学化。营销服务商紧跟技术趋势，将AI等技术应用于文案撰写、图像处理、视频创意生成等领域，为品牌方提供更高效、个性化的营销方案。此外，营销服务商还以AI技术赋能广告投放，解放人力、降低运营成本、提升营销效率及效果，推动行业进步。

二是数据驱动品牌营销，满足用户个性化需求。海量用户数据为品牌营销的制定提供了重要的依据。数据显示，54.1%的消费者除生活必需品外，会在一定支出范围内购买与自己的兴趣喜好相关的产品。通过深入分析用户的行为和兴趣，品牌可以为用户群体提供个性化的营销内容，包括定制化的App开屏广告、KOL推文、微博、视频和其他数字内容，以契合用户的多样化需求，提高品牌忠诚度和口碑。此外，品牌还可以通过大数据技术实时监测营销效果和预测市场走势，及时调整品牌战略。

三、网络品牌营销内容分析

相较于传统品牌营销方式，网络品牌营销依靠互联网和数字化媒体平台，如社交媒体、网站、App应用等。这使得网络品牌营销能够更直接、更频繁地与消费者互动。通过社交媒体等平台，消费者可以即时评论、分享和参与品牌的内容创作。网络品牌营销更加注重内容创作的多样性和创意性，短视频、微博、直播、用户生成内容等都成为重要的内容形式，并通过用户实时反馈调整品牌策略，快速响应市场变化和消费者需求。

网络品牌营销分析旨在评估和解释品牌在数字化环境中的表现，帮助企业了解其品牌活动的效果，识别成功因素，并制定更有针对性的决策。网络品牌营销通常会基于以下六点展开分析：

（一）品牌知名度和认知度分析

通过分析社交媒体曝光度、搜索引擎排名等数据，了解品牌在网络上的知名度和认知度。比如，在微博、微信、抖音、小红书等平台上的提及数量、话题标签的使用情况等，可以反映品牌的影响力。

（二）受众互动指标分析

通过市场调研和用户画像识别品牌受众的特点和其活跃的网络平台（用户触达渠道），在这些品牌受众活跃的网络平台上评估消费者与品牌的互动指标，包括点赞数、评论数、分享数等。受众互动指标可以反映品牌与消费者之间的情感连接程度。

（三）社交媒体分析

企业可以评估不同社交媒体平台上的品牌与消费者互动表现，包括哪些平台吸引了更多的目标受众，哪些内容在哪个平台上效果更好等。这有助于企业优化资源分配和内容策略，形成更适合自身企业文化和产品特征的网络品牌营销策略。

（四）内容效果和趋势分析

企业可以进一步评估不同类型的内容（如文章、图像、短视频等）在网络上的传播和互动效果，了解哪些内容吸引了更多的用户互动。同时，关注当前流行的内容趋势，以便保持内容的时效性。

（五）品牌声誉和评论分析

企业可以监测网络上的品牌评论，了解消费者对品牌的意见；关注当前倡导的主流价值取向和消费者对品牌的价值期待，及时回应和处理负面评论，维护品牌声誉。进行品牌评论分析时，可以通过关注评论的情感色彩，识别积极、消极和中性的评论，以了解消费者对品牌的整体情感倾向。企业可以进一步分析评论中出现频率较高的关键词，了解受众最关心的话题和关键词，把握受众的需求。

（六）竞争对手分析

竞争对手分析旨在深入了解与品牌定位相似的竞争对手在数字化环境中的表现。了解竞争对手的优势和劣势，可以帮助企业抓住市场机会，优化自身品牌策略。企业通常要了解竞争对手的品牌定位、企业价值观和品牌故事，分析他们如何在网络上传达品牌形象，吸引受众；调查竞争对手在各个社交媒体平台上的存在和影响力，关注他们的粉丝数量、互动频率和内容质量等。

数实融合新视界

小米手机的网络品牌营销

1. 产品策略

小米手机的定位是迎合市场需求，抓住用户痛点。小米推出的第一款手机，定位是"发烧级"，宣传口号是"小米为发烧而生"。首先，小米定位的人群是专门对高配置有需求、方便刷机的发烧友，产品定位于"高性价比"的特点。在当年进口手机的高配置下，国产手机的配置显然不足，小米手机抓住这一心理特点，打造"发烧级"品牌，吸引大量用户购买。其次，小米手机不断更新换代，打造自己的独特属性。例如，小米手机很早就提出全面屏的概念，制作出第一款全面屏的手机，引爆全面屏潮流，形成个性化产品定位。最后，小米还推出旗下相配套产品，如小米手环、小米计算机等，和小米手机形成产品链。

2. 价格策略

小米手机一直走的是亲民路线，主打"低价位"战略。高配置的手机通常对应更高的定价，然而小米手机确定的手机价格并不高，与手机性能一高一低搭配，吸引受众爱便宜的心理，促使小米手机畅销。除此之外，小米手机官网经常会开展促销活动，对新品进行限量低价秒杀。

3. 渠道策略

小米手机不同于其他手机品牌实体店的大量铺盖，以线上售卖渠道为主。这样更加节省成本，还起到免费宣传的作用。小米手机一般采用官网预售模式，极大地减少了小米手机库存的积压。其次，小米官网上的客服会为"米粉"提供优质服务，拉近受众与小米的距离，更好地了解受众的需求和意见，巩固用户与小米手机的关系。

4. 推广策略

小米手机善于推广，总是能够带来热搜话题，引爆热点。小米手机当年最火爆的策略是"饥饿营销"，深深抓住受众的渴求心理，新机发布时先在网上大量预热，让受众对其有期待和购买心理。然后为受众设置特定的购买时间，一个小米账号只能购买一台手机，最后进行限量销售。这一操作为小米手机销售起到很好的促进作用。同时，小米在微博、知乎等公众平台领域重视话题宣传，积极提供流量入口。

单元二　网络品牌设计与策划

一、网络品牌形象定位

（一）网络品牌形象定位概述

网络品牌形象定位是指在网络市场中树立企业不同于其他同行的独特性和地位。进行网络品牌形象定位需要考虑以下因素：

1. 网络品牌个性

网络品牌个性是网络品牌形象定位的核心，它代表着网络品牌的独特性和魅力。企业需要从产品或服务的特点、目标受众、品牌创始人等方面挖掘并塑造自己的网络品牌个性，以便使网络品牌在众多竞争者中脱颖而出，成为网络营销活动中具备高辨识度的网络品牌。

2. 网络品牌形象

网络品牌形象是指网络品牌在消费者心目中的印象，它是网络品牌独特性的表现。企业需要在网络品牌名称、标志、口号、网站设计等方面塑造自己的网络品牌形象，以便消费者能够更好地认识和记忆网络品牌。

3. 网络品牌价值

网络品牌价值是指品牌在消费者心目中的价值地位，它是网络品牌独特性的体现。企业需要通过提供优质的产品或服务、加强网络品牌形象宣传、建立网络品牌忠诚度等来提升网络品牌价值，以便更好地吸引和留住消费者。

4. 网络品牌传播

网络品牌传播是指通过网络营销、网络广告投放、自媒体营销推广、口碑传播等多种渠道将品牌信息传递给目标受众，提高网络品牌的知名度和美誉度。企业需要制定科学的网络品牌传播策略，选择合适的传播渠道，确保网络品牌信息能够有效地传递给目标受众。

成功的网络品牌定位可以充分体现网络品牌的独特个性与差异化优势，这正是网络品牌的核心价值所在。网络品牌的核心价值是其灵魂所在，是消费者喜欢网络品牌的主要力量。网络品牌的核心价值是网络品牌形象定位中最重要的部分，它与网络品牌识别体系共同构成了网络品牌的独特定位。

当消费者可以真正感受到网络品牌的优势和特征，并且被品牌的独特个性吸引时，网络品牌与消费者之间建立长期、稳固的关系就成为可能。

网络品牌形象定位的确定可以使企业实现其资源聚合，产品开发从此必须实现该网络品牌向消费者所做出的承诺，各种网络营销计划不能够偏离品牌形象定位的指向，企业要根据网络品牌形象定位来制订营销计划。

网络品牌必须将自己定位在满足消费者需求的立场上，最终借助传播让品牌在消费者心中获得有利的位置。因此，企业思考的焦点要从产品属性转向消费者利益。消费者利益的定位是站在消费者的立场上来看的，它是消费者期望从网络品牌中得到什么样的价值满足。因此，用于网络品牌形象定位的利益点选择，除了产品利益外，还有心理、象征意义上的利益。可以说，网络品牌形象定位与网络品牌化其实是一体两面，如果说网络品牌强调消费者认知，那么网络品牌形象定位就强调企业将品牌提供给消费者的过程。

因此，一个网络品牌要让消费者接受，只要有一方面胜出就已具有优势，许多知名品牌往往也只靠某一方面的优势脱颖而出。网络品牌必须挖掘消费者感兴趣的点，确保一旦消费者产生这方面的需求，首先就会想到自己。

（二）网络品牌形象定位的过程

网络品牌形象定位的过程遵从市场定位的过程，其核心是STP，即进行网络品牌市场细分（Segmenting），选择目标市场（Targeting）和明确具体定位和进入方式（Positioning）。

1. 进行网络品牌市场细分

网络品牌市场细分一般由决策层通过"头脑风暴法"等，从地理、人口、心理等方面大概估计潜在顾客的需求。首先，分析潜在顾客的不同需求，初步形成若干与消费需求相近的细分市场；其次，剔除初步形成的几个子市场之间的共同特征，将它们之间的差异作为市场细分的基础；再次，为子市场暂时定名，进一步认识细分市场的特点，以便进行细分或合并；最后，衡量各细分市场的规模，估计可能的获利水平。

网络消费者人数众多，需求各异，企业可以根据需要，按照一定的标准区分，确定目标人群。市场细分的主要依据有以下几种：

（1）地理细分。地理细分就是按地理标准将市场分为不同的地理单位，地理标准可以选择国家、地区、省、市、县或居民区等。地理细分是企业经常采用的一种细分标准。一方面，由于不同地区的消费者有着不同的生活习惯、生活方式、风俗习惯等偏好，因此需求也是不同的。例如，欧洲和亚洲的消费者由于肤质、生活条件不同，对护肤品、化妆品的需求存在很大差别。

（2）人口细分。人口细分是根据消费者的年龄、性别、家庭规模、家庭生命周期、收入、职业、受教育程度及国籍等因素，将市场分为若干群体。人口因素比其他因素更易于量化，因此，它是细分市场时使用最广泛的一种因素，年龄、性别、收入是人口细分最常用的指标。企业在提供产品或服务，制定网络营销策略时，可考虑人口细分市场。

（3）心理细分。心理细分是根据消费者所处的社会阶层、生活方式及个性特征对市场加以细分，这种方法主要基于对消费者心理特征的理解和分析，以识别消费者的不同需求和偏好。其中，个性是一个人心理特征的集中反映，个性不同的消费者往往有不同的兴趣偏好。消费者在选择品牌时，既会理性地考虑产品的实用功能，也会在感性上评估不同品牌表现出的个性。当品牌个性和消费者自身的评估相吻合时，消费者就会选择该品牌。

2. 选择目标市场

选择目标市场是指在市场细分的基础上，对细分出来的子市场进行评估，以确定品牌应定位的目标市场。

细分市场内部结构的吸引力取决于该细分市场潜在的竞争力，竞争者越多，竞争就越激烈，该细分市场的吸引力就越小。有四种力量决定了细分市场的竞争状况：同行业的竞争品牌、潜在的新参加的竞争品牌、替代品牌、品牌产品的供应商，这四种力量从供给方面决定了细分市场的潜在需求规模，从而影响市场实际容量。如果细分市场竞争品牌众多，且实力强大，或者进入和退出壁垒较高，且已存在替代品牌，则该市场就会失去吸引力。

3. 明确具体定位和进入方式

通过评估，品牌经营者会发现一个或几个值得进入的细分市场，这也就是品牌经营者所选择的目标市场，下面要考虑的是五种进入目标市场的方式。

（1）集中进入。这种方式是指企业集中所有的力量在一个目标市场上进行品牌经营，满足该市场的需求，在该品牌获得成功后再进行品牌延伸。这是中小企业在资源有限的情况下进入市场的常见方式。

（2）有选择的专门化进入。这种方式是指品牌经营者选择了若干个目标市场，在几个市场上同时进行品牌营销，这些市场之间很少或根本没有联系，但企业在每个市场上都能获利。比如，小米公司在手机、计算机、智能家居，甚至新能源汽车方面都开展了网络品牌营销活动且取得了一定的成功。这种进入方式有利于分散风险，企业即使在某个市场上失利也不会全盘皆输。

（3）专门化进入。这种方式是指品牌厂商集中资源生产一种或一类产品或服务，专门为满足某个顾客群的各种需要服务的营销方式。例如，陶华碧老干妈品牌只生产贵州辣椒风味食品，但凭借良好的品质，在市场上获得了一定的认可。

（4）无差异进入。这种方式是指品牌经营者对各细分市场之间的差异忽略不计，只注重各细分市场之间的共同特征，推出一个品牌、采用一种营销组合来满足整个市场上大多数消费者的需求。无差异进入往往采用大规模配销和轰炸式广告的办法，以达到快速树立品牌形象的效果。无差异进入策略能降低企业的生产经营成本和广告费用，不需要进行细分市场的调研和评估。但是风险也比较大，毕竟在要求日益多样化、个性化的现代社会，以一种产品、一个品牌满足大部分需求的可能性很小。

（5）差异进入。这种方式是指品牌经营者以多个细分子市场为目标市场，分别设计不同的产品或服务，提供不同的营销组合，以满足各子市场不同的需求。这是大企业经常采用的进入方式。例如，海尔集团仅冰箱一种产品就区分出设计多样、型号各异的品牌，以满足家庭、宾馆、餐厅、农村地区等不同细分市场对冰箱的需求。差异进入由于是针对特定目标市场的需求，成功的概率相对更高，能取得更大的市场占有率，但其营销成本也比无差异进入要高。

以上五种市场进入方式各有优缺点，企业在选择时应考虑自身的资源条件，结合产品的特点，选择适宜的方式。

数实融合新视界
拼多多的异军突起

电商市场的竞争一直激烈而富有挑战。在这个竞争激烈的市场中，拼多多却异军突起，成为电商领域中的一匹黑马。

拼多多的品牌定位是"为生活品质，'拼'一切"。这个定位强调了为消费者提供实惠、高品质商品的使命。拼多多通过线上团购、优惠活动，以及社交互动，满足用户对物美价廉商品的需求。这种定位特别吸引那些注重性价比和价格优势的消费者。这一策略的关键在于，拼多多抓住了目标消费群体的需求和特点。这一群体的消费能力虽然有限，但他们对于产品的价格、品质、性价比等有着自己的追求和要求。

拼多多在电商市场上推出了一系列创新的产品和服务，如"拼团""限时特惠""砍价"等社交电商模式，将社交和购物结合起来，让用户通过社交网络分享购物信息，鼓励用户通过分享、邀请好友参与团购来获取更大的折扣。这些产品和服务不仅满足了消费者的需求和追求，也形成了一种社交互动的氛围，增加了消费者的参与感和体验感，增加了用户的黏性，更通过用户之间的信任关系，扩大了用户群体。

拼多多还经常推出各种特色活动，创造紧迫感和用户参与度。这些活动既增加了用户互动和购买乐趣，也强化了品牌在用户心目中的地位，并在社交媒体平台上分享用户的购物故事，突出他们通过拼多多购买到实惠的商品。这种用户的亲身体验强化了品牌的实惠购物形象。

通过上述策略，拼多多成功地在市场上树立了实惠购物的品牌形象，吸引了大量的用户，尤其是那些注重性价比的消费者。他们以社交互动、特色活动和直播等方式不断强化品牌定位，为用户提供实惠的购物体验。这种营销策略使拼多多成为中国电商领域的重要参与者，并在竞争激烈的市场中取得了成功。

二、网络品牌设计

网络品牌设计是不断发展变化的。网络品牌设计是将品牌某一方面的特征与顾客的期望、需要和要求联系起来的过程。当这些需求随时间而变化时,品牌也被迫跟随改变。网络品牌设计金字塔体系如图3-1所示。

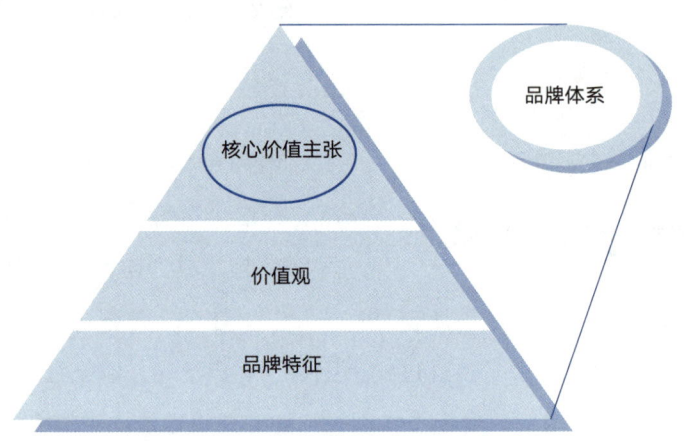

图 3-1　网络品牌设计金字塔体系

在网络品牌设计金字塔的顶端是品牌的核心价值主张,企业必须知晓品牌的核心点是品牌的核心价值,这一点必须在很长一段时间内保持不变。

在网络品牌设计金字塔的中层,是品牌的价值观。价值观是指品牌通过文字或图像传递的有特定意义的信息,是品牌核心识别的反映。价值观不能随意变动,需要始终保持同品牌识别的联系。

网络品牌设计金字塔的下层是品牌特征。消费者是从网络品牌设计金字塔的底层来了解网络品牌的。对于品牌管理者而言,如果企业希望塑造一个长期存在的品牌,就必须清楚地理解品牌特征,品牌特征的变化不能违背品牌的核心识别体系,品牌传播的主题和承诺必须落在品牌特征适应的范围内。

以国货品牌百雀羚为例,将其品牌形象放入金字塔模型中,便可以清晰地发现其网络品牌识别的不同之处,见图3-2。

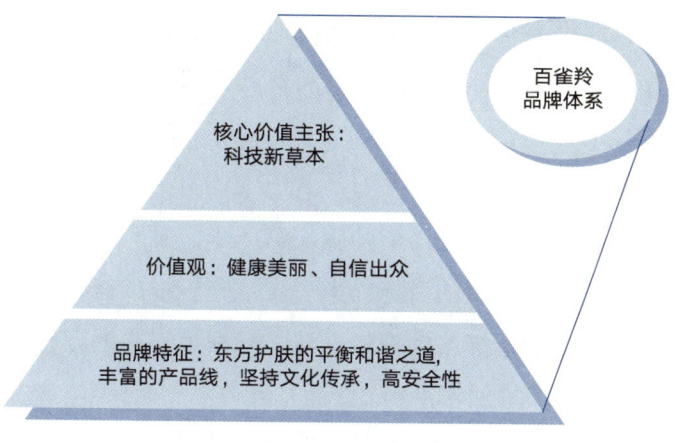

图 3-2　百雀羚品牌设计金字塔

三、网络品牌策划

(一) 网络品牌策划概述

网络品牌策划是现代商业活动的一种,将策划科学应用在网络品牌营销活动当中,就是所谓的网络品牌策划。网络品牌策划的目的是为企业的网络品牌营销活动提供一个科学的指导方案,使品牌营销活动更具有效率,以便成功地塑造和传播品牌形象,最终产生品牌价值。

(二) 网络品牌策划的内容

1. 网络品牌文化形象

网络品牌文化形象是指被消费者普遍认同的品牌所具有的文化性特征,也就是消费者从品牌上所能够感受到的某种文化品位或生活方式,如"大疆"代表了创新与激情、"海尔"代表了团结与真诚等。

2. 网络品牌社会形象

网络品牌社会形象是指被消费者普遍认同的品牌所具有的社会性特征,也就是消费者从品牌上所能够感受到的某种社会价值,如开"蔚来"新能源汽车体现了创新与技术。

3. 网络品牌心理形象

网络品牌心理形象是指被消费者普遍认同的品牌能够带给消费者的某种自我价值的心理体验,是能够让消费者产生强烈心理共鸣的某种品牌特性。网络品牌策划其实是对一个网络品牌形象系统的设计,网络品牌策划并不只是简单地为产品取个名字、设计个商标就可以，而是要科学、系统、全面地设计品牌的各种目标形象。网络品牌策划的最终目的是让品牌的目标形象能够被消费者认同，能够使消费者的心理产生强烈的共鸣。

（三）网络品牌策划实施

网络品牌策划实施可分为以下四个步骤：第一步，了解并分析整体市场现状；第二步，确定网络推广和网络营销的目标；第三步，分析推广目标人群，做好定位推广和定位营销；第四步，正确选择营销推广方法，根据第三步的顾客定位，对不同的顾客群体选择不同的网络推广方式和平台。

企业制定网络品牌营销方案可以借助品牌画布进行分析。品牌画布（Brand Canvas）是一种品牌策略工具，用于帮助企业在一个页面上呈现出品牌的关键元素，包括品牌愿景和使命、品牌个性、目标受众、品牌承诺和其他关键信息等。品牌画布有助于将品牌战略整合成一个清晰的视觉模型，帮助企业内部团队和外部合作伙伴更好地理解和传达品牌的核心要素。

品牌画布通常由以下几个关键部分组成：

（1）用户群。品牌画布首先要明确的是目标用户群，即品牌希望吸引和服务的那一群人。企业需要深入了解他们的需求、期望、痛点和偏好，以便为他们提供有吸引力的产品或服务。

（2）行业环境。分析品牌所处的行业环境，包括市场规模、增长趋势、主要竞争者、政策法规等因素，这有助于品牌找到自身的定位和发展方向。

（3）竞争对手/标杆。识别和分析品牌的主要竞争对手和标杆企业，了解它们的优劣势、市场策略和产品特点，这有助于品牌找到自己的差异化竞争点，制定有效的竞争策略。

（4）公司愿景。品牌画布要清晰地阐述公司的愿景，即品牌希望达成的长远目标，这有助于统一团队的思想和行动，为品牌建设提供明确的方向。

（5）组织资源。评估品牌所拥有的组织资源，包括人力、物力、财力等。这有助于品牌根据自身实力制订合理的发展计划和市场策略。

（6）产品/服务。详细描述品牌的产品或服务，包括功能、特点、优势等。这有助于让企业更好地理解品牌的核心价值，同时为用户提供了清晰的选择理由。

（7）品牌目标。在品牌画布中，要明确品牌目标，如提高知名度、提升品牌形象、增加市场份额等，这有助于指导品牌的日常运营和市场活动，确保它们都与品牌目标保持一致。

（8）市场投入。品牌画布需要考虑市场投入情况，即品牌在市场推广和品牌建设方面的预算和计划。这有助于确保品牌在市场上的持续投入，实现品牌目标。

品牌画布可以帮助企业在一个可视化的框架内整合和传达品牌的核心信息，以便内外部理解和共享。它也可以被用于内部的品牌战略制定、沟通和决策过程中。通过品牌画布，企业可以更好地明确品牌战略，确保品牌在市场上传达一致的形象和信息。以新零售品牌盒马鲜生为例，明确的品牌画布有助于企业合理制定网络营销方案，选择合适的推广方式和平台（见图3-3）。

1.用户群	2.行业环境	3.竞争对手/标杆	4.公司愿景	5.组织资源
盒马鲜生的主要用户群是追求高品质生活、注重健康饮食的年轻人和家庭。他们希望获得新鲜、便捷、多样化的食品购买体验	生鲜电商行业近年来发展迅速，但竞争激烈。随着消费者对食品安全和新鲜度的要求提高，盒马鲜生凭借其线上线下一体化模式，在行业中脱颖而出	盒马鲜生的主要竞争对手包括其他生鲜电商平台和传统超市标杆企业可能包括叮咚买菜、京东到家、小象超市等，它们在生鲜电商和便利店领域有着成功的经验	盒马鲜生的愿景是成为消费者首选的新鲜食品零售平台，通过技术和数据驱动，实现线上线下一体化，为消费者提供良好的购物体验	盒马鲜生拥有强大的物流体系、先进的仓储技术和丰富的产品供应链。此外，阿里巴巴集团的背景为其提供了强大的技术支持和数据资源

6.产品/服务
盒马鲜生的产品和服务主要包括新鲜蔬果、肉类、熟食等，以及线上线下一体化的购物体验，其特色在于配送服务，以及店内堂食和线上点餐的多样化选择

7.品牌目标	8.市场投入
盒马鲜生的品牌目标是建立强大的品牌形象，提升消费者对其新鲜、便捷、高品质的认知。同时，通过不断创新和优化服务，提高用户忠诚度和市场份额	在市场投入方面，盒马鲜生注重线上线下多渠道营销，包括社交媒体推广、广告投放、合作活动等。同时，通过优惠券、会员制度等手段吸引和留住用户

图3-3　盒马鲜生的品牌画布

四、网络品牌推广

网络品牌推广是通过互联网和数字化渠道来传播品牌的信息、价值和形象，以吸引目标受众，增加品牌知名度、认知度和忠诚度的过程。网络品牌推广利用了互联网覆盖广泛和用户参与度高的特点，可以通过多种方式进行，包括但不限于以下几种：

（一）社交媒体营销

利用社交媒体平台发布品牌内容，与受众互动，分享品牌故事、产品卖点、用户体验等,从而吸引更多用户关注和参与。以国内知名飞行器生产商大疆为例,它在社交媒体平台上积极推广品牌,特别是在微博、微信、抖音等平台上。大疆会发布高质量的无人机飞行视频、航拍照片和用户使用体验等,吸引用户互动和分享。

(二)内容营销

制作优质的品牌相关内容,如文章、视频、图片等,在门户网站、社交媒体和其他平台上发布。这些内容可以提供有价值的信息,解决问题,吸引目标受众并建立品牌专业性。大疆通过小红书、B站、专业论坛等平台,发布关于无人机技术、影像创作、航拍技巧等有价值的内容(见图3-4)。这些内容既提供了富有教育性的信息,也展示了大疆产品的功能和创新。

图 3-4 大疆 DJI 品牌推广

(三)搜索引擎与电子邮件营销

如通过搜索引擎优化等方式推广,优化品牌相关网站和内容,使其在搜索引擎上的排名靠前,增加被用户发现的机会;在搜索引擎上投放付费广告,通过定位和广告创意吸引潜在受众;向已有客户或订阅者发送电子邮件,分享最新产品、促销活动、品牌新闻等,保持与受众之间的互动。

(四)与知名第三方合作

大疆通过与在社交媒体或网络上有影响力的个人或机构合作,让他们代言品牌,扩大了品牌影响力。大疆与一些知名品牌和机构进行合作和赞助活动，进一步提升了品牌的知名度和形象。如利用无人机拍摄了一系列精彩的视频报道，展示了无人机技术在新闻和摄影领域的潜力。此外，大疆还与一些顶级运动赛事和电影制片商合作，展示无人机在体育和娱乐领域的应用。

（五）社群营销

企业通过创建或参与品牌相关的在线社群，可以与用户进行互动并分享经验，建立用户关系，提高用户忠诚度。利用在线活动、竞赛、调查问卷等与用户互动，提升用户的参与感，激发用户参与度。仍以大疆为例，它建立了一个活跃的社区与用户进行互动并分享经验。用户在社群内定期发布、展示自己使用大疆产品创造的精彩作品。此外，大疆还举办各种活动和比赛，鼓励用户分享他们的无人机使用体验和故事，增强用户的参与度和对品牌的忠诚度。

总结起来，当下网络品牌推广的核心在于与受众建立积极的互动关系，提供有价值的内容和用户体验，增加用户对品牌的认知度、信任度和忠诚度，从而在竞争激烈的市场中脱颖而出。

单元三　品牌 IP 营销

一、品牌 IP 概述

（一）品牌 IP 的定义

IP（Intellectual Property）代表的是知识产权，是指创造性的思想、创新、原创作品和商业机密等在法律上被保护的权益。

在营销领域，品牌 IP 设计是为了在市场中建立和保护独特的品牌形象和价值，包括商标、专利、版权和商业机密等知识产权的策划和管理。

通过有效的品牌 IP 设计和管理，企业可以建立和保护独特的品牌价值，防止他人未经授权使用或侵权，提高市场竞争力，并保护企业的创新和创造性成果。品牌 IP 的价值在于与消费者的生活、情感产生共鸣，成为人们内心的投影，人们愿意把品牌 IP 所赋予的内涵变成个人生活的一种期待和象征，从而达到认同并作为更好的传播载体。

品牌IP是品牌所独有的知识产权，如发明、外观设计、文学和艺术作品，以及在商业中使用的标志、名称、图像等。它一般可以分为两类：一是著作权，既包括文学、影视、艺术作品（这些被称作精神产权），也包括技术、论文、专著、发明创造（这些被称作技术产权）；另一类是工业产权，如外观和结构设计，以及在商业中使用的标志、名称、图像、图片和包装等。

（二）品牌与IP的联系

有些品牌天然是IP，有些品牌则不然。天然是IP的品牌有：旺旺、小茗同学、米其林、MM豆、天猫等；非天然是IP的品牌有：京东、苏宁易购、知乎、七喜等。通过从对比分析中可以发现，天然的IP品牌，品牌名=IP的角色名；非天然的IP品牌，品牌名和IP名是两个称谓，如京东的IP形象是只小狗，叫JOY；苏宁易购的IP形象是头狮子，叫苏格拉宁；知乎的IP形象是北极狐，叫刘看山。

首先，品牌专注于消费者的认知，IP更偏重用户的情绪。当焦点落在品牌名称上时，就会弱化IP角色；当强调IP时，品牌名和品牌的功能属性就会让位。

其次，IP的推广更注重造势而非推销。品牌推广的思路是推销自己，它习惯于向消费者介绍自己是谁。而IP要通过制造内容、创造社交货币，营造一种让用户想拥有的冲动。好的IP不是试图推销，而是通过推广造势，制造热门内容，让IP的浪潮把用户卷入其中。

（三）品牌IP的特征

品牌IP营销主要是通过商品人格化，将商品与消费者的距离拉近的一种营销方式。品牌IP运营指的是根据作品的类型、特点和用户属性，不断进行更多的运营手段尝试，使得品牌IP在创作阶段就拥有大量的忠实粉丝。而当品牌IP成熟到一定阶段后，开始进行授权等商业化探索，通过动画、游戏、舞台剧、网络剧、周边等多种形式，发展出更多、更广泛的付费用户，在验证品牌IP价值的同时，进一步吸引更多领域的粉丝。品牌IP通常需要具备以下特征：

（1）人设标签化。作为品牌的支撑点，品牌IP需要有清晰的标签化特征，企业要对IP进行品牌定位，从而找到IP的未来发展空间。

（2）内容承载。品牌IP存在的价值就是与用户产生共鸣，用内容作为情感的载体，需要对目标用户聚集的平台进行高质量的不同内容的持续输出，不断诠释品牌IP的价值和含义，让用户感知品牌的价值。

（3）进行互动、产生共鸣。品牌IP要与时俱进，不断寻找与消费者沟通的接触点，只有长期与用户建立稳定良好的互动关系，才能更好地维持品牌的长久价值。

二、品牌IP营销模式

（一）将品牌作为IP

品牌化最彻底的方式就是把自己打造成一个IP，从品牌名称、LOGO、产品等方面都充分突出品牌的独特性，传达出品牌的价值观。例如，"元气森林"这个品牌名字加上风格化的设计，传递出一种文化符号意义。对于"Z时代"的消费者而言，容易吸引他们的关注，获得他们的好感，从而使得产品与用户之间形成紧密的联系。在年轻人看来，元气森林这个IP与自己产生了情感共鸣及文化共识。纵观元气森林旗下的众多品牌，实际上在起名上都做了精妙的构思：比如"燃茶"系列，所对应的正是一种"燃"文化，拥有着强烈性格。

（二）将品牌代表人物作为IP

品牌代表人物的一言一行都是品牌个性和价值观的体现，个人形象的正面影响会提高品牌在大众中的口碑。因此，在考虑品牌的IP营销时，也应重视品牌代表人物在大众中的知名度和话题性，因为他们本身也是品牌的重要组成部分。

（三）将产品本身进行IP化设计

产品IP化是赋予产品可感知的情感价值，从而引导用户的意见，提高用户转化率。产品可以不局限于单一包装，而成为品牌IP，从而持续不断地更新品牌内容，延伸品牌影响力，这样不仅能够节省推广费用，而且可以在购买过程中与用户频繁互动。例如，气味图书馆和大白兔联名推出包括大白兔气味的香水、沐浴露等新品（见图3-5），上线当天香水销量超过9 607件，沐浴露销量超过10 849件。除此之外，可口可乐的歌词瓶、昵称瓶、旺旺民族罐等也是将自己的产品IP化的表现。

图3-5　大白兔IP主题香水

（四）联合已有的知名IP进行跨界营销

如果发展相对成熟但没有知名人物的品牌要进行IP营销，从人格化方面重塑品牌IP，或者依靠个人影响力都不太现实。此时，这些品牌可以与现有的知名IP进行合作营销，即IP联动，也就是跨界营销。跨界营销通常将年轻化形象与品牌相结合，借助年轻人喜爱的形象和IP，打造更有活力、更符合年轻人心态的品牌形象。

数实融合新视界

跨界联名赢得年轻消费者

重庆市涪陵榨菜集团股份有限公司（以下称涪陵榨菜）是以榨菜为原料，立足于佐餐开味菜领域的国有控股食品加工企业，专注于榨菜、下饭菜、调味菜、榨菜酱等佐餐开味菜产品的研发、生产和销售，是中国酱腌菜行业唯一一家上市公司。

2023年11月，涪陵榨菜旗下产品乌江榨菜和视频网站Bilibili（B站）正式官宣联名，共同发布创意视频《在一起，才真香》，推出乌江与B站联名榨菜，上架乌江天猫旗舰店。这款联名榨菜在外包装上用足了心思，一改此前的经典红色皮肤，换成了B站主色调——粉色，并在包装上印上了B站代表元素及B站"电子榨菜"片单二维码，主打榨菜搭配"电子榨菜"，让人更下饭。

据涪陵榨菜官方解释，此次跨界联名的目的在于主动走近年轻人，探索品牌年轻化之道。2023年5月，涪陵榨菜发布调研活动信息时，提及该公司2023年的主要工作是品牌焕新及新品铺市上市，进一步推动品牌年轻化、丰富产品矩阵、拓宽消费群体。

在当前的市场环境下，年轻人是消费市场的重要力量，他们对于新鲜事物和品牌有着更高的追求。涪陵榨菜选择主动走近年轻人，希望能够通过联名款产品来吸引年轻人的关注和喜爱，进而扩大品牌的影响力和市场份额。

乌江榨菜与B站的联名在一定程度上起到迎合年轻人的作用。相关数据显示，乌江榨菜品牌过往用户以30岁以上的人群为主，30岁以下占比不足一半。而此次与B站联名新品购买的人群中，平均年龄较店铺成交人群年轻10岁，其中18～25岁和26～30岁的人群分别占比41.51%和20.55%。

B站是一个以年轻人为主的平台，拥有大量年轻用户。联名款产品能够让乌江榨菜更好地融入年轻人的生活，增加品牌曝光度和好感度。同时，联名款产品的设计也十分新颖有趣，符合年轻人的审美和喜好，因此是一种有效的营销手段。

职业道德与法规
品牌联名知识产权风险防范

党的二十大报告指出：加强知识产权法治保障。从知识产权角度来看，品牌联名是一种企业间以知识产权的单方许可或者交叉许可法律关系为基础的商业合作模式。

品牌联名本质上是知识产权许可的法律关系，即一方将自己拥有的知识产权许可给另一方，或双方互相许可对方使用自己的知识产权进行创作、制作及销售的行为，其核心是知识产权的授权。《中华人民共和国民法典》第一百二十三条规定：民事主体依法享有知识产权。知识产权是权利人依法就下列客体享有的专有的权利：① 作品；② 发明、实用新型、外观设计；③ 商标；④ 地理标志；⑤ 商业秘密；⑥ 集成电路布图设计；⑦ 植物新品种；⑧ 法律规定的其他客体。

通常来说，进行联名授权的知识产权包括商标权、著作权、专利权等。许可关系的建立需要有确切的权属基础或完整的权属链条，一旦某一环节存在授权缺失，被授权方的使用行为即存在侵权风险。同时，联名双方须在严格许可范围内规范使用商标，不得超出授权许可的范围。

品牌联名中常见的法律风险就是商标侵权。《中华人民共和国商标法》第五十七条规定：有下列行为之一的，均属侵犯注册商标专用权：① 未经商标注册人的许可，在同一种商品上使用与其注册商标相同的商标的；② 未经商标注册人的许可，在同一种商品上使用与其注册商标近似的商标，或者在类似商品上使用与其注册商标相同或者近似的商标，容易导致混淆的；③ 销售侵犯注册商标专用权的商品的；④ 伪造、擅自制造他人注册商标标识或者销售伪造、擅自制造的注册商标标识的；⑤ 未经商标注册人同意，更换其注册商标并将该更换商标的商品又投入市场的；⑥ 故意为侵犯他人商标专用权行为提供便利条件，帮助他人实施侵犯商标专用权行为的；⑦ 给他人的注册商标专用权造成其他损害的。

由上可知，品牌联名双方在使用注册商标时要特别注意，不要超出核准的使用范围使用注册商标。如果要在自己的产品上使用他人的商标标识，就需要获得商标权利人的许可，否则不得使用他人的注册商标。

品牌IP营销逐渐成为品牌营销的新趋势。无论是IP打造还是IP联名，通过IP营销，品牌IP话题都能获得大量曝光，同时能为品牌带来知名度的提升。

三、数字化品牌 IP 营销

(一) 数字化品牌 IP 的作用

数字化品牌 IP 是指在数字化环境中创造、传播和管理的独特知识产权，包括数字内容、虚拟角色、在线社区等数字化元素。数字化品牌 IP 可以将传统的知识产权概念与数字技术、互联网、社交媒体等数字化工具相结合，用于品牌推广、用户互动和市场营销。品牌可以通过创建一个虚拟角色或在线社区，与用户互动，提供独特的数字化体验。这种数字化品牌 IP 可以在品牌推广、社交媒体营销和用户参与方面发挥重要作用，创造出独特的品牌价值。

数字化品牌 IP 在网络营销中的重要性体现在：

(1) 独特性和吸引力。数字化品牌 IP 可以创造独特的虚拟世界、角色和内容，吸引目标受众的关注。这些独特元素能够使品牌在竞争激烈的市场中脱颖而出，提高品牌的吸引力。

(2) 用户互动与创作参与。数字化品牌 IP 鼓励用户参与内容创作和互动，可以为用户提供互动性体验，如在虚拟世界定制角色、参与虚拟社区活动等。这些互动可以增加用户参与度，促进用户生成内容，从而增强品牌与用户之间的关系，增强用户对品牌的信任度和忠诚度。

(3) 品牌故事叙述。数字化品牌 IP 可以成为品牌故事的重要组成部分，通过数字元素传递品牌的价值观、理念和文化。这有助于打造品牌的独特性和深度。

(4) 多渠道营销。数字化品牌 IP 可以在多个数字化渠道上营销，如社交媒体、在线游戏、虚拟现实等。这种多渠道的营销能够覆盖更广泛的受众，增加品牌曝光度。

(5) 社交共享效应。数字化品牌 IP 在社交媒体上产生的共享效应可以实现迅速传播，扩大品牌的影响力，吸引更多受众的关注。

(二) 数字化品牌 IP 的要素

在数字经济时代，人们的物质生活与精神生活更加丰富，选择更加多样化，作为信息的筛选工具，数字化品牌 IP 将更加人性化，比传统品牌更高效、更有温度感，能为产品自动附上情景和情感属性，大大缩减了从用户到产品的决策周期。基于此，创建数字化品牌 IP 时需考虑以下要素：

1. 有清晰的品牌故事和标志性元素

以电影《流浪地球》的数字化品牌 IP 为例，该电影改编自刘慈欣的同名小说，讲述了人类为了应对地球即将毁灭的危机，进行了将地球推出太阳系的流浪计划。这个宏大的科幻故事不仅扣人心弦，而且探讨了人类的勇气、拼搏和团结精神，以及面对未知世界的探索与挑战。电影中的一些标志性元素成为数字化品牌IP的重要组成部分，比如"流浪地球"的巨大引擎、航天服装、太空站等。这些元素在电影中独特的设计和呈现，成为品牌的视觉符号，被观众广泛认知和引用。

2. 契合受众需求的情感共鸣

《流浪地球》通过宏大的故事背景和人性化的角色塑造，成功地与观众建立了情感共鸣。观众在电影中能够感受到人类在面临巨大挑战时的决心和拼搏精神，从而产生情感连接，增强了对品牌的认同和忠诚度。

3. 社交媒体互动和影响力的扩展

电影上映后，《流浪地球》利用社交媒体平台与观众进行互动，分享幕后花絮、创作故事背后的灵感等。这种互动能够增加品牌与观众的互动，提升品牌的知名度和用户参与度。随着数字化品牌IP影响力的扩散，该品牌的内容不再局限于电影本身，还延伸到了图书、漫画、周边产品等多个领域（见图3-6）。这种影响力的扩展使得数字化品牌IP能够在不同的媒体和平台上持续存在，吸引更多受众。

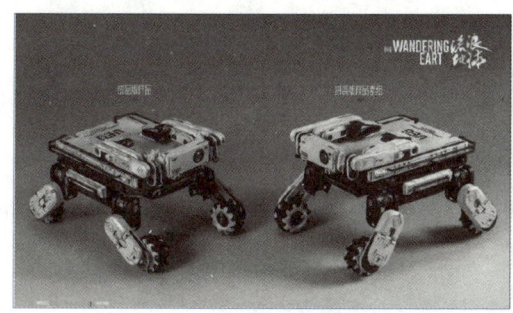 

图3-6 《流浪地球》系列电影周边

《流浪地球》这个数字化品牌IP成功地通过独特的故事、标志性元素和与观众的情感共鸣，建立了鲜明的品牌形象，并在不同领域延伸影响力，与观众建立了深厚的情感连接。这个数字化品牌IP的成功体现了如何通过故事叙述和情感共鸣来塑造品牌的独特价值。

（三）数字化品牌IP的创建步骤

1. 提炼数字化品牌IP标签

企业可以根据品牌调性和产品属性来提炼数字化品牌IP形象，也可以根据目标消费人群特征提炼，如用户基本信息（年龄、职业等），消费属性（消费能力、消费偏好、消费习惯等）。例如，如果目标消费人群是职场女性白领，那么形象社交可以是女性西装形象；如果目标消费人群是孩童，就应该是天真可爱、顽皮活泼的形象。进行数字化品牌IP定位时，非常重要的一点是明确情感定位，IP的角色定位应有人性原型。打造原型化故事，就是通过故事定位表达人们的基本诉求，如成长、安全感、帮助等，原型化故事比社会化故事更能产生强大的力量，能跨越民族、国家、文化壁垒，成为具有强大影响力的数字化品牌IP。

2. 绘制人物形象和标志性视觉元素

绘制人物形象的目的就是让用户建立品牌联想，如看见长方形里猫头就想到天猫。同时，设计形象要与品牌内容一致，品牌形象要与品牌调性完全一致。数字化品牌IP一定要有故事性，方便传播，从而拉近品牌与用户之间的距离。其中，人格化是数字化品牌IP与受众连接的核心，这种连接的关键在于数字化品牌IP能否以人格化方式呈现。例如，人们喜欢花木兰这个角色是因为崇尚勇敢和美丽，而花木兰这个角色则是勇敢和美丽的一种人格化表现。数字化品牌IP还要有强视觉辨识力，富有标志性的视觉元素可以强化受众对品牌的印象，通过最直观的感受层面将IP留在受众的脑海中。

3. 打造数字化品牌IP的独特性

每一个数字化品牌IP都要具有特色，显示出其独特性和唯一性。数字化品牌IP只有与竞品形成差异化，才能在竞争中胜出。同时，创建数字化品牌IP也不要盲目跟风，要结合自身的特点和市场环境，深入挖掘品牌的核心价值和定位，确保数字化品牌IP能够真正触动受众的心灵。

数实融合新视界

我国探月航天数字化品牌IP

以我国探月航天的数字化品牌IP建设为例，2018年12月，中国探月航天太空兔开始构思创作。2023年1月14日，在北京颐堤港的"中国探月太空兔"展陈活动现场，中国探月航天IP形象太空兔正式对外公布了名称，分别是中文名"兔星星"、英文名"To star"。中国探月航天太空兔最初的人设为中国探月派驻在月球的观察员，担负着太空科研、守卫地球等任务，现在已经成为中国深空探测任务的先行使者。在过去几年时间里，人们一直亲切地称呼其为"太空兔"。

太空兔是中国探月工程官方IP形象（见图3-7），它既是中国探月航天工程的吉祥物，更是中国探月精神和文化的吉祥物。它不仅向世界传递了"追逐梦想、勇于探索、协同攻坚、合作共赢"的探月精神，也反映了中国和平利用太空的立场，体现了人类命运共同体"美美与共"的价值观。寓意"玉兔巡月，扬帆星河"，中国探月航天太空兔是中国航天IP文化的重要符号，代表了新一代的航天精神，集国家工程、硬核科技、潮流文化于一体，既承载着人类对九天揽月的无尽遐想，也肩负着中国航天文化走向大众走向世界的重要使命。

图3-7　中国探月航天IP太空兔

（四）数字化品牌IP运营

数字化品牌IP具有明确的品牌辨识度和价值主张，可以持续输出内容，同时拥有较强的用户黏性和传播能力。打造优质的数字化品牌IP内容并持续运营，成为每一个IP打造者必须思考的问题。

在需求与消费者不断改变的时代，网络营销的模式也要有所改变。企业想要源源不断地获取收益，粉丝是关键，而粉丝是数字化品牌IP的基础，企业想要利用IP达到品牌的稳定收益，做好粉丝互动是必不可少的。成功的数字化品牌IP营销往往在于深度挖掘了用户情感认同，实现品牌文化价值观传递。

在数字经济时代，碎片化时间导致用户接触的内容过多，其消费习惯也不断变化，这倒逼着品牌方与时俱进，与消费建立有效触点，在消费者聚集的平台根据平台属性建立不一样的互动内容。下面以小红书、B站和抖音平台为例，介绍数字化品牌IP运营的方式：

1. 小红书

小红书平台上年轻用户的生活经验分享比较多，用户喜欢用"图文+短视频"的方式进行内容创作分享，同时用户的体验感比较强，强调分享的真实性。创作分享笔记时，首图要突出主题，给人真实感，要与品牌调性保持一致，标题要设置悬念，引发用户的好奇心，激发用户兴趣，将重点内容前置。笔记内容不宜太长，重点围绕话题进行品牌互动，善用官方活动话题引发共鸣。

小红书上的数字化品牌IP运营要点是：① 运营初期强调"种草"的真实性，内容建设应该突出产品卖点，在与竞品的差异性方面"种草"，明确产品传递的价值。可以通过粉丝送福利吸引消费者，或者通过明星、达人吸引消费者，其途径可以是视频，也可以是图文或者直播；② 当数字化品牌IP处于成长期后，要不断持续提升品牌知名度，在让用户主动接受产品的同时提升其对品牌的认知和喜爱，可以通过情景剧、生活分享等形式与用户产生共鸣，将产品无缝植入，从而增加曝光量、提升口碑效果；③ 在数字化品牌IP的成熟期，品牌具有了一定的知名度，用户对品牌形成了一定的认知后，企业要做的就是形成品牌文化，可以根据用户行为建立用户分层体系，对用户进行"产品+情感+荣誉"等几个方面的长期运营，从而提高用户对品牌的忠诚度。

2. B站

B站用户群主要偏向于"Z时代"用户，娱乐性比较强，其中内容类型以中长视频为主，更注重内容的创意性和趣味性。B站上的数字化品牌IP的运营要点是：① 品牌要找到与B站合作的"触点"，接触B站与Z时代用户，通过标签化对用户进行分区，抓住用户的喜好特点；② 与垂直类UP主（Uploader，上传者）绑定IP，打入受众的核心圈层，主动结合品牌特点，从弹幕留言中获取灵感，利用混剪、幽默视频等引发病毒式传播，实现品牌与UP主的深度合作；③ 持续扩大传播面，触达更多用户，可以通过深入洞察目标人群消费场景，关注热点风向，结合流行元素进行内容拓展，也可以引导UP主相互转发、共创、联动，通过弹幕引导评论风向，制造IP话题故事，以与粉丝弹幕留言互动、投稿主题共创等形式实现数字化品牌IP的推广。

3. 抖音

抖音平台集"音乐+创意+短视频+直播+图文"于一体，内容形式丰富，覆盖面比较全，互动性和娱乐性比较强。抖音数字化品牌IP运营的目标要吸引目标人群，让目标人群持续关注，从而实现发酵传播。① 需要通过优质的内容吸引目标人群，视频内容可以注重生活化、幽默化，充分利用"前5秒理论"（前5秒最能吸引用户注意），引发用户点赞、评论、关注、转发；② 持续增加话题性内容，通过抖音挑战赛等形式让更多用户参与话题，根据目标用户关注的话题，品牌在发布内容时可以带上话题标签；③ 在品牌内容上添加某热门音乐或者互动贴纸，激发用户进行二次传播，从而提升品牌知名度。

总结起来，近几年品牌人格化风靡，品牌商纷纷打造数字化品牌IP形象。许多品牌将其数字化品牌IP形象视为品牌活化版的Logo。数字化品牌IP形象可以成为品牌的一部分，成为品牌体系下的某个具体角色，而不是空泛的概念或标志。一个数字化品牌IP形象的价值是它所有经历的总和。未来数字化品牌IP应积极进入场景，塑造角色，成为品牌的一部分，创造真实具象的消费者触点。

> **数实融合新视界**
> **年货节中的数字化品牌IP**
>
> 以天猫年货节为例，天猫年货节以天猫猫公仔作为数字化品牌IP，使其进入具体的年货节场景，成为天猫年货节中的主要角色。首先，在过年节的具体场景中，猫公仔担当的是年货节的解决方案提供者。对于当代年轻人来说，年货是个抽象的概念，而猫公仔介入并提供具体年货场景与解决方案，对年轻人来说就很具吸引力。猫公仔除了在广告片中出现，还在微博发起互动话题，引导用户带动新年气氛。其次，由于城市化与数字化的发展，人们生活在新环境、新生活方式中，如何在这种新情境中重塑年味，或者说让旧习俗适配新情境，是猫公仔在年货节中承担的第二个任务。天猫年货节聚焦年货产品，使其从抽象到具象，试图形成当代新年味儿，包括扫地机器人等智能家电、坚果零食等传统年货、国潮新服饰焕新、各地乡土特产直供等。天猫国潮在年货节期间以传统生肖为主题，以时尚演绎传统年礼。同时，猫公仔还出现在与B站跨界的网络春晚上，引领"95后"过年庆祝新方式。

> **调查研究与善作善成**
> **网络品牌营销策划**
>
> 【调研目的】
> （1）了解网络品牌营销的分析步骤。
> （2）掌握网络品牌营销的定位和设计。
> （3）设计品牌IP形象和相应的网络推广方案。
>
> 【调研要求】
> 以小组形式分析调研企业当前的市场定位、目标受众、产品特点等，提炼企业品牌形象和定位，结合其发展规划和主打产品的特点，为该企业设计和策划符合其未来的发展趋势，契合受众需求的网络品牌营销方案。

【调研内容】

大疆创新科技有限公司（简称"大疆"）是全球领先的无人飞行器控制系统及无人机解决方案的研发商和生产商，其客户遍布全球100多个国家和地区。通过持续的创新，大疆致力于为无人机工业、行业用户，以及专业航拍应用提供性能最强、体验最佳的革命性智能飞控产品和解决方案。本次调研的主要内容如下：

（1）能够根据企业产品特点，完成网络品牌形象分析。

（2）能够根据企业产品特点，设计品牌IP和网络推广方案。

【调研成果】

（1）根据已提供的企业信息进行必要的调研分析，完成大疆品牌画布的填写。

1. 用户群 核心用户 痛点需求 用户关系	2. 行业环境 市场环境 未来趋势 发展要素	3. 竞争对手/标杆 为何成功 带来的启发 对受众的界定和认知 值得学习的市场和品牌举动	4. 公司愿景 初心为何	5. 组织资源 核心竞争力 企业文化
	6. 产品/服务 高利润和高期望值的产品 如何进行产品规划升级			
7. 品牌目标 市场目标 声誉目标			8. 市场投入 包括投入团队、预算、规划和资源等	

（2）登录大疆农业官方商城，自主选择一款产品，结合小组设计的数字化品牌IP形象，选定任一社交媒体平台，制定一份网络营销推广方案，该方案需符合企业品牌形象，并针对目标受众和网络渠道的特点，确定明确的推广内容和实施步骤。

同步测试

一、单项选择题

1. 在网络品牌设计金字塔顶端的是（　　　）。

    A. 核心价值主张　　　　　　　　　　B. 价值观

    C. 品牌特征　　　　　　　　　　　　D. 品牌名称

2. 品牌是企业的一种无形资产，这是指品牌的（　　　）。

    A. 专有性　　　　　　　　　　　　　B. 价值性

    C. 承诺性　　　　　　　　　　　　　D. 扩张性

3. 下列不属于常见品牌市场细分标准的是（　　　）。

    A. 地理细分　　　　　　　　　　　　B. 人口细分

    C. 心理细分　　　　　　　　　　　　D. 场景细分

4. 某坚果品牌以坚果类零食为突破后进入食品这一目标市场的方式是（　　　）。

    A. 集中进入　　　　　　　　　　　　B. 专门化进入

    C. 无差异进入　　　　　　　　　　　D. 差异进入

5. 下列选项中的品牌天然就是 IP 的是（　　　）。

    A. 京东　　　　　　　　　　　　　　B. 苏宁

    C. 旺旺　　　　　　　　　　　　　　D. 知乎

二、多项选择题

1. 品牌通常由（　　　）组成。

    A. 文字、标记　　　　　　　　　　　B. 符号

    C. 图案、颜色　　　　　　　　　　　D. 以上要素的组合

2. 网络品牌营销的特点包括（　　　）及全球性。

    A. 互动性　　　　　　　　　　　　　B. 个性化

    C. 整合性　　　　　　　　　　　　　D. 数据化

3. 网络品牌设计金字塔体系包含（　　　）。

    A. 核心价值主张　　　　　　　　　　B. 价值观

    C. 地区识别　　　　　　　　　　　　D. 品牌特征

4. 网络品牌营销策划应考虑的内容有（　　　）。

A. 网络品牌文化形象 　　　　　B. 网络品牌社会形象

C. 网络品牌心理形象 　　　　　D. 网络品牌情感形象

5. 创建数字化品牌 IP 时需要考虑的要素有（　　　　）。

A. 品牌故事 　　　　　　　　　B. 标志性元素

C. 契合受众需求的情感共鸣 　　D. 社交媒体互动性和影响力的扩展

三、简答题

1. 网络品牌一般具有哪些特征？
2. 如何做好网络品牌营销定位？根据网络品牌定位，分析知名网络品牌的营销设计。
3. 网络品牌营销一般基于哪些方面展开分析？
4. 如何利用数字化品牌 IP 来实现网络品牌营销？

模块四

全渠道网络推广

学习目标

素养目标
- 在全渠道网络推广工作中培养团队合作精神
- 在新媒体内容创作中积极传播社会主义核心价值观
- 树立版权保护意识,在网络营销中合法合规使用素材

知识目标
- 掌握网络广告的概念及步骤
- 了解信息流广告的主要类型
- 了解跨屏营销和图文营销的内容
- 掌握短视频营销、搜索引擎营销的策略及流程
- 掌握自建站营销的内容
- 掌握直播营销、社群营销和微信营销的策略及流程
- 掌握微博营销的内容

技能目标
- 能够设计信息流广告实施方案
- 能够策划短视频营销、搜索引擎营销活动的实施方案
- 能够策划直播营销、社群营销和微信营销的实施方案

思维导图

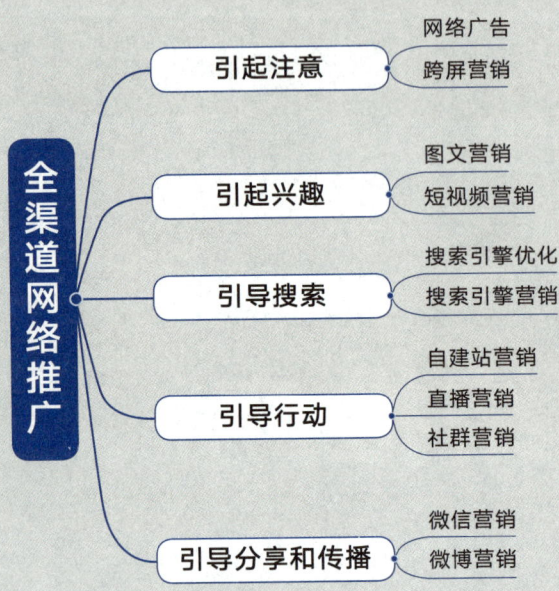

学习计划

- **素养提升计划**
  _____
  _____

- **知识学习计划**
  _____
  _____

- **技能训练计划**
  _____
  _____

引导案例

波司登集团的全渠道网络推广

自从 1992 年注册"波司登"商标开始,波司登集团就迈出了以自主品牌参与市场竞争的第一步,取得全球领先的羽绒服市场地位,赢得消费者,特别是新生代消费者的广泛认可。

近年来,波司登持续围绕"全球领先的羽绒服专家"战略发展方向,坚持品牌引领的发展模式,通过组织品牌大型推广活动、输出优质品宣内容、投放匹配媒体平台等方式,不断加深消费者对品牌的认知度和美誉度。

波司登集团实行线上多平台运营的网络营销模式,除了天猫、唯品会、京东等传统电商平台,还积极拓展抖音、小红书等新兴内容平台。同时,波司登集团通过提质增效、精细化运营等方法,聚焦线上经营效率的提升。

在品牌建设方面,波司登集团联动线上平台 IP 拥有人,通过互动在线上平台持续强曝光;同时,通过参与线上平台品牌建设活动,与 KOL 互动直播,带动主要产品系列的有效推广。在线上平台活动方面,将设计理念与时尚潮流结合,针对新品进行品牌宣传等;在直播推广方面,采用秀场直播、达人直播等不同方式,取得了较好的市场反馈。

波司登集团在品牌建设方面,既实现了内容场和中心场的突破,也实现了营销内容、直播内容、短视频内容、头部达人、平台 IP 等多维度创新和突破。在内容营销创新方面,波司登集团通过联合清华大学登山队雪山直播、在上海进行新品走秀等方式,创新直播内容和短视频内容,提升品牌势能,赋能多渠道。

当下,私域布局已经成为各个品牌的重要战略,而波司登集团在私域运营上已经走在了行业前列,在各个电商平台都聚合了大量忠实用户。

【案例分析】

在数字经济时代,全渠道网络推广已经成为网络营销不可或缺的存在,波司登集团不断整合不同新媒体平台营销手段,开展线上线下全渠道营销,向世界展示中国品牌的质量和实力。

电通集团提出 AISAS 模型,它包括注意(Attention)、兴趣(Interest)、搜索(Search)、

行动（Action）和分享（Share）5个部分，适用于数字经济时代的消费者购物决策分析历程。在AISAS模型当中，搜索与分享，是网络营销模式的一个突破，凸显出现代互联网中搜索和分享对用户决策的重要性，也标志着网络中消费者行为的改变。本模块将通过AISAS模型去分析网络营销中应该如何构建推广矩阵，进行全渠道网络推广。

单元一　引起注意

根据AISAS模型，企业在网络营销活动中首先要吸引消费者的注意和兴趣，相较于传统营销行为中经常被采用的引起消费者注意的方法，网络营销吸引用户注意的渠道和方法更多，效果也更精准。网络广告、信息流广告、跨屏营销等方式，可以从多个方面触达消费者，吸引消费者的注意力，比传统的广告媒介传播范围更广，针对的目标人群也更精准。

一、网络广告

近年来，网络广告市场快速发展，网络广告发挥的效用越来越大，企业也纷纷成立了网络广告相关的专职部门，以网络广告触达消费者，吸引消费者的注意力，开拓巨大市场，以此赢得消费者的信任、塑造品牌形象。

（一）网络广告的概念和特点

网络广告是指通过互联网渠道进行的广告投放和推广活动。它利用互联网的覆盖范围广和定位能力强的特点，将广告内容传递给特定的目标受众，以达到品牌推广、产品销售和业务增长的目的。网络广告的形式多种多样，包括搜索引擎广告、展示广告、社交媒体广告、视频广告等。

一般来说，网络广告具有以下特点：

(1) 传播范围广。网络广告的传播不受时间和空间的限制，理论上可以覆盖全球范围内的任意用户。

(2) 定向与分类明确。网络广告可以根据用户的消费兴趣、地理位置、行为习惯等因素进行定向投放，这提高了广告的精准度。

(3) 交互性强。网络广告具有较强的交互性，用户可以与之进行互动，参与程度高。

（4）形象生动。网络广告内容丰富、形象生动，可以采用多种形式，如文字、图片、视频、音频、H5等，吸引用户的注意力。

（5）低成本高回报。网络广告的成本相对传统广告更低，但回报率比传统广告高，能够以较低的成本实现较高的推广效果。

（6）定向投放。网络广告可以根据消费者的行为和兴趣进行定向投放，提高网络广告的针对性和投放效果。

（7）统计数据详尽。网络广告的投放数据可以得到详细统计，包括曝光量、点击量、转化量等，从而为广告主提供全面的数据分析支持。

（8）灵活的投放方式。网络广告可以采用多种投放方式，如按点击付费、按曝光量付费、按转化量付费等，投放方式灵活多样。

（二）网络广告实施步骤

1. 确定网络广告目标

在进行网络广告投放之前，广告主需要明确网络广告的目标。例如，提高品牌知名度、推动产品销售、引导用户参与等。明确的网络广告目标将有助于制定合适的网络广告策略和评估网络广告的效果。

2. 进行网络广告策划

网络广告策划，是在确定网络广告目标的基础上，根据企业的营销目标和计划，对企业网络广告活动进行整体筹划。网络广告策划有广义和狭义之分。广义的网络广告策划是指围绕同一个网络广告目标开展的规模较大、持续时间较长的系列网络广告活动整体策划。狭义的网络广告策划是指企业为一个或几个较为单一的网络广告活动进行策划。网络广告策划的重要任务包括确定网络广告目标受众、确定网络广告主题、选择网络广告发布渠道等。

3. 进行网络广告制作

网络广告需要注重对色彩、图形及文字等要素的设计，通过定位明确、主题突出的设计方式进行要素组合设计，在完成广告信息传达的同时，展现视觉审美风貌，完成对受众消费意愿的引导。除了完成广告内容信息传递，网络广告还需要关注受众群体的审美需求，从风格特色维度出发，打造网络广告的美学视觉效果，以此提升网络广告的传播力、感染力和影响力。

（1）深入分析消费者群体的行为特征。网络广告作为广告的一种形态，其首要目的在于完成内容传达和行为引领。因此，与一般的艺术创作相比，网络广告的视觉传达艺术设计需要从消费受众群体的视角出发，依托消费群体的行为特征来进行内容创造。

从数字经济时代消费市场的实际环境来看，当前消费群体主要具有以下两方面的表现和特征：一方面是目的性，消费者在进行消费时，会先从商品功能是否符合预期的角度来进行自身的消费行为判断，当商品功能与自身需求相契合后，消费者才能够形成消费动机。另一方面是自觉性，消费者在同类型商品中进行选择时，他们更多会选择自己熟悉、感兴趣或者能够使自己眼前一亮的商品。

这两个方面的消费行为特性，对于网络广告在内容设计上的作用在于：其一，网络广告的内容设计要坚持内容真实、信息传递高效的原则，这样才能使消费者通过直接观察网络广告快速完成商品功能和商品价值的认定，完成对商品认知的心理建构；其二，网络广告的内容设计要从消费者的心理、文化背景及情感等角度出发，进行元素选择，设计中的各个元素应当尽可能地贴近消费受众群体的一般认知，通过网络广告拉近商品与消费受众之间的距离。

（2）基于消费受众制作网络广告。首先，网络广告的制作需要明确自身的定位，清晰表达出商品特征和消费受众喜闻乐见的广告语言，使二者进行紧密融合，增强消费者在商品观察判断中的信息获取量。网络广告设计者要深入分析当前网站在展示网络广告时"为谁提供、为什么观看、怎样进行观看"的三要素，通过用户画像等方式，分析浏览网络广告的网民类型，确定目标受众并根据其性别、年龄、文化程度等特征，最终确定网络广告要素的选择。

其次，网络广告的制作需要做到主题突出，将广告的内涵呈现出来。网络广告的主题除了要表明广告所对应的商品信息，还需要传递审美价值，展现情感特色。依托文化共情来进行独特的广告设计，是当前网络广告的一个创新路径。

4. 网络广告投放

根据网络广告的目标和目标受众的特征，选择适合的平台进行投放。常见的网络广告平台包括搜索引擎平台、社交媒体平台、内容营销平台、视频直播平台、电商平台等。每个平台都有其独特的受众群体和广告投放形式，企业需要根据自身需求做出合适的选择。

（1）搜索引擎平台。此类平台可以根据关键词投放广告，并提供数据分析和广告优化，帮助企业提高曝光率和转化率。

（2）社交媒体平台。此类平台用户活跃度较高，可以根据用户属性、兴趣爱好等定位目标受众，并采用多种形式的广告投放。

（3）内容营销平台。此类平台提供品牌内容发布、公关、推广等服务，通过展示优质的品牌内容进行潜移默化的网络营销。

（4）视频直播平台。企业可以通过此类平台进行品牌代言、直播、广告短片投放等多种方式的营销。

（5）电商平台。此类平台提供商品销售和广告投放的一站式服务，适合电商行业的广告主。

5. 监测和优化网络广告效果

在网络广告的投放过程中，定期监测广告效果是至关重要的。企业可以通过分析关键性能指标和用户反馈，了解网络广告的表现，发现问题并提出改进的意见，并做出相应的优化措施，以提高网络广告的效果和回报。

企业可以利用数据分析和A/B测试等方法，深入了解网络广告的效果和用户反馈，进一步优化广告策略和投放效果。通过不断测试和改进，找到最佳方案，提高网络广告投资的回报率。

数实融合新视界

美团广告"剩饭的告别"

什么样的广告最真实、最打动人？那一定是来源于生活，又说出人们不曾留意的生活面貌或真相的广告，就像美团广告里说到的"剩饭"。

2022年6月5日，美团App上线"一起扫光盘"活动，引导用户用手机扫描吃光的餐盘，践行光盘行动。2023年4月29日，在《中华人民共和国反食品浪费法》实施两周年之际，美团整合在助力粮食节约方面的成果，联合知名餐饮品牌实现产品迭代，推出全新环保公益产品"美团小份饭"。与此同时，美团持续推进"小份菜、小份饭"专项活动，推动更多商户上线小份菜、小份饭。

说起珍惜粮食，"谁知盘中餐，粒粒皆辛苦"的诗句早已深入人心，美团小份饭就是从产品设计上真正实现了减少粮食浪费的解决方案。

吃不完饭的人，其实心里往往最不愿意浪费粮食。有了这样的洞察，也就有了更具人文关怀感。美团精心制作并发布了公益广告《剩饭的告别》，赢得了更多消费者的青睐。

(三) 网络广告特殊形态——信息流广告

1. 信息流广告的定义

信息流又叫feed流，而feed的英文含义是供给、喂送。顾名思义，信息流广告是一种依据社交群体属性针对用户喜好和特点进行智能推广的广告形式，它是位于社交媒体用户的好友动态中，或是资讯媒体和视听媒体内容流中的广告。目前，网络营销市场上的信息流广告是指：用户在使用互联网产品（服务）功能时，系统主动推送，并与产品（服务）功能混排在一起、穿插展示的原生广告。换言之，"广告即内容"。因此，信息流广告与网络广告存在一定的差异，可以视为一种特殊的广告形态。实际上，在信息流中进行广告的转化也是为了让消费者在阅读新闻或视频之类的信息时能够关注到企业的产品，从而产生购买行为。

2. 信息流广告用户画像

信息流广告推广是一个信息找人的过程，所以对受众进行分析，对人群进行精准定位非常有必要。用户画像又称用户角色，作为一种描述目标用户、联系用户诉求与营销方向的有效工具，用户画像在很多领域都得到了广泛应用，在实际操作过程中，它往往会以最为浅显和贴近生活的话语将用户的属性、行为与企业期待的数据转化联结起来。作为实际用户的虚拟代表，用户画像所形成的用户角色并不是脱离产品和市场后构建出来的，而是角色需要能代表产品的主要受众和目标群体。

目标用户画像的确定过程就是发现核心用户的过程。用户画像一般定位于地域分布、性别比例、年龄结构、知识层次、收入程度、喜好倾向、社交图谱等诸多特征。任何一种营销广告形式都离不开前期的市场策略和潜在人群划分。信息流广告要激发用户的需求，用户在浏览信息时，利用其标签和浏览行为来展现广告内容。信息流广告描绘的用户画像可分为以下三种：

（1）潜在人群。就是对产品短期内不会形成主动购买，但是会在某一特定时间内有需求的人群。比如，22~28岁的人群会有结婚的需求，18~22岁的人群会有留学需求等，这就属于潜在人群，虽然他们不会立即买单，但是有一天可能会成为目标用户。

（2）行业目标人群。就比潜在人群对某种产品或服务更有消费意愿的人群。他们近期在浏览某些产品，近期在关注某些品牌，但是还没有下决心购买。企业要使该类人群成为目标用户，就需要重点把信息流广告投放到这类人群当中，有利于提升转化率。

（3）品牌忠诚人群。就是熟知企业的品牌，并且近期会有成交意愿的人群。在信息流广告中，品牌忠诚人群不一定比行业目标人群重要，但是也是需要抓住的。这不仅有利于防止用户被竞争者抢走，而且还能降低成本。

3. 信息流广告制作

（1）明确广告目的和受众。在制作信息流广告前，需要明确广告目的和受众。例如，广告目的是提高品牌知名度、促进销售还是推广新产品等，以及受众的年龄、性别、兴趣爱好等特征。明确广告目的和受众可以帮助企业更好地选择合适的信息流广告的主题、素材和表现形式，以提高其精准度和点击率。

（2）结合创意与广告目的和受众。在明确广告目的和受众后，需要将创意与广告目的和受众结合起来。创意要能够引起受众的兴趣并传达广告信息，同时创意也要符合受众的品位和行为特征。例如，某信息流广告的目的是推广一款女性化妆品，那么创意可以包括时尚、护肤等元素，以吸引女性用户的关注。

（3）制作高质量的广告素材。信息流广告的素材需要较高的质量，包括清晰度高、稳定性好、音效良好等。在制作素材时，需要选择合适的器材和场地，并进行精心的后期制作。此外，在制作素材时也需要注重细节，如色彩搭配、图文排版、背景音乐等，以提升广告的质量和吸引力。

（4）优化视频广告创意和表现形式。信息流广告的创意和表现形式需要不断地被优化。通过不断地测试和调整，企业可以找到最合适的广告长度、形式、配色、背景音乐等元素，以提高广告效果。

4. 信息流广告投放的注意事项

在进行信息流广告投放时，需要注意以下三个方面：

（1）基于用户需求进行投放。要想投放好信息流广告，首先需要有一个好的广告创意。而好的广告创意必须以用户需求为基础。只有从用户的角度出发，才能创造出最能打动用户的信息流广告。因此，在设计和制作信息流广告时，要深入了解用户的需求和兴趣爱好并将其融入广告创意。例如，可以运用情感营销策略，从用户关注的热点话题入手创作广告内容，同时结合用户需求切入痛点，从而达到与用户产生共鸣的效果，进而提高信息流广告的点击率和转化率。

（2）个性化推送。在信息流广告投放中，要根据用户的兴趣爱好等因素进行个性化推送。具体来说可以从以下两个方面入手：首先，基于大数据技术对用户的浏览记录、点击记录等数据进行分析，从而挖掘出用户的兴趣爱好并为其推送相关的信息流广告；其次，利用人工智能技术对用户的文字、语音、图像等信息进行分析，从而判断用户的需求和兴趣并为其推送个性化的信息流广告。例如，基于机器学习算法的推荐系统可以根据用户的浏览历史为其推荐相似的商品或服务信息流广告，从而吸引用户点击并提高信息流广告转化率。

（3）实时调整策略。在信息流广告投放过程中，还需要根据用户的反馈和数据分析实时调整策略。具体可以从以下两个方面入手：一是根据用户的点击率、转化率等数据表现调整信息流广告的展现形式、位置、频率等参数，从而优化信息流广告的效果；二是及时收集和分析用户的反馈信息，尤其是负面反馈，这对提高信息流广告投放效果至关重要。通过分析负面反馈，可以发现广告创意或投放策略的问题并进行改进或调整，从而提升信息流广告的效果。

> **职业道德与法规**
>
> ## 《互联网广告管理办法》出台
>
> 党的二十大报告明确提出："健全网络综合治理体系，推动形成良好网络生态。"为切实维护公平竞争、规范有序的市场秩序，保护消费者合法权益，更好地为互联网广告业健康发展营造良好的市场环境，国家市场监管总局公布了《互联网广告管理办法》（以下简称《办法》），并于2023年5月1日起施行。对于社会各界诟病比较集中的互联网广告问题，如弹出广告"过多过滥"、直播卖货乱象频出、明星网红虚假代言等，《办法》都予以进一步规范，着力增强对互联网广告监管的力度。
>
> 例如，针对弹出广告"过多过滥"问题，《办法》进一步对"一键关闭"情形进行了细化规定，增设了广告发布者的法律责任，强化对违法行为的惩戒力度。
>
> 《办法》第十条规定，以弹出等形式发布互联网广告，广告主、广告发布者应当显著标明关闭标志，确保一键关闭，不得有下列情形：
>
> （一）没有关闭标志或者计时结束才能关闭广告；
>
> （二）关闭标志虚假、不可清晰辨识或者难以定位等，为关闭广告设置障碍；
>
> （三）关闭广告须经两次以上点击；
>
> （四）在浏览同一页面、同一文档过程中，关闭后继续弹出广告，影响用户正常使用网络；
>
> （五）其他影响一键关闭的行为。
>
> 启动互联网应用程序时展示、发布的开屏广告适用前款规定。
>
> 同时，《办法》第二十六条规定，以弹出等形式发布互联网广告，未显著标明关闭标志，确保一键关闭的，依照广告法第六十二条第二款规定予以处罚。广告发布

者实施前款规定行为的，由县级以上市场监督管理部门责令改正，拒不改正的，处五千元以上三万元以下的罚款。

针对群众反映集中的智能家电、导航设备、智能交通工具等屡屡弹出广告、影响消费体验甚至交通安全的问题，《办法》第十七条明确规定，利用互联网发布、发送广告，不得影响用户正常使用网络，不得在搜索政务服务网站、网页、互联网应用程序、公众号等结果页面中插入竞价排名广告。未经用户同意、请求或者用户明确表示拒绝的，不得向其交通工具、导航设备、智能家电等发送互联网广告，不得在用户发送的电子邮件或者互联网即时通信信息中附加广告或者广告链接。

二、跨屏营销

跨屏营销是指在不同的屏幕设备上（如电视、计算机、智能手机、平板电脑等）进行整合和协调的营销活动。随着移动设备的普及和多屏幕使用者的增加，跨屏营销已成为企业在数字经济时代有效推广品牌和吸引目标受众的重要策略。

（一）跨屏营销的特点

1. 多屏协同

跨屏营销的核心思想是通过不同屏幕设备之间的互动和协同，提供一致的品牌体验和信息传递服务。用户可以在不同的屏幕上无缝切换，获得连贯、一致的内容和交互体验。

2. 受众定位和行为分析

跨屏营销需要基于受众的特征和行为进行定位和分析。通过收集和分析用户在不同屏幕上的行为数据，了解他们的兴趣、偏好和购买行为，以更精确地投放广告和个性化内容。

3. 一体化管理和测量

跨屏营销需要将不同屏幕设备上的营销活动整合在一起，通过使用跨屏广告平台和数据分析工具，统一管理和测量其效果。企业在跨屏营销中要实现集中管理、跟踪和优化。

（二）跨屏营销的策略

1. 响应式网页设计

在跨屏营销中，一个重要的策略是采用响应式网页设计（Responsive Web Design，RWD）。响应式网页设计能够根据不同屏幕尺寸和设备类型自动调整布局并显示内容，提供良好的用户体验。

2. 统一的品牌形象

在跨屏营销中,品牌需要保持统一的品牌形象和视觉风格。这样无论用户在哪个屏幕上与品牌进行互动,都能够感受到一致的品牌价值和用户体验。

3. 跨屏广告投放

通过跨屏广告投放,企业可以在不同屏幕上展示相关的广告内容,以吸引用户的注意力和兴趣。跨屏广告可以根据受众的设备和行为特征进行定向投放,提高广告的精准性和效果。

4. 跨屏互动体验

为用户提供跨屏互动体验是跨屏营销的重要策略之一。企业可以通过以下方式实现跨屏互动:

(1)同步体验。在不同屏幕设备上提供同步的互动体验。例如,用户可以在电视上观看一个广告,并使用手机扫描二维码或打开相关应用程序参与互动活动。这种同步体验可以增加用户参与度和品牌互动深度。

(2)互动游戏和应用。品牌可以开发跨屏互动的游戏和应用,让用户在不同屏幕上进行互动和参与。

(3)社交媒体互动。将社交媒体与跨屏营销结合起来,引导用户在不同屏幕上进行社交互动。企业可以在电视广告中提供特定的社交媒体标签或特效,鼓励用户在手机或平板电脑上分享他们与品牌相关的内容和体验。

(4)跨屏购物体验。通过整合不同屏幕设备上的营销活动,企业可以提供更便捷和无缝的购物体验。例如,用户在电视上看到某个产品广告后,可以使用手机或平板电脑进行在线购买。

(5)数据整合与个性化推荐。跨屏营销可以收集不同屏幕设备上的用户行为数据并进行整合和分析。通过对用户行为的深入分析,企业可以提供个性化的广告和推荐,提高用户的参与度和购买意愿。

(6)优化跨屏用户体验。企业需要不断优化跨屏用户体验,确保用户在不同屏幕设备上能够顺畅地进行转换和交互。优化内容包括页面加载速度的提升、用户界面的统一性和易用性、内容的适配性和呈现方式等方面。

总而言之,跨屏营销是在不同屏幕设备上进行整合和协调的营销活动,通过提供一致的品牌体验和信息传递,吸引目标受众并实现营销目标。企业需要关注用户数据的隐私保护，并遵守相关法规和准则，确保合规操作，赢得用户信任。

（三）跨屏营销的发展

随着移动设备的普及和数字化时代的发展，跨屏营销将持续发展和演变。

1. 智能化和个性化

随着人工智能和机器学习技术的不断进步，跨屏营销将更加智能化和个性化。通过对用户行为数据的深入分析和个性化推荐，企业可以更准确地定位目标受众，提供个性化的广告和内容，增强用户体验和品牌互动。

2. 跨平台整合

跨屏营销将更加注重不同平台之间的整合和协同。例如，将智能电视广告、计算机网页、手机应用等不同平台上的营销活动进行整合，提供一致的品牌体验和信息传递。

3. 视频和移动应用优先

视频广告在跨屏营销中将扮演越来越重要的角色。用户对于视频内容的需求和接受度不断增加，企业可以通过视频广告在不同屏幕上传达品牌形象和故事，引起用户的兴趣和共鸣。此外，移动设备作为用户主要的屏幕之一，企业需要优先考虑移动设备上的用户体验和广告投放策略。

4. 跨屏营销的行业应用范围不断扩大

跨屏营销不仅适用于消费品牌，也逐渐在各个行业的应用中发挥作用。例如，在智能家居领域，企业可以通过多屏设备进行用户教育、产品演示和购买推荐，提供全方位的智能家居体验。

随着技术的不断发展和用户行为的变化，跨屏营销将持续演进并适应新的趋势和挑战，为品牌创造更多机会和增长潜力。

数实融合新视界

361°的跨屏营销

近年来，慢跑鞋成为竞争最为激烈的运动产品之一，国内外各厂家纷纷推出具有标志性的科技产品，市场竞争趋于白热化。当网络、视频网站、移动应用等领域快速兴起的时候，如何能够打破传统产品营销坚冰，成为业内共同关注的话题。

在361°概念新品——NFO新技术跑鞋上市之际，361°联合全国最大的多屏整合数字广告平台，共同完成了一次跨屏营销，使消费者快速建立对361°跑鞋的差异化认知。

该跑鞋主广告以富媒体形式呈现在各大网站页面上，用户通过PC端浏览时，跑鞋各个"磁能配件"会飞入屏幕并慢慢合成跑鞋，配以文字说明，呈现出强烈的视觉冲击，随后播放商业电视广告（Television Commercial，TVC）片段，当播放到一半时画面停止并展示二维码。用户可以通过手机或平板电脑扫描PC端屏幕上的二维码，进入"磁能配件"互动游戏，并且在进行手机或平板电脑操作时，PC端屏幕也会联动起来。当完成游戏化操作后，"磁能配件"将在手机或平板电脑屏幕上浮起，最终飞入PC端广告位中，融到TVC运动员的脚上，随之TVC继续播放。

整个过程361°将多个媒体通道连接在一起，通过HTML5技术打造了PC端及移动端两大互动体验站点。围绕受众生活轨迹，通过大数据的方式，聚拢目标受众人群，通过多屏联动的方式，利用媒体组合形成更强的传播力，全方位影响目标消费群体，让用户在广告中直观地体验到该产品的科技魅力，为网络营销提供了一个值得借鉴的新方法。

单元二　引起兴趣

在数字经济时代，消费者对各种粗制滥造的硬广告失去了兴趣，对于一般的网络广告也产生了疲劳感，而具有转化效果的软植入型广告相对更受消费者欢迎。企业一般会组建一个成熟的内容运营团队，通过输出强有力的内容去塑造和传递企业的价值和产品。例如，图文营销和短视频营销就是当前十分受欢迎的软植入型网络营销方式，以此引起消费者的兴趣。

一、图文营销

图文营销是一种网络营销手段，旨在通过图文内容的创作和传播来介绍和推荐某个产品、品牌或服务，以引发读者的兴趣和购买欲望。图文营销常见于社交媒体平台和电子商务平台等网络渠道，具有一定的推广效果和影响力。

（一）进行图文营销的原则

进行图文营销的原则主要包括以下几点：

（1）相关性原则。图文与关键词必须相关，以提高用户的黏性并解决相关的点击问题。这样可以确保图文营销信息能够准确地传达给目标受众，提高点击率和转化率。

（2）清晰性原则。选用的图片应清晰明了、主题明确，避免使用模糊或不相关的图片，以免让用户感到困惑。清晰的图片有助于吸引用户的注意力，并传达明确的信息。

（3）一致性原则。图文营销应保持品牌的一致性。无论是文字还是图片，都应与品牌形象和风格相符合，以加强品牌的识别度和统一性。

（4）目标导向原则。图文营销应有明确的目标和目的，如提高品牌知名度、促进销售、推广新产品等。所有的图片和文字都应围绕这个目标进行设计和编写，以确保营销活动的有效性。

（5）用户友好性原则。图文营销应考虑到用户的需求和体验，创作的图片和文字都应易于理解和阅读，同时要考虑不同设备和屏幕的适配性。对用户友好的设计可以提高用户的参与度和转化率。

这些原则可以帮助网络营销创建出有效且吸引人的图文营销内容，提高网络营销活动的成功率和效果。同时，也需要注意不断跟进市场趋势和用户需求的变化，以适时调整和优化图文营销策略。

（二）图文营销的策略

图文营销作为一种网络营销方式，需要综合考虑目标受众、传播渠道和内容策略，确保营销效果的最大化。图文营销的策略包括以下几种：

（1）故事化策略。通过图文结合的方式，讲述一个引人入胜的故事，以吸引用户的注意力，争取形成情感共鸣。这种策略可以帮助企业建立与用户的情感连接，提高用户黏性和忠诚度。

（2）简约化策略。以简洁明了的图文设计突出核心内容，避免冗余信息过载。这种策略可以提高用户的阅读体验和理解程度，增强品牌的辨识度。

（3）视觉冲击力策略。通过视觉冲击力的图片和文字内容，吸引用户注意力。这种策略可以提高品牌的曝光度和关注度，增强用户对品牌的记忆度。

（4）教育性策略。通过图文结合的方式提供有价值的教育性内容，帮助用户解决问题、获取知识或提升技能。这种策略可以树立企业的专家形象，提高用户的信任度和满意度。

（5）引导性策略。通过图文设计引导用户的视线和注意力，使用户按照特定的路径浏览信息，以达到网络营销的目的。这种策略可以提高用户的参与度和转化率，实现营销引导目标。

(6) 情感化策略。通过图文结合的方式传达情感化的信息，触动用户，形成情感共鸣，增强品牌与用户之间的情感联系。这种策略可以打造品牌的情感化形象，提高用户的忠诚度和口碑。

(三) 图文结合的营销技巧

在图文营销中，图文结合的方式有很多，以下是一些常见且有效的营销技巧：

(1) 平衡图文比例。过多的文字可能会让用户感到疲劳，而过多的图片则可能无法传达足够的信息，应根据内容的需求和用户的阅读习惯，合理分配图片和文字的比例。

(2) 突出视觉焦点。使用大图、色彩对比或布局设计等方式，突出图文中的视觉焦点，吸引用户的注意力。

(3) 保持图文风格一致。确保图片和文字的设计风格一致，以增强整体的视觉效果和品牌的辨识度。

(4) 使用图标和符号。用简洁的图标和符号代替复杂的文字，增加图文的美观度和易读性。

(5) 使用引导性文字。在图片中添加引导性文字，帮助用户更好地理解图片内容，同时改善用户的阅读体验。

(6) 巧用空白和排版。图文内容排得过密会影响阅读，通过合理的空白和排版设计，使图文内容更加清晰、有序，提高用户的阅读体验。

(7) 创造互动元素。在图文中添加互动元素，如问答、投票、评论、购买链接等，吸引用户的参与和互动，提高用户的参与度。

(四) 图文营销的发展趋势

图文营销的发展可能会受到多个因素的影响，包括技术发展、消费者行为变化以及市场需求演变。以下是一些可能的发展趋势：

(1) 加入增强现实（Augmented Reality，AR）等技术的应用。随着AR等相关技术的不断发展，图文营销会进一步融入这些先进技术，提供更具沉浸感和交互性的体验。例如，消费者可以通过AR技术在现实世界中看到产品的虚拟展示。

(2) 动态内容兴起。静态的图文营销可能会逐渐被动态内容所取代。如短视频、GIF动图、H5等动态内容，能够吸引用户的注意力并更好地传达信息。这种动态的图文营销也可以在短视频网站上进行。

(3) 个性化和定制化内容增加。随着消费者个性化需求的增加，图文营销会更加注重个性化和定制化。品牌可能会根据消费者的兴趣和需求，提供定制化的图文内容，以提高营销效果和用户体验。

（4）营销策略的数据驱动性增强。数据将在未来的图文营销中发挥更加重要的作用。企业会利用数据分析工具来跟踪和分析消费者的行为、兴趣以及购买习惯等，以便制定更加精准和有效的营销策略。

数实融合新视界
H5图文广告实现良好传播效果

人民日报与网易有道共同制作反映祖国改革开放40年变迁的H5，通过图文与用户互动，实现了较好的宣传推广效果。

如图4-1所示，用户打开H5进入界面后首先看到的是红色的幕布，然后从1978年开始的每个十年，都用相应的图文展示时代变迁，纪录40年来中国人民生活方式的改变与重大的事件。每个十年的图文内容在展示后长按可由大变小成为一个时代的缩影直至消失，给人一种穿越时空的感觉，不断变换的场景，让用户在观看的过程中体验到改革开放以来中国的变化。

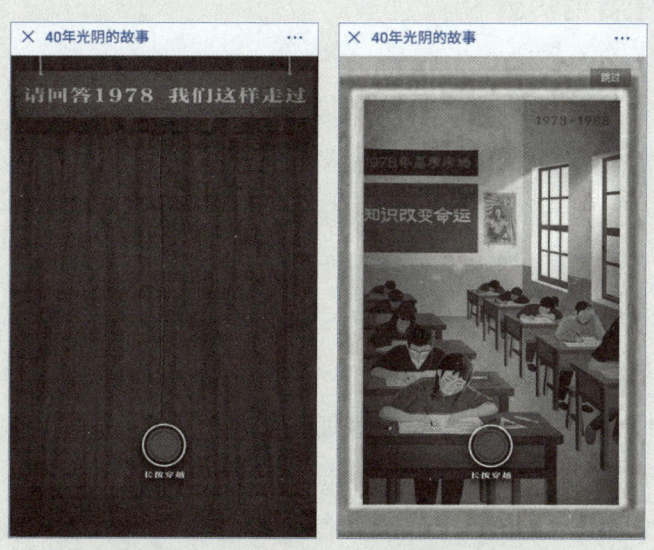

图4-1　人民日报与网易有道的H5广告

在创意定位方面，该广告体现改革开放的时代变迁，将时代大事件与个人小事件巧妙结合；在逻辑策划方面，H5分为两个部分，前半部分展示时代变迁，纪录中国人民生活方式的改变，后半部分用户选择重返改革开放的不同时期，生成个性化的用户故事；在用户体验方面，用户选择不同年代进行穿越，匹配个性化的故事，

> 把改革开放大事件关键词与用户情感很好地结合了起来，文案具有趣味性；在媒体传播方面，人民日报客户端、微信、微博，以及其他主流媒体等都对此广告进行了传播，实现了较好的传播效果。

二、短视频营销

（一）短视频营销的定义

短视频营销是一种通过短时长视频内容进行品牌推广和营销的策略，这种形式的营销活动主要在社交媒体平台和短视频平台上进行。

短视频营销必须在短时间内引起用户的注意并传达核心信息。成功的短视频营销通常依赖于创意和吸引力，而独特的创意和引人入胜的内容能够引发用户的兴趣。总而言之，短视频营销是一种快速、直接、富有创意的推广方式，适用于各种产品和服务。企业在制定短视频营销策略时应考虑目标受众、平台选择、创意制作等因素。

（二）短视频营销实施

1. 短视频内容创意确定

（1）确定短视频题材。不同题材的短视频作品有不同的创作方法。常见的题材有：幽默类、生活技巧类、数码类、美食类等，不同类型题材所对应的素材各不相同。例如，某国产食品品牌选择题材时紧紧围绕中国传统文化，田园化、绿色化就构成了该品牌短视频的调性。再如，数码类产品更新速度较快，结构复杂，在从事相关营销活动时就需要及时获得第一手的素材，快速进行制作处理和上线传播。

（2）确定短视频主题。主题就是短视频所要表达的中心思想，就是通过短视频想要向观众传递的信息。但它是决定短视频质量的关键。

（3）确定短视频故事情节。故事情节是短视频拍摄的主要部分，包含六要素：时间、地点、人物、起因、经过、结果。只有在梳理清楚故事情节的发展之后，才能决定需要收集哪些素材、需要使用何种拍摄道具，以及短视频中的人物造型、拍摄背景、镜头风格、背景音乐等内容。除此之外，在后期剪辑时，剪辑师只有先理解故事的整体脉络，才能知道将哪些素材剪辑到一起更合适。

（4）撰写短视频脚本。短视频最大的特点就在于"短"，将内容浓缩在几分钟甚至几十秒的时间里，既保证主题鲜明又保证内容精简。因此，在进行短视频策划时，大多创作者都会选择脚本进行最初的规划。脚本侧重于表现故事脉络的整体方向，相当于主线，可分为文学脚本、分镜头脚本和拍摄提纲等不同类型，每种类型所使用的短视频类型也各有不同。

2. 短视频拍摄

短视频拍摄是以镜头为最基本的语言单位，而流动性就是镜头主要的特性之一。镜头的移动涉及短视频中空间、时间的变化，而观众在观看短视频时所感受到的时间变化与节奏变化，都是因为镜头流动而产生的。每个事件都有其事态发展的过程，而在短视频中就是通过镜头流动，将事件的发展过程如实、流畅地表现出来，使短视频的视觉表现力增强。通过镜头流动可以使画面充满魅力，给观众营造出独特的意境。

（1）选择镜头角度。镜头的角度对短视频画面呈现的效果尤其重要，使用不同的角度拍摄，镜头带来的作用也会有所不同。常用的镜头角度包括以下几种。

① 鸟瞰式角度。鸟瞰式角度就是直接从被拍摄物的正上方拍摄，属于高角度的镜头拍摄，一般会营造出比较宏伟全面的感觉。

② 仰角式角度。和鸟瞰式角度相反，仰角式角度会增加短视频中被拍摄物的高度，也更加容易突出拍摄主体的重要性。在很多短视频中，仰角拍摄多用于对人物形象的刻画，通常会让观众产生尊敬、高大、庄严的感觉。

③ 水平式角度。水平式角度很多短视频都在运用，其视觉效果和观众平时生活中观察事物相似，观众看到的人或物不容易变形。选择水平式角度，大多会让观众感到公正、客观。

④ 倾斜式角度。这是比较特别的一种拍摄角度，使用得比较少，因为倾斜式角度拍出来的画面会给观众带来压迫、焦虑的感觉。

（2）确定拍摄环境。短视频拍摄在场地的选择上分为室内和室外两种，无论是选择室内还是室外拍摄，都要保证环境的安静。一般情况下，一些采访、情景剧等类型的短视频会选择在室外拍摄，背景通常以街景为主，或者选择在一些有代表性建筑的场景拍摄；而美食类、手工制作类的短视频则会选择在室内拍摄。在拍摄过程中要处理好拍摄主体和背景的关系。如果以人为拍摄主体，那么环境应保持整洁，不应有过多的装饰物分散观众的注意力，避免喧宾夺主。

（3）合理运用光线。在短视频拍摄过程中，光线的角度以及强度对画面呈现出来的意境有着很大的影响，这就要求拍摄者根据短视频所需要呈现的场景和画面进行合理的布光，以营造更好的拍摄环境。

在短视频拍摄过程中，在光线的选择方面有顺光、侧光、逆光和顶光等。

3. 短视频后期制作

在短视频营销中，后期制作是一个至关重要的环节，合理的制作能够将原始的拍摄素材转化为引人入胜的短视频内容。以下是进行短视频后期制作的一些主要步骤：

（1）视频素材整理与剪辑。① 整理素材。将拍摄的所有素材进行整理，分类存放，方便后续的剪辑工作。② 剪辑视频。使用专业的视频编辑软件对素材进行剪辑，保留精彩的部分，去除冗余和无关的内容。

（2）音频处理。① 选择背景音乐。选择与视频内容相匹配的背景音乐，增强视频的感染力和观感。② 添加音效。在适当的地方添加音效，如转场音效、环境音效等，提升视频的听觉体验。③ 调整语音。如果视频中包含人声，需要进行音量调整和降噪处理，确保人声语音清晰。

（3）画面调整。① 色彩调整。根据需要进行色彩调整，如增加饱和度、对比度等，使画面更加鲜艳、生动。② 画面裁剪与缩放。根据需要裁剪或缩放画面，去除多余部分，突出主题。③ 转场效果。在两个不同素材之间添加转场效果，使视频过渡更加自然、流畅。

（4）添加字幕并设计标题。① 添加字幕。在适当的地方添加字幕，解释视频内容或强调关键信息。② 设计标题。设计吸引人的标题，吸引观众点击观看。

（5）添加特效与动画。① 添加特效。根据需要添加特效，如滤镜、光效等，增强视频的视觉效果。② 添加动画效果。在适当的地方添加动画效果，如文字动画、元素动画等，使视频更加生动有趣。

4. 短视频分发

微课：短视频平台及用户画像分析

（1）遵循短视频分发机制。建立短视频平台的算法推荐机制的目的是为用户推荐精准匹配的内容，它的价值在于帮助用户解决内容信息过剩和短视频内容遴选困难等。推荐机制运作原理是让系统准确了解待推荐的内容，分析被推荐的用户的画像，经过判断内容、匹配用户后实现精准分发。

一般而言，短视频平台算法推荐机制运作流程是这样的：创作者将视频发布后，系统便会解读、提取出短视频的关键信息，将视频推荐给微量用户群体，这个群体可能是系统默认的对短视频内容感兴趣的用户。系统统计首次分发到的用户的观看数据、互动数据等，并将这些数据作为是否推荐到下一个流量池的依据，如果短视频数据表现良好，短视频就会进入良性推荐循环，不断地被推荐给更多人。

以抖音为例，每天有数量庞大的新作品被上传至抖音的平台上，双重审核成为抖音算法筛选视频内容的第一道门槛。抖音通过机器审核和人工智能模型来识别短视频的画面和关键词，审核作品、文案中是否存在违规行为；抖音会对海量作品进行消重和匹配，对内容重复的作品进行低流量推荐。审核通过后，就会推荐至平台进行分发。

（2）建立短视频矩阵。企业在进行短视频营销时，可以考虑建立短视频矩阵。例如，在抖音、快手、微信视频号、B站、微博、火山短视频、西瓜短视频等头部短视频分发平台建立账号，分发短视频内容，在各个平台间的动作一般要同步。

企业在不同平台分发短视频内容时，要对不同平台进行差异化定位。虽然短视频内容要与平台的调性相符，但是短视频风格要与品牌调性保持一致，使不同平台用户群都能对品牌形成统一认知。

5. 短视频流量转化

近年来，随着短视频领域的井喷式发展，围绕着短视频行业而展开的各类流量转化方式层出不穷，除了各大短视频平台纷纷推出各种营销产品以外，还有很多平台在原有核心产品上增加了短视频功能，探索"短视频+"新玩法，"短视频+品牌营销""短视频+电商引流"和"短视频+知识付费"成为当下热门的短视频流量转化模式。

（1）"短视频+品牌营销"。"短视频+品牌营销"的流量转化方式主要通过创意内容吸引用户关注，利用短视频平台的广泛传播力实现品牌信息的快速扩散。在短视频中融入品牌故事、产品特点，通过故事情节、视觉效果和用户互动，提高用户对品牌的认知度和好感度。同时，结合短视频平台的定位和推荐算法精准触达目标用户群体，提高营销效果。此外，通过短视频与用户的互动收集用户反馈，不断优化产品和服务，形成品牌与用户之间的良性互动。

（2）"短视频+电商引流"。"短视频+电商引流"的流量转化方式主要依赖于短视频的吸引力和互动性。首先，短视频平台通过精准的用户画像和推荐算法，将具有购买意向的用户引导至电商页面。其次，短视频创作者利用创意内容展示产品特点和使用场景，激发用户的购买欲望。同时，短视频营销中的优惠活动、限时抢购等策略也能有效促进用户下单。最后，短视频平台与电商平台的无缝对接简化了购买流程，提高了转化率。整体而言，短视频通过其直观、生动的形式，为电商引流并实现了有效的流量转化。

（3）"短视频+知识付费"。"短视频+知识付费"的转化方式主要是通过短视频平台提供高质量、有价值的知识内容，吸引用户付费学习。首先，创作者需要制作专业、深入浅出的短视频课程，满足用户对知识的需求。其次，通过平台推广和用户口碑传播，扩大课程影响力。同时，设置合理的付费模式，如会员制等，让用户能够便捷地获取知识。最后，持续优化课程内容和用户体验，形成良好的知识付费生态，实现用户付费意愿的转化。这种方式既为知识创作者提供了新的转化途径，也为用户提供了高效、便捷的学习方式。

数实融合新视界
通过短视频营销获取价值认同

新年伊始，蒙牛就用一支《开年要强，健康好彩头》的跨年短视频刷新了人们对蒙牛广告的印象。

在这个短视频中，蒙牛将品牌深耕的体育内容与大众的日常生活场景做了一次次"脑洞拼接"，让人耳目一新。每一个片段用短短几十秒呈现出了一个个人们熟悉而又处处新鲜的过年场景：当热腾腾的饺子被端上了暖和的东北炕桌，人人都盼望着能吃到那颗包着硬币的幸运饺子，与来年好运撞个满怀；广东的醒狮作为本土非遗文化，更是春节少不了祈福仪式，醒狮采青大赛里，抢到那一口"青"的舞狮队伍，就能给自己村子带来好运（见图4-2）；北京四合院里，除夕夜全家合力挂灯笼成了每年过年祈福的重要环节，挂得越高兆头越好；而在"繁花"似锦的上海，一串看不到尽头的鞭炮，从标志性的弄堂延伸到上海外滩，穿过黄浦江遥望东方明珠……

除了各地年俗带来的熟悉与亲切，短视频中同样让人感到熟悉的，还有蒙牛的"体育基因"——各种健身运动以意想不到的形式融入了年俗活动。例如，参与醒狮采青的后生们，个个都有着健美身姿，这才能在腾挪跳跃间舞出凛凛威风；再如，绵延不绝的鞭炮，在健身人的手里也变成了开启新一年体能训练的战绳。

图4-2　蒙牛短视频创意截图

> 蒙牛此次短视频营销找准了消费者真正感兴趣、会传播的创意点,并坚持延续了"开年要强,健康自然好彩头"的创意点。在探索画风与坚守价值之间,蒙牛不仅仅是在打造着一个个营销热点,更在逐步构建一种独特的国民认知和认同感——在这些多样化的内容传播里,蒙牛始终以体育元素、健康产品与要强精神的传达,扮演着大众精神鼓励者、生活陪伴者和健康营养供给者的品牌角色。当品牌不只是将产品融入人们的生活,更凭理念获得消费者情感上的认可,那么它自然就获得了难以替代的地位。

单元三　引导搜索

在经过前两个阶段后,目标人群对产品有一定的兴趣后就会产生搜索行为。目标人群会通过线上或者线下渠道来收集产品或服务的相关信息。在引导搜索阶段,企业应当要做好搜索引擎优化,保证消费者在搜索企业的品牌词和产品词时,这些关键词能够出现在搜索结果较占优势的位次上,可以引导用户进一步地了解产品或服务的特性,同时影响用户的购买决策。

一、搜索引擎优化

搜索引擎优化(Search Engine Optimization,SEO),就是针对各种搜索引擎检索的特点进行优化,让网站更适合搜索引擎检索原则,从而获得搜索引擎收录并且在排名中靠前的行为。面对竞争日趋激烈的市场,企业要想获得更多的用户关注,对现有网站进行SEO是非常必要的。搜索引擎优化后的网站应该方便搜索引擎检索信息,并且返回的检索信息让用户看起来很有吸引力,这样才能达到搜索引擎优化的目的。

搜索引擎优化和关键词竞价目的基本一样,就是使企业的信息尽量在搜索结果中排名靠前。不过关键词竞价是以点击付费为代价使信息排名靠前的,因此在可控性上更灵活、更直接;与之相比,搜索引擎优化则是基于搜索引擎自然检索规律的低成本网站设计与维护行为,它是一项长期工作,效果稳定而且适合多个搜索引擎。

搜索引擎优化不是只优化搜索引擎而无视客户优化的行为。从本质上说,它要迎合广大用户,就必须提供满足用户需要的数据库,它的信息对用户而言也必须是优化过的。因此，从本质上说，网站的搜索引擎优化工作也是对用户的优化工作。搜索引擎优化可以采取如下的策略：

（一）确定核心关键词

在核心关键词的选择上，可分三个方面进行：首先是产品和服务的名称，因为用户一般都会输入产品或服务的名称来进行搜索，而不是输入自己公司名字，除非本公司是业内著名公司；其次是企业或品牌名称，最后是行业简称。另外，把产品和服务名称和公司、品牌、行业等进行组合，也能产生高质量的核心关键词。

（二）精心设计网页标题

在搜索引擎优化中，精心设计的网页标题非常重要，因为它不仅影响搜索引擎对网页内容的评估，还直接决定用户是否愿意点击访问。一个优秀的网页标题应该简洁、明确，同时包含关键词，以吸引搜索引擎和用户的注意力。标题应该准确地反映网页的核心内容，避免使用过于宽泛或模糊的词汇。同时，标题的长度也需要控制得当，网页标题不宜过短或过长，应概括网页的核心内容，既要保证包含关键词，又要避免关键词过长而被搜索引擎截断。一般来说，6~10个汉字的长度比较理想，标题长度最好不要超过30个汉字。此外，标题中还可以适当使用特殊字符或格式来突出关键词，提高点击率。总之，需要结合关键词分析、用户需求和网页内容精心设计网页标题，通过巧妙的创意和策略，打造出既符合搜索引擎优化规则，又能吸引用户点击的优质标题。

（三）优化网页标签

网页标签用来描述一个HTML网页文档的属性，如作者、日期和时间、网页描述、关键词等。如果企业网站（网店）的关键词出现的频率不够，可以在标签设计时进行适当重复，以此来提高关键词的密度，增加被搜索引擎收录的机会。早期的搜索引擎推广中meta标签[①]曾扮演过举足轻重的作用，很多网站通过在meta标签中堆叠关键词以获得更好的排名。但随着搜索引擎技术的发展，这种方法已经过时了，过多的关键词堆叠反而会被搜索引擎认为是恶意作弊，严重的还会被搜索引擎从索引库中删除。虽然meta标签的作用已经没有以前那么大，但它仍然是搜索引擎判断网页内容的重要参考，因此还需要重视。

---

① meta标签是HTML中提供关于网页文档元数据的标签。

(四)重视外链的数量和质量

外链(Inbound Link)即"来自外部网站的链接",也就是通常所说的一个网站被其他网站链接的数量。来自其他站点的链接越多,自己的网站获得的访问量就越多。更重要的是重视网站的外链的质量。一个高质量的外链的重要程度高过多个低质量外链的效果。外链质量越高,搜索引擎就会认为该网页价值越高,从而给出更高的排名。所以,一味和其他网站做交换链接并不一定能收到好的效果,有时候反而会适得其反。

除了上面提到的几方面内容以外,还有一些因素也会对搜索引擎排名产生一定的影响,如域名的级别、主机的稳定性、网站内容的学术价值、网站内容更新频率、是否存在关键词堆砌、是否存在复制内容及不合理网页重定向等,由于篇幅所限,这里不再做详细介绍。

二、搜索引擎营销

(一)搜索引擎营销的概念

搜索引擎营销(Search Engine Marketing,SEM)是一种基于搜索引擎平台的网络营销方式。它利用人们对搜索引擎的依赖和使用习惯,将企业的信息传递给目标用户。简单来说,SEM就是通过优化搜索引擎的搜索结果以及付费广告,提升网站在搜索引擎中的曝光度和可见性,从而吸引更多有针对性的流量,并促进转化和业务增长。

通过搜索引擎营销,企业可以有效地提高品牌在搜索引擎中的知名度和影响力,吸引更多的潜在客户,进而实现营销目标和业务增长。同时,搜索引擎营销也需要不断地优化和调整策略,以适应搜索引擎算法的变化和市场竞争的变化。

(二)搜索引擎营销用户定向识别

搜索引擎营销用户定向识别就是通过平台智能化技术手段,精准识别客户并实施营销资源分发,常用的方法包含使用高质量的关键词、优化投放地域和时段、搜索意图定位、目标客户追投、个性化推荐等。

1. 使用高质量的关键词

在搜索引擎营销中,关键词起着非常重要的作用,它是甄别目标客户、锚定准客户、实现精准引流的重要依据和手段。策划高质量的关键词对于企业的搜索引擎营销活动十分关键，它决定了企业能否以较低的竞价获取较好的搜索排名、更多的展现量以及点击率和订单转化率等。

2. 优化投放地域和时段

根据行业目标用户地域分布、活跃时段等用户画像分析，定向设置关键词推广投放地域，为计划设置推广地域后，只有当该地域的网民搜索时，才会出现企业的推广结果。不同的推广计划可以面向不同的地域推广，从地理位置角度精准定位企业的潜在客户。通过"人群—地理"位置双维定向方式，精准定位目标人群。

企业还可以为推广计划设置推广时段管理，此方式适用于周期性的推广。推广时段管理即以小时为单位来设置暂停。在暂停期间，指定范围内的推广结果将不再展现在网民面前。

3. 搜索意图定位

在搜索引擎营销推广中，启用搜索意图定位功能后，当搜索词中可识别的地域词与企业所设置的推广地域一致时，也可能会展现推广内容。例如：企业购买了关键词"酒店"，并且投放了杭州地区，当网民在其他地区搜索"酒店"时，不会出现该企业的推广内容，但是如果搜索"杭州酒店"，则该企业的推广内容有被展现的机会。

4. 目标客户追投

搜索引擎营销的目标客户追投功能，自动为企业定位以下两类目标客户：一是近期多次搜索过企业的已购关键词或相关意图关键词的网民；二是近期多次浏览过企业或与企业业务相似的网站页面的网民。

当系统锁定企业的目标客户后，针对目标客户的当前搜索，在短语匹配关键词上，就会通过扩大匹配模式来加大企业对目标客户的投放和展现机会。

5. 个性化推荐

个性化推荐就是搜索引擎营销系统的AI策略模型根据用户当前的搜索需求智能地分析用户的个性化意图，若企业的推广计划中所投放的关键词和用户当前搜索意图相关，则该企业的广告将有机会在"猜你喜欢"等个性化推荐区域进行展现，满足用户的实时搜索需求，为该企业带来更多潜在用户。个性化推荐区域通常不会出现在搜索结果页的上方和头部位置，而是根据用户的搜索和浏览场景，在适合的搜索结果浏览上下文中出现。

在搜索引擎营销中，企业还可以通过设置否定关键词、自动屏蔽恶意访客、预防发生无效点击等手段，更精准地向目标用户做搜索引擎营销定向推广。

（三）关键词策划

1. 关键词分析

关键词分析是指根据搜索者发起搜索请求的习惯，科学地进行发掘、筛选及确定关键词的过程。

微课：搜索引擎营销关键词策划

(1) 行业及主关键词分析。搜索行业主关键词，搜索结果前三页的网站基本上可以代表该行业的基本概况。比如搜索"电磁阀"这个关键词，排前30名的站点基本上都是非常专业的站点，而且绝大部分是该行业中的佼佼者，用户不仅查到了"电磁阀"这个关键词，还同时发掘了"高温电磁阀、高压电磁阀、蒸汽电磁阀、水用电磁阀、不锈钢电磁阀"等关键词。同时，企业还要留意关键词搜索结果前10名的站点，主要是行业网站、企业网站及个人网站，从这些信息中不仅可以分析出行业的主关键词有哪些，还可以进一步了解行业中搜索引擎营销的参与度和竞争的激烈程度。

(2) 挖掘行业关键词。如前所述，了解了行业状况和其中的一些主流企业，对该行业的主要产品就有了大致的了解后，就可以从以下几个方面来发掘关键词。

首先是产品和服务的名称，因为用户一般都会输入产品或服务的名称来进行搜索，而不是输入公司名称；其次是产品或服务的通用名称、别名等，如关键词"笔记本电脑"，有的搜索者可能会用"手提电脑""便携式电脑"等搜索；再次是产品或服务的简称、行业简称。另外，把产品和服务名称与地域、品牌、行业等进行组合，也能产生出好的关键词，如"旅游""西湖旅游""杭州旅游"等。

还有一些丰富关键词的方法，包括：① 搜索行业主关键词，依次可以查到相关关键词对应的热搜词，如一家生产沙发的企业，可以依次用"沙发""真皮沙发""布艺沙发""工艺沙发"等关键词进行搜索，从而找到更多相关关键词对应的热搜词，获得行业关键词的集合，并对其做出适当的筛选；② 可以利用某些关键词推荐工具获取更多关键词。

(3) 分析关键词竞争性。依据关键词相关性、关键词搜索量、关键词商业价值三个方面的指标，从行业关键词集合中筛选出适合企业的有效关键词。到搜索引擎上用已选的关键词进行搜索，查看这些行业站点在搜索结果中排在什么位置，从而获得该关键词的重要性程度、竞争情况等信息，这样就可以大体把握行业概况，如化工行业、家电行业、钢铁行业、汽车行业、绿色环保行业等。如果在搜索结果中排在前几位的站点大多属于个人网站，则说明行业竞争性不强，可以采用广告联盟的形式推广；如果在搜索结果中排在前几位的站点大多属于简单企业网站，则说明行业竞争性比较强，可以部分采用关键词竞价广告推广。

(4) 分析网站日志。当搜索引擎营销产生一定效果以后，就需要仔细分析网站日志文件，分析用户是通过哪些关键词搜索来到企业的网站的，用户对什么感兴趣，哪类文章需要加强，哪些关键词有更高的潜力等。找到这些有潜力的关键词后，后续的推广就可以做到有的放矢。

2. 核心关键词策划

企业推广的关键词，首先是由企业产品（服务）的名称、通用名称、别称组成的。推广者可以在公司介绍、产品页面、网页标签中找到企业的这些主关键词。其次，在搜索引擎中输入主关键词，又可以得到大量的与各个主关键词相关的热搜词。最后，各个搜索推广服务平台还提供关键词推荐工具或者关键词包，在里面也能发现很多有价值的词。以上几步进一步丰富了企业所推广的关键词，对于一般的中小企业而言，由此得到的推广关键词基本够用了。

当企业进行搜索引擎营销时，需明确营销的目的：推广定位、目标受众、传递的信息、推广策略等几个方面。基于以上目的和策略，企业还需要了解目标受众都关注哪些信息，以及他们的搜索习惯如何等。选择核心关键词一般可以从以下几个方面进行考虑：

(1) 品牌类：体现企业品牌或企业特有性质，如企业名称即拼音、网站域名、企业热线电话、产品名称和型号等。此类关键词可用来保持已有用户或已有购买倾向的潜在用户，企业要防止竞争对手通过购买自己的品牌词来抢夺客户。

(2) 细分产品类：即不包含品牌的，带限定的产品词，如"音乐手机""商务轿车"等。这些关键词表明网民已有了比较明确的需求，是值得争取的潜在用户。

(3) 通用词：即字数少，不包含品牌，被网民大量使用的搜索词，如"手机""鲜花"等。这些关键词表明网民有一些购买欲望和兴趣，但还不明确，他们中间有一些人是可以争取的潜在客户。

(4) 人群词：即与产品相关性小，但是目标受众所表现出的具有兴趣点的关键词。如搜索"巧克力"的网民非常有可能是"鲜花"的潜在客户，与本企业相关性强的竞争对手的品牌也可以考虑。

在获取上述四类关键词数据后，再根据营销策略对关键词表进行拆解或合并，就可以组合成几种推广方案，分别估算费用和效果，并选取一个最适合的核心关键词。

3. 长尾词策划

随着互联网信息的进一步丰富，搜索用户的不断成熟及搜索习惯的多元化，用户使用的搜索关键词也越来越专业,尤其是在一些电子商务购物平台上,用户会使用诸如"长袖秋装连衣裙 修身""中式真皮客厅沙发 促销"这样的长尾词开展购物搜索,以精准找到自己所需的商品。

什么是长尾词。简单来说,长尾词就是由2个及以上关键词组合而成的复合关键词。一般来说,用长尾词搜索的客户具有更加明确且强烈的需求。因此,用长尾词推广时引流更精确,效果更好。

那么,作为推广者,如何策划这样的关键词呢?为了能策划出符合用户搜索习惯的长尾关键词,可以应用关键词矩阵工具。可以通过以下三步构建关键词矩阵:① 确定一个单元的主关键词,并将其填在表格第一列;② 寻找属性词,并将其填在第一行,作为列名称;③ 填充每一列的属性词。构建好长尾词矩阵后,就可以任意组合长尾词了。

企业在面向企业用户和个人消费者推广时,所使用的长尾词是有差别的,因为这两类客户的搜索习惯不一样。因此,企业需要分别来做面向企业用户和个人消费者的推广长尾词矩阵。

下面以××家居为例,构建面向企业用户的推广长尾词矩阵:① 把企业沙发单元的主关键词填在表格第一列;② 登录1688等B2B平台,寻找属性词并将其填在第一行,作为列名称;③ 根据网站上查询到属性词对应的内容,填充每一列的具体属性词(见表4-1)。

表4-1 ××家居面向企业用户的推广长尾词矩阵

主关键词	品牌	产地	风格	质地	使用场景	经营支持	风格	销售模式	……
沙发	××	杭州	轻奢	真皮	客厅	一件代发	单人	零售	
	××家居		中式	布艺	卧室		双人	混批	
			古典	皮革	酒店	跨境专供	三人	批发	
			现代	实木	办公	源头订制	组合		
			简约			免费拿样			

接下来就可以组合二阶、三阶、四阶甚至五阶长尾词了，如"布艺 沙发""中式 客厅 沙发""现代 真皮 客厅 沙发""中式 真皮 客厅 双人沙发 批发"等。

同理，以某品牌服装为例，构建面向消费者用户的推广长尾词矩阵：① 把企业连衣裙单元的主关键词填在表格第一列；② 登录淘宝、京东等B2C平台，寻找属性词，并将其填在第一行，作为列名称；③ 根据网站上查询到属性词对应的内容，填充每一列的具体属性词（见表4-2）。

表4-2 ××服装面向消费者用户的推广长尾词矩阵

主关键词	品牌	行业	地域	流行元素	质地	功能	促销	时间	风格	……
裙子		服装	杭州	马面裙	雪纺	修身	爆款	春季	休闲	
短裙	××			明星同款	纯棉	显瘦	折扣	端午节	国风	
连衣裙					真丝	瘦身	包邮	母亲节	中式	

接下来就可以组合二阶、三阶、四阶甚至五阶长尾词了，如"马面裙 春季""连衣裙 杭州 修身""短裙 雪纺 修身 包邮""春季 服装 连衣裙 真丝 国风"等。

（四）创意策划

简单来说，搜索引擎营销创意就是展示在搜索结果中的索引信息。创意一般由创意标题、创意描述、创意配图、URL（Uniform Resource Locator，统一资源定位符）四部分构成，还可以添加创意组件。好的创意既可以全面、免费展示企业形象，提供大量可靠信息，提高客户的信任感，也可以增加关键词的质量度，提升引流效果。

创意撰写应注意这样一些问题：① 符合相关标准，如字符长度、特殊标点等要符合搜索要求；② 言简意赅，语言简明精练，表达最有用的信息；③ 围绕单元主题撰写，突出检索词和实际业务之间的关系；④ 突出产品优势，强调产品或服务的优势、独特性和专业性；⑤ 插入通配符，提高广告飘红的概率。

1. 创意标题撰写

创意标题撰写技巧：① 突出核心卖点；② 突出公司/品牌形象；③ 充分利用50个字符。例如："××家居：工艺沙发的领导品牌，因为爱家，所以买它"。

2. 创意描述撰写

创意描述撰写技巧：① 突出品牌及行业地位；② 突出核心产品与服务；③ 突出技术、生产、研发实力；④ 展示客户服务能力、联系地址等；⑤ 充分利用160个字符。

例如，为××公司介绍画重点，缩写至160个字符："××家居，中国家居行业的领先品牌。公司专业从事客厅及卧室家具产品研发、销售，远销180个国家，全国有2 000多家专卖店，向客户提供一站式解决方案。"

创意撰写时，时常会出现不飘红、不通顺、不相关、不吸引人等常见问题，其解决方法有：① 撰写新创意并嵌入通配符；② 将关键词按"结构相同，意义相近"的原则重新划分单元；③ 创意突出商家独特的卖点，例如免费，5折优惠等。

3. 添加创意配图

图片是搜索广告的点睛之笔，为创意配图，可以让创意显得更加立体和丰满，进一步提升创意内容丰富性和点击率。企业可以建立图片素材库，使用系统自带的图片工具制作更多高质量图片；也可以从本地上传制作好的图片。图片将会匹配到所选单元下的所有创意中，自主配图优先级高于图片素材自动配图。建议添加多张图片。

4. 添加URL

可通过以下方式添加URL：① 默认显示建议使用首页的地址；② 默认访问URL建议使用的与推广单元关键词对应的深层页面。

5. 设计添加创意组件

为了使创意显得更加立体和丰满，增加互动效果等，可以为创意添加组件，这些组件包括图片类组件、文字链类组件、文本类组件、视频类组件、营销类组件、下载类组件等。

行业发展与瞭望

人工智能技术助力搜索引擎营销新发展

搜索引擎引入生成式人工智能技术，将推动用户使用体验和搜索引擎营销方式产生重大改变。

第一，搜索引擎企业相继推出生成式人工智能搜索服务。微软将ChatGPT与搜索引擎整合推出"新必应"，首次展示了生成式人工智能在搜索领域的应用实践和发展前景；百度推出"文心一言"并将其整合到搜索服务中；360搜索发布"360智脑"并向公众开放产品测试。除传统搜索引擎企业外,电子商务等领域的互联网企业也积极开发相关产品,如京东将生成式人工智能技术融入"言犀"平台,提供的智能知识库等服务,可以满足企业员工业务检索、信息获取等场景的需求。

第二,生成式人工智能的发展将对搜索引擎行业产生深远影响。在用户体验方面,基于生成式人工智能的搜索引擎通过交互问答,可以展示经过推理整合的结果,为用户提供了更人性化的互动、更多样化的内容、更高效的信息收集方式。随着大模型的可靠性逐步改善,未来将大幅提升用户搜索服务的使用体验。在企业营销方面,生成式人工智能将带来搜索引擎推荐算法的创新,可以辅助企业策划营销活动和创作文案,帮助搜索引擎营销实现新发展。

(资料来源:中国互联网络信息中心,有改写)

单元四　引导行动

在引导行动阶段,从消费者视角来说就是引导购买,消费者在收集了足够的信息之后,如果对企业的产品或服务比较满意,就会开始付诸行动。在网络环境中,消费者无论何时、何地,通过任意的渠道和支付手段就能够进行购买,这无疑是降低了消费者购买的决策门槛。

当然,也有一些还在犹豫的消费者需要企业加以引导。对企业而言,为消费者提供决策支持信息、引导其产生购买行动的渠道一般包括自建站营销、直播营销和社群营销等。

一、自建站营销

在数字经济时代,拥有一个优秀的网站对于企业建立私域营销阵地、全方位展示企业形象、引导消费者行动至关重要。自建站营销是指企业或个人通过自己建立一个符合企业需求的网站,并采取一系列的营销策略和技术手段,以提高网站的曝光率、流量和转化率的一种网络营销方式。这种方式可以帮助企业在互联网上建立自己的品牌形象,展示产品或服务,吸引目标客户,从而提高销售额和市场份额。

(一) 自建站营销的重要性

自建站营销对于企业和品牌来说具有重要的意义：① 提升品牌知名度和形象，一个优秀的网站可以提升品牌的形象和认知度，使企业在竞争激烈的市场中脱颖而出。② 吸引目标受众和增加流量，通过自建站营销可以吸引目标受众的关注，增加网站的访问量和流量。③ 提升用户体验和转化率，通过优化网站设计和用户体验，提高网站的加载速度、易用性和信息呈现效果，从而增加用户的停留时间和转化率。④ 与目标受众互动和参与，通过社交媒体推广和互动功能，可以与目标受众建立紧密联系，促进用户参与和互动。⑤ 提供有价值的内容和资源，一个优秀的网站应该提供有价值的内容和资源，满足用户的需求，帮助用户建立对品牌的信任和忠诚度。

(二) 自建站营销策略

优化网站设计和用户体验是自建站营销的基础。网站应该具有清晰的布局和导航栏、简洁而吸引人的设计风格，以及易于浏览和操作的用户界面。优化网站设计和用户体验的关键策略：

(1) 响应式设计：确保网站在不同设备（如计算机、手机、平板电脑等）上都能够良好地显示和操作。

(2) 简化导航：设计简洁清晰的导航栏，让用户能够轻松找到自己所需的信息。

(3) 页面加载速度优化：优化图片大小、压缩文件、使用缓存等技术手段，提高网站的加载速度，减少用户等待时间。

(4) 易用的表单和注册流程：简化表单和注册流程，尽量减少用户信息的填写，并为用户浏览网站提供明确的指导和提示。

(5) 提高视觉吸引力：使用高质量的图片和视觉元素，吸引用户的注意力，同时确保图像文件大小适中，不影响网页加载速度。

(6) 清晰地呈现信息：将重要的信息放在显眼的位置，使用清晰的字体和排版，确保用户能够轻松阅读和理解。

(三) 自建站优化

自建站优化是提高网站在搜索引擎结果中排名和曝光度的关键策略。以下是一些自建站优化的关键策略和技巧：

(1) 关键词研究和优化：通过研究目标受众的搜索习惯和关键词偏好，选择适当的关键词并将其优化到网站的标题、内容和元数据中。

(2) 优化网站结构：设计清晰的网站结构和导航，使用易于理解的URL结构，方便搜索引擎索引和用户理解网站的内容。

（3）优质内容创作：创建高质量、有价值的内容，满足用户的需求，吸引用户的关注和分享，提高网站的权威性和可信度。

（4）内部链接和外部链接优化：通过合理的内部链接和外部链接，提高网站各页面之间的关联性，增加页面的权威性和排名。

（5）网站速度优化：优化网站的加载速度，减少页面加载时间，提高用户的体验和评价。

（四）社交媒体推广

社交媒体推广是自建站营销中的重要策略，通过在社交媒体平台上宣传和推广网站，吸引用户访问和参与。以下是一些社交媒体推广的关键策略和技巧：

（1）选择合适的社交媒体平台：根据目标受众的特征和行为习惯，选择适合的社交媒体平台进行推广。

（2）定期发布有价值的内容：在网络平台上定期发布与目标受众相关且有价值的内容，如文章、图片、视频等，吸引用户的关注并与其互动。

（3）与用户互动和回应：积极与用户互动，回答他们的问题，回复他们的评论和留言，与用户建立良好的用户关系，提升用户的参与度和忠诚度。

（4）利用网络广告：利用社交媒体平台提供的网络广告功能，精确定位目标受众，投放有针对性的广告，增加网站的曝光和点击量。

（5）与KOL和行业标杆合作：与在社交媒体上有影响力的KOL和行业标杆合作，通过他们的推荐和分享增加网站的曝光和用户信任度。

数实融合新视界

海尔的自建站营销

企业网站就像是一张无形的名片，代表着公司形象，并告知消费者有关本企业的基本情况，还可以起到宣传、引导购买等多种作用。海尔官方网站的建设，不但为海尔建立了一个与消费直接沟通的渠道，而且为海尔打造国际化品牌树立了良好的形象，对海尔品牌的推广是一个非常有效的手段。

1. 结构

海尔将该网站内容主要分成了5个栏目：智慧家庭、个人与家用产品、商用解决方案、产品购买、服务支持（见图4-3）。每个栏目下又设有相关子栏目，可供用户方便查看。中间部分是多幅滚动播放的宣传图，展示公司的特色活动、主推服务和产品等。

图 4-3 海尔公司网站

在滚动图下方设有标题"心选精品"，下设多个子栏目，用户既可以直接在当前页面浏览到每一个类别里的特色产品，又可以点击标题跳转至新界面查看到所有产品。再往下还设有"人气排行""活动集结地""品牌故事"等不同模块，会根据海尔的营销策略进行动态调整。

总体来说，海尔官网首页结构清晰完整，方便用户浏览和查找；只将重要和精华部分放在首页，并以大图展示，将更多内容放在了下级页面，给人简洁而不烦乱的感觉；页面上呈现出简洁大气又不失温馨的风格，符合海尔的品牌定位，和公司带给人们的印象一致。

2. 内容

海尔网站包含的内容很广，几乎涵盖了公司业务的各个方面。网页上不但有丰富的相关产品信息和图片，而且服务专区与会员中心的相关内容设置也很全面。

3. 功能

海尔网站是为数不多的网络营销功能完善的网站之一，主要表现在产品购买、产品促销、产品展示、顾客服务等方面，可谓是功能齐全。甚至在产品详情页可以看到产品的各种参数以及用户购后评价。如果网上商城建设完善，企业不仅可以进行产品的销售与宣传，更能节省时间，方便消费者了解和购买，增加消费者的好感，提升消费者对企业的满意度，从而促使消费者购买，同时能使网络营销的开展更加全方位和一体化。海尔网站功能的完善还表现为没有无效链接，信息传播速度快。

4. 服务方面

海尔网站中专门设有"服务支持"类目，列出了详细的服务指引，供消费者咨询各种服务与维修问题，为消费者提供了很大的方便。

二、直播营销

近年来，我国直播平台得到了飞速发展，直播平台数量和用户规模与日俱增。大量企业也开始将直播和网络营销相结合，直播营销随之快速发展起来。

（一）直播营销的定义和特点

1. 直播营销的定义

直播营销是一种通过实时在线视频直播进行产品或服务推广的营销策略。通过直播，企业和个人可以与观众进行互动，展示产品特点，解答观众提出的问题，提供实时体验，从而促进销售和品牌推广。

这种营销方式通常在线上进行，如社交媒体、电商平台或专门的直播平台。主播可以是个人或企业代表，他们通过直播展示产品、进行讲解、分享使用经验，从而吸引观众的注意并提高销售转化率。

2. 直播营销的特点

（1）实时性。直播是实时的，观众可以在直播过程中与主播互动，提问、评论，实现实时沟通和反馈。

（2）互动性。在直播过程中，用户与用户之间、用户与主播之间通过弹幕实时互动，弹幕架起了用户与主播之间、用户与用户之间沟通的桥梁，从而营造出一种聚众观看直播的用户体验，满足了用户的陪伴需求和社交需求。

（3）真实性。主播可以通过直播展示产品的特点、使用方法、实际效果等，为观众提供更全面的信息，增强其购买欲望。

（4）直观性。不同于传统电商平台上的文字和图片，在直播过程中，主播不仅能够对商品进行全方位的展示，将商品的各种细节更加直观地呈现给用户，还可以对商品的使用方法和技巧进行示范，让用户在了解商品的同时掌握一些商品的使用技巧。

（5）精准性。面对互联网上的海量信息，用户往往难以识别信息的有用性，而直播营销能够针对不同用户的特征进行精准传播，传播的内容对用户来说是有用的信息。进入直播间的用户，本身就是对产品感兴趣的目标用户，这种行为是用户主动选择的结果，因此具有高度的精准性。

（二）直播营销的常见形式

1. 商品分享式

主播在直播平台上对商品进行试用和经验分享，以此促进消费者点击并购买商品。这种形式的直播通常涵盖了商品展示、特点介绍、使用演示、互动购物等环节。

2. 商品产地直销式

主播在商品原产地、生产车间直接展示商品，以此增强消费者的信任感，从而促进消费。

3. 基地走播式

基地走播式直播是指主播到直播基地进行直播。很多直播基地是由专业的直播机构建立的，能够为主播提供直播间、商品等服务。直播基地通常用于直播机构旗下的主播开展直播，或租给合作主播、商家进行直播。在供应链比较完善的基地，主播可以根据自身需求在基地挑选商品，并在基地提供的直播场地中直播。

4. 现场制作并体验式

主播在现场制作或体验商品，并与观众互动，向用户展示商品经过加工后的真实状态，增加直播的真实性和趣味性。

5. 知识教学式

知识教学式指的是主播通过教授知识和技能，分享一些有价值的知识或者技巧，帮助观众提升生活品质，进而促进消费。

6. 开箱测评式

主播对新商品进行开箱测评，分享使用感受，以此促进消费者购买。在这类直播中，主播需要在开箱后诚实、客观地描述商品的特点和使用体验，让用户真实全面地了解商品的功能、性能等，从而达到推广商品的目的。

（三）直播营销客户画像分析

直播营销客户画像分析旨在对观众的基本信息、兴趣与偏好、消费行为、互动行为、社交媒体关联、设备使用情况、时间和时段、用户留存情况进行分析，以便更好地满足其需求，提供更有针对性的内容和服务。

1. 基本信息分析

（1）年龄：确定观众的年龄分布，了解观众的年龄段主要是哪些。

（2）性别：分析观众的性别比例，看是否存在性别上的差异。

（3）地理位置：了解观众的地理位置，查看不同地区的观众分布情况。

2. 兴趣和偏好分析

（1）热门主题：分析观众对于直播中哪些主题或话题更感兴趣。

（2）关注领域：了解观众关注的领域，包括美妆、时尚、游戏、科技等。

（3）热门产品：确定观众偏好的产品类型，如某品牌的化妆品、特定类型的服装等。

3. 消费行为分析

（1）购物行为：分析观众的购物行为，包括购买频率、购物车留存率、购买的商品种类等。

（2）支付方式：了解观众偏好的支付方式，如支付宝、微信、信用卡等。

4. 互动行为分析

（1）评论互动：分析观众在直播中的评论互动频率和互动内容，了解他们的参与程度。

（2）礼物赠送：查看观众赠送礼物的频率和类型，分析热门的礼物种类。

5. 社交媒体关联分析

（1）社交媒体互动：了解观众在其他社交媒体平台上的互动情况，是否分享直播内容、评论等。

（2）粉丝关系：分析观众在社交媒体上的粉丝关系，是否关注了主播或其他观众。

6. 设备使用情况分析

（1）设备类型：了解观众使用的主要设备类型，如手机、平板电脑等。

（2）操作系统：分析观众使用的操作系统，以便优化相应平台的用户体验。

7. 时间和时段分析

（1）观看时段：确定观众在一天中观看直播的高峰时段，有助于提供更有针对性的内容。

（2）观看时长：分析观众平均观看时长，了解他们对于长时间或短时间的直播的喜好。

8. 用户留存情况分析

（1）观众留存率：了解观众的留存率，即首次观看后是否继续关注该直播平台或主播。

（2）用户回头率：分析观众是否经常观看同一主播的直播。

通过以上分析，可以建立更全面的直播客户画像，为直播平台提供更准确的定位和个性化的服务，同时为广告商和品牌提供更有针对性的广告投放和合作机会。这种客户画像分析有助于平台和内容创作者更好地理解观众，提升用户体验和商业价值。

（四）直播营销内容分发策略

直播营销内容分发是确保品牌信息、产品或服务宣传能够有效传递给目标受众的关键步骤。成功的营销内容分发可以增加品牌曝光率、吸引潜在客户、与客户建立关系，最终促成购买行为。以下是一些常见的直播营销内容分发策略：

（1）社交媒体平台。利用主流社交媒体平台，如抖音、淘宝直播、快手、小红书等发布直播预告、花絮和相关宣传。利用社交媒体的分享、点赞和评论功能扩散直播内容。

（2）直播平台内推广。在选择的直播平台上，通过平台内推广位、热门推荐、官方活动参与等方式提高直播的可见性。利用直播间的标签、关键词、标题等元素对观众进行吸引和引导。

（3）邮件、短信、群消息通知。通过邮件、短信或社群消息向已订阅用户发送直播通知，包括直播时间、主题和相关信息。在通知中包含直播链接，方便用户直接参与。

（4）官方网站、官方微博或微信公众平台。在官方网站、官方微博或微信公众平台上发布直播的相关信息，包括预告、主题介绍等，在这些平台中嵌入直播链接，提供便捷的参与途径。

（5）社群和论坛宣传。在企业拥有的社交群、论坛或相关行业社区中发布直播消息。利用社群的互动特性，引起用户关注和讨论。

（6）短视频平台。制作短视频预告或花絮，发布在短视频平台，吸引更多用户关注。在短视频中提供直播时间和链接，引导用户转移到直播平台。

（7）搜索引擎优化。优化直播标题、描述，使用相关关键词，提高直播间在搜索引擎中的排名，利用SEO工具提升直播在搜索引擎中的曝光度。

（8）广告投放。使用在线广告平台进行有针对性的广告投放，选择与目标受众相关的平台和广告形式，提高触达率。

（9）合作伙伴推广。与相关行业、品牌或KOL合作，通过对方的渠道推广；利用合作方的影响力和资源，提高直播的知名度。

（10）口碑传播。鼓励观众在社交媒体上分享直播观看体验，形成用户口碑，促进传播；提供互动和分享奖励，促使用户更积极地互动和分享。

（11）线下活动宣传。在线下活动、展会等场合进行宣传，吸引潜在观众关注。

利用线下活动时收集观众信息，进行后续的精准推送。

综上所述企业可以根据品牌的特点、目标受众和直播内容的性质进行调整和组合，以实现更广泛的覆盖和更高效的内容分发。

行业发展与瞭望
AI数字人直播渐成趋势

2022年北京冬奥会，AI手语主播进入人们的视野；2023年杭州亚运会，巨大的数字人跨过钱塘江踏浪而来；2024年年初，《杭州新闻联播》创新地在整档节目中完全启用AI数字人播报。

在数字经济时代，AI数字人正在改变着电商直播的格局，使其从劳动密集型向技术密集型产业迈进。而AI数字人主播的出现，让一部分主播得以摆脱行业同质化竞争和人数激增的压力。与达人主播相比，AI数字人主播具备专业水平、情绪稳定、永不疲劳的特点，为企业积累了可复制、可管理、可迭代的数字资产。

那么，AI数字人主播到底有何优势呢？第一，AI数字人主播可以大幅降低成本，无须购置设备、租赁场地或雇佣专业拍摄人员，从而提高效率。AI数字人主播具备流畅的语言表达能力，可以随时保持状态以进行直播。

第二，AI数字人还拥有海量模板和视频素材，适用于各种产品直播场景，而不会存在触犯肖像权等法律问题。当然，这一领域还有改进的空间，直播企业需要更多数据集来提高AI数字人的语言流畅度，使其更适应真实的表达习惯，而不是机械地朗读信息。

AI数字人的出现将对直播电商市场的各个方面产生影响，包括营收体量、盈利来源等。更重要的是，AI数字人更加可信赖。目前，AI数字人已经成为电商的新模式，它们具备更高级的沟通和互动能力，能够实时回答用户问题，提供个性化的购物建议，并通过多种方式与消费者互动。

此外，AI数字人的直播将改变品牌形象和市场影响。企业可以通过打造独特且吸引人的品牌形象，与消费者建立更深层次的联系，形成社交媒体和电子商务融合的新模式，拉近品牌与消费者的距离，提高转化率。

当然，AI数字人直播的发展也要面对一些问题。例如，技术的不断创新和进步，需要更加先进和精确的算法和模型来生成逼真的虚拟形象。同时，需要相应的法律法规和伦理准则来保护用户的隐私和权益。商家在选择平台和合作伙伴时，应该加强对产品质量和服务水平的评估，确保用户信息的安全和合法使用。

(五) 直播活动实施

1. 直播设备选择

"工欲善其事，必先利其器"，优质的直播效果离不开专业软硬件设备的支持。在直播之前，需要优选直播设备，并将其调试至最佳状态。根据直播环境的不同，将直播分为室内直播和户外直播两种，这两种直播所需的设备有所区别。

一般需要以下六种直播设备：电容麦克风（手机、计算机直播必备）、外置声卡（手机直播必备、计算机直播推荐）、监听耳麦（手机、计算机必备）、直播计算机/手机、补光灯（计算机、手机直播推荐）、手机支架（手机）。

直播设备可分为计算机必备和手机必备。现在的主流是抖音、快手、微信这类手机直播平台，对于手机直播来说，手机、外置声卡、监听耳机、手机支架是必备设备。而在娱乐类的直播平台里面，用计算机直播的主播会多一些，对于计算机直播来说，必备设备为计算机、监听耳机、外置声卡、电容麦克风等。

2. 直播间布置

对于室内直播来说，直播间的环境布置是非常重要的，毕竟这是粉丝进入直播间后的第一视觉感受，会直接影响粉丝的观看体验。一个令人赏心悦目的直播间，往往能够快速吸引粉丝们的观看兴趣。

直播房间的整体环境包括空间大小、背景颜色、前景陈列等。直播间要干净、整洁。根据直播内容确定直播间的整体风格。直播间的环境布置要与主播格调一致。

3. 直播开场

在直播营销中，直播开场是吸引观众注意力、建立与观众的联系并激发他们兴趣的关键环节。以下常用直播开场介绍方法：

（1）热情打招呼。以热情、亲切的语气向观众打招呼，传递出友好和欢迎的氛围。使用观众易于接受和喜欢的称呼，如"大家好""亲爱的观众朋友们，你们好"等。

（2）简短自我介绍。即简单介绍自己的情况，包括姓名、角色（如主播、品牌代表等）以及本次直播的主题或目的，这样可以帮助观众快速了解主播和本场直播的核心内容。

（3）强调直播亮点。在开场介绍中强调本次直播的亮点和特色，如特别优惠、新品发布、限时活动等。这可以激发观众的兴趣，让他们更加期待接下来的直播内容。

（4）感谢观众。表达对观众的感激之情，感谢他们选择观看本场直播。可以提及观众的支持对主播或品牌的重要性，并强调与观众建立联系的重要性。

（5）互动提问。在开场阶段提出一些与直播内容相关的问题，鼓励观众在评论区或弹幕中回答。这样可以增加观众的参与感，同时了解他们对直播内容的兴趣和期待。

（6）设置直播流程。简要介绍本场直播的流程安排，包括将要介绍的产品、将要进行的互动环节等。这有助于观众了解直播的整体流程，并保持对直播的兴趣和期待。

（7）营造轻松氛围。在开场介绍中尽量营造轻松、愉快的氛围，让观众感到放松和舒适。主播可以使用幽默的语言、轻松的语调，或播放一些轻快的背景音乐来营造氛围。

（8）强调直播价值。在开场阶段强调本次直播的价值，包括观众可以获得的信息、优惠或体验等，这有助于提升观众对直播的期待和满意度。

4. 产品推荐与粉丝互动

在直播营销中，将产品推荐与粉丝互动相结合是一种非常有效的策略，能够提升粉丝的参与度和购买意愿。以下建议可以帮助主播在直播营销中成功地进行产品推荐并与粉丝互动：

（1）突出产品特点。在直播中详细展示产品的特点和优势，强调产品的独特之处。也可以通过生动的案例、用户体验分享等方式，让观众更容易理解产品的价值。

（2）引导实时互动。利用直播平台提供的实时互动功能，与观众进行即时问答、评论互动。通过回答观众提出的问题，解除他们的疑虑，提高他们购买的信心。

（3）介绍促销优惠。引导观众注意特别的促销优惠，如打折、满减、赠品等。提前宣传促销信息，提高用户的购物兴趣。

（4）购物链接和二维码。在直播中提供购物链接或二维码，方便观众直接进行购买，简化购买流程，降低购买的阻力。

（5）倒计时提醒。在促销或特别活动结束前，设置倒计时提醒，制造一种紧迫感，引导观众尽快完成购买决策。

（6）专属福利和限量抢购。在直播中推出专属福利或限量抢购，吸引观众抓住机会购买。突出活动的独特性，让观众觉得参与这次活动是一种特权。

（7）用户评价展示。展示其他用户的购买评价和使用体验。正面评价和真实的用户反馈有助于建立用户对产品的信任，提高观众购买的信心。

（8）购物车引导。引导观众将商品加入购物车，并就购物车中的商品向观众进行提醒。可以在直播中定期查看购物车的情况，进行即时调整。

（9）关联商品推荐。在直播过程中推荐关联商品，引导观众多样性购物。也可以利用搭配购物等方式，提升观众购物的满足感。

（10）购物决策辅助。提供购物决策辅助信息，如尺寸表、使用说明等。帮助观众更清晰地了解产品，尽量消除观众购物的疑虑。

（11）购物成就分享。在直播中分享购物成功的观众案例，提高观众购买的成就感。鼓励观众分享他们的购物决策，加强社交互动。

（12）感谢和回馈。在直播结束时感谢观众的参与和支持。提醒观众关注下一次的直播，保持品牌与观众的互动。

以上策略可以帮助在直播过程中更有效地引导观众完成购买转化，同时增强直播电商企业与观众的互动关系。

5. 重视直播结束环节

在直播营销中，直播结束环节同样重要，因为它不仅是对整场直播的总结，也是为下一次直播埋下伏笔的关键时刻。以下是一些关于如何进行直播结束环节的建议：

（1）总结直播内容。在直播结束前，简短回顾并总结本次直播的核心内容，这可以帮助观众回顾他们刚刚了解到的信息并加深记忆。

（2）再次强调产品优势。如果直播中有推荐的产品，应再次强调其优势和特点。这可以确保观众对产品留下深刻印象，并激发他们购买的欲望。

（3）感谢观众。向所有参与直播的观众表达衷心的感谢，感谢他们的参与、提问和互动，让观众感受到被重视。

（4）引导关注和下次直播预告。提醒观众关注自己的直播账号或社交媒体账号，以便获取更多直播信息和内容。同时，预告下一次直播的时间、主题或亮点，激发观众的兴趣和期待。

6. 直播复盘

直播活动复盘是一个非常重要的环节，它可以帮助企业发现直播过程中的问题，分析原因，并提出相应的优化措施，以便在下次直播时避免同样的问题，提高直播的效果。直播复盘一般包括以下三方面的内容：

（1）整体流程设置的复盘。直播活动的复盘首先应该从整体流程的设置开始。这包括选品、排品和视觉效果，以及各种重要数据维度。企业需要回顾整个直播过程，看看在这些方面是否有做得不够好的地方，或者有哪些地方可以进行优化。例如，是否选择了合适的产品进行直播？排品是否合理，是否能够吸引观众的注意力？视觉效果是否足够吸引人？数据维度是否全面，是否能够准确反映直播的效果？通过对这些问题的思考和分析，可以找到改进的方向。

（2）数据的复盘。数据是衡量直播效果的重要指标，因此，企业需要对直播活动的数据进行复盘。这包括用户停留时长、互动率、商品点击率与转化率等。企业需要分析这些数据，看看在哪些方面做得不够好，或者有哪些地方可以进行优化。例如，是否有足够的用户停留时长？互动率是否足够高？直播间的商品点击率与转化率是否达到预期？通过对这些问题的思考和分析，企业可以找到改进的方向。

（3）问题的纠正和优化。在直播结束后，需要对直播活动中的问题进行纠正和优化。企业需要及时进行复盘，纠正错误，以便在下次直播时避免同样的问题，提高直播的效果。企业需要将复盘工作常态化，每次直播结束后都要进行复盘，找出问题并提出解决方案，以便在下次直播时做得更好。

数实融合新视界
知识型主播更受青睐

2024年1月9日19:00，"与辉同行"抖音直播间正式开播，开播当晚的直播间观众人数迅速突破10万人，并在高峰期突破170万人，"与辉同行"首场直播销售额超1.5亿元，位居当日抖音带货总榜第一名、即时人气第一名。开播即火爆，"与辉同行"魅力何在？

1. 打造"知识+产品"的优质内容

"与辉同行"主播凭借自身的专业积淀、知性魅力以及具有共情力的表达方式显著提升了产品销量，还在与粉丝双向互动的过程中传播知识和价值观，为观众带来了精神享受。主播的个人风格和"知识+产品"的内容生产方式体现了电商直播行业中的差异化、个性化的竞争优势，并通过差异化定位、人设提纯、放大亮点等方式强化个人风格，建立了有效的形象识别体系。

在知识营销的直播新模式下，直播不再是歇斯底里的"买买买""冲冲冲"，也没有聒噪的"三二一上链接"倒计时，而是创造知识价值，给消费者带来知识增量。于这类以知识型主播为主的直播带货模式而言，知识价值或将超越产品力。

2. 主播人设获得消费者青睐

"与辉同行"的用户画像基本为一二线城市24~40岁的都市人群，这一群体正是直播消费市场中的优质人群，因此赋予主播巨大的商业价值。主播"腹有诗书气自华"的个人形象和"胸藏文墨怀若谷"的直播方式，赢得了观众的青睐。同时，

> 主播还塑造起了亲民形象，售卖商品时劝导消费者保持理性消费的价值观念，这也成为当下浮躁的电商直播行业中的一股清流，成为电商直播品牌和个人形象的差异化竞争优势。

三、社群营销

社群营销是一种基于社交媒体平台的营销策略，旨在通过构建和管理一个具有活跃社群成员的社交群体来实现品牌推广、产品销售和用户参与。社群营销的核心是建立一个真实、互动和有价值的社区，与用户建立紧密联系，并促进用户与用户之间、用户与企业之间的互动和参与。

（一）社群营销的作用

社群营销对于品牌和企业来说具有以下重要的作用：

（1）增强品牌认知度，提升品牌形象。通过社群营销，企业可以与目标用户建立更紧密的联系，增强用户对品牌的认知和形象，提高品牌的曝光度和知名度。

（2）促进用户参与和忠诚度。通过社群营销，企业可以促使用户更主动地参与和互动，提升用户对品牌的忠诚度和黏性，提高用户的留存率。

（3）有效传播品牌信息。社群成员之间的互动和分享可以有效地传播品牌的信息，扩大品牌的影响力和传播范围，为企业带来更多的曝光量和口碑效应。

（4）提供用户洞察和反馈。通过社群营销，企业可以直接与用户进行互动和交流，获取用户的洞察和反馈，从而更好地了解用户需求，优化产品和服务。

（5）提升销售额和转化率。社群营销可以建立更密切的用户关系，培养用户的信任感，从而提高销售额和转化率，增加业务收入。

（二）社群营销策略

1. 确定目标受众和定位

在进行社群营销之前，企业需要明确目标受众和定位。了解目标受众的特征、兴趣和需求是社群营销成功的关键。通过市场调研和数据分析，确定目标受众的人群特征，例如年龄、性别、地理位置、职业等，以及他们的兴趣爱好、消费习惯等信息。在明确目标受众后，可以根据其特征和需求来制定相关的社群营销策略。

2. 构建社群平台和内容

企业应选择适合目标受众的社交媒体平台，并创建一个专属的社群平台，如微信群、QQ 群等。在社群平台上发布有价值的内容是吸引用户参与和互动的关键。内容可以包括有趣、有用的文章、图文、视频、直播等形式，以此关联品牌和产品的信息，同时提供有益的行业资讯、实用技巧等。确保内容质量高、多样化，能够引发用户兴趣和分享。

3. 互动和参与

社群的核心是互动和参与。通过积极回应用户的评论和提问，参与讨论和分享，建立和用户之间的互动关系。此外，可以定期举办问答、投票、有奖竞猜等活动，激发用户的参与热情。同时，还要鼓励社群成员之间的互动和交流，营造积极的社群氛围。

4. 提供独特价值和特权

为社群成员提供独特的价值和特权，是促使他们积极参与和留存的重要因素。企业可以提供一些独家资讯、折扣优惠、赠品或体验活动等内容，让用户感受到与品牌建立联系的价值。此外，还可以邀请专家或行业代表人员参与社群，提供专业知识和经验分享，提升社群成员的参与度。

5. 持续监测和优化

社群营销是一个持续优化的过程。企业应定期监测社群成员的反馈和参与情况，了解他们的需求和意见。通过数据分析，评估社群营销的效果，并根据反馈和数据进行调整和优化。同时，密切关注竞争对手和行业动态，及时调整策略和内容，以保持竞争力和吸引力。通过不断优化社群营销的策略和运营，提升社群成员的满意度和参与度，达到营销目标并保持社群的长期发展。

6. 建立合作伙伴关系

与相关的合作伙伴建立合作关系，是社群营销的一种有效策略。企业可以与行业内的专家、知名博主等进行合作，共同举办活动、发布内容或提供特殊优惠，通过双方的影响力和资源互补，扩大社群的影响范围和品牌曝光度。

7. 积极处理负面情况

在社群运营中，难免会遇到负面情况或用户投诉。在这种情况下，要及时回应并积极处理，保持开放的沟通和解决问题的态度。通过真诚的道歉、解释和解决方案，恢复用户对企业或品牌的信任和满意度。处理负面情况的方式和态度，直接关系到社群形象和用户对品牌的信任度。

8. 数据分析和评估

定期进行数据分析和评估是社群营销成功的关键。通过分析社群成员的互动和参与情况,企业能够了解哪些内容和活动更受欢迎,哪些策略和措施更有效。根据数据分析的结果,调整和优化社群营销的策略和运营,提升社群成员的参与度和满意度。

数实融合新视界
社群私域营销提升转化效果

瑞幸咖啡(以下简称瑞幸)吸引社群用户的主要途径涵盖线下门店体验、外卖卡购买、微信公众号关注以及裂变式互动。首先,引导潜在用户进入社群和企业微信平台;然后,聚焦于社群互动以维持用户的参与度;最后,引导他们通过小程序完成下单,达成用户转化的社群营销目标。

瑞幸社交平台的独特之处在于其以门店为基础,运用了LBS(Location Based Services,基于位置的服务)技术。当新用户加入社群时,瑞幸会先引导他们选择其经常光顾的瑞幸门店,而所进入的社群的名称就是对应门店的名称。

瑞幸的福利补贴计划包括向用户提供礼品和优惠券等优惠措施。瑞幸明确定位目标用户群体,利用社交工具如微信或其他应用程序,通过物质奖励鼓励现有用户分享,同时通过富有创意的方式满足他们的情感需求,以吸引新用户,并提高现有用户的活跃度,实现流量增长和市场营销转化。

此外,瑞幸还可以根据用户的地理位置差异区分用户,以便为不同用户群体制定相应的优惠政策,节省运营成本。

在新用户加入社群后,瑞幸的社群管理员将向其发送信息,介绍加入社群所带来的各种福利,并引导新用户下单,社群用户可以享受更多的折扣和福利(见图4-4)。

瑞幸通过与用户互动的方式,提供了更多的福利活动,如每日签到、打卡赢大奖等。这些活动激发了用户的参与欲望,使得他们愿意积极参与品牌的社交活动,并与其他用户分享自己的消

图4-4 瑞幸社群福利

费体验。

瑞幸的转化流程设计得也比较精妙。从用户打开小程序准备下单时起，它就会精心引导用户完成整个流程：首先，一打开App就送上诱人的优惠券；领券后，瑞幸巧妙地借助数据分析和先进的AI技术，通过大数据分析深入了解用户的购买习惯，口味偏好，甚至预测销售高峰时段，为每位用户提供独特的、量身定制的建议和服务；到了支付阶段，还会立即推送点心搭配优惠建议，让用户享受更多折扣；在用户考虑取消订单时，也会巧妙地弹出挽留提示。此外，瑞幸通过微信个人号和公众号定期发布新品信息和优惠活动，以吸引用户的关注，持续推动销售增长。

单元五　引导分享和传播

根据AISAS模型，消费者在购买结束后还有一个重要的分享和传播环节。在数字经济时代背景下，消费者的分享欲望得到了极大的释放。由用户向身边的人去推荐产品，会比用营销活动去展现产品效果要好得多。

分享和传播是网络营销有别于传统营销的重要特征。用户在进行消费决策分析的每一个环节中都可能会产生分享的冲动，所以需要完善用户的分享路径，同时有意识地引导用户进行正面分享。目前，可以通过新媒体平台引导用户完成分享和传播，其中以微信平台和微博平台最为常用。本单元便以这两个平台为例，重点进行讲解。

一、微信营销

在数字经济时代，微信作为一款社交软件，已经深入人们生活的方方面面。对于企业来说，微信不仅是一款通信工具，更是一个极具潜力的营销平台，通过微信进行线上线下互动营销，已经成为引导分享和传播的重要工具。

（一）微信营销用户获取

在微信营销中，有多种途径可以获取用户，主要包括：

1. 微信公众号

微信公众号是微信营销的重要渠道，可以通过发布有价值的内容吸引用户关注并进行产品推广。微信公众号的内容可以包括行业新闻、产品信息、使用教程等，以满足用户的信息需求；也可以在微信推文中插入产品链接，引导用户进行购买。此外，在微信公众号上，还可以通过举办活动、抽奖等方式吸引用户参与，提高用户的参与度和黏性。

2. 微信群聊

微信群聊是微信营销的另一个重要途径，企业可以针对目标客户感兴趣的话题，创建一个微信群，并生成微信群二维码。将这个二维码放置在目标客户可能出现的地方，让他们扫描并加入群聊，从而进一步获取用户。在微信群中，企业可以通过发布产品信息、解答用户问题、组织活动等方式，与用户进行互动，提高用户的参与度和购买意愿。同时，也可以通过微信群收集用户反馈，了解用户需求，以便进行产品优化。

3. 微信小程序

微信小程序是微信营销的新渠道，可以通过开发具有吸引力的小程序，吸引用户使用，进而进行产品推广。小程序可以提供丰富的功能和服务，以满足用户的不同需求；也可以在小程序中插入产品链接，引导用户进行购买。此外，小程序还可以通过推送消息、举办活动等方式，吸引用户参与互动，提高用户的参与度和黏性。

4. 微信朋友圈

微信朋友圈是微信营销的重要渠道，可以通过发布有价值的内容来吸引用户点赞、评论、分享，进而进行产品推广。在朋友圈中，可以通过发布产品信息、使用教程、用户评价等，满足用户的信息需求；也可以在发布的内容中插入产品链接，引导用户进行购买。此外，还可以通过朋友圈分享抽奖、领取优惠券等方式，吸引用户参与，提高用户的参与度和购买意愿。

5. QQ好友和手机通讯录

企业营销人员可以将QQ好友和手机通讯录中的联系人导入到微信中，并向他们发送打招呼的信息，从而将这些联系人转化为微信好友。

（二）微信个人号营销策划

微信个人号好比自己的一张微名片，用户通过观察微信个人号的昵称、头像、签名等信息判断其可能是一个怎么样的人，进而确定自己愿意和微信个人号所有者接触的可能性，所以做好个人微信号优化是很有必要的。微信个人号优化包括微信名、头像、微信号、个性签名、地区、朋友圈图片等细节的改善。

(1) 微信名。通过微信与其他人互动,最早接触的就是微信名,从营销角度来说,好的微信名能够尽可能减少沟通成本。如果微信个人号所有者已经有了一定的社会影响力,建议最好在任何网络社区都沿用已经被大众熟知的微信名,因为这个时候,经营多年的微信名就如同一个商标。

好的微信名首先字数要短,便于搜索,大众化的微信名也比较简单亲切;另外,要拼写简单,便于输入。如果希望被更多的人记住,那么不要用繁体字、表情、符号、奇异的外国文字也不要出现在微信名里。

(2) 头像。头像要满足"辨识度高,清晰自然,真实可靠,安全信任,贴近职业,风格匹配,突出特点,有话题性"的要求。

(3) 微信号。微信号是一个人的微信ID,微信个人号的设置应当好记、好识别、好输入,并且最好使用拼音;可以用手机号关联微信号并使微信号系列化。

(4) 个性签名。个性签名在新添加好友的时候被看到的机会多,往往影响着新增好友的通过率。个性签名最多可以设置30个字,其风格既可以严肃也可以幽默,关键是展示自己的个性与特点。

(5) 地区。在很多微信个人号的介绍里,将所在国家和城市填写成冰岛、马尔代夫等与实际不符的地方。除非是特殊需求或与产品相关,不然把自己描写得那么远,会让用户有不踏实之感,会影响后续的沟通。

(6) 朋友圈图片。朋友圈中发布的状态就是关于一个人的各种碎片信息,这些信息会随着一张张图片、一段段文字、一条条转发扩散在朋友圈,把它们拼合起来,也可以形成较大的信息量。因此,在用朋友圈进行微信营销时,要合理规划发布的每一条状态,每一张图片,塑造良好人设。

(三) 微信公众号营销策划

1. 微信公众号平台简介

微信公众号平台是一个给个人、企业和组织提供业务服务与用户管理能力的全新服务平台。通过微信公众号平台,可以与特定群体实现文字、图片、视频等全方位沟通与互动。

2. 微信公众号分类

微信公众号目前分为四个类,即订阅号、服务号、小程序和企业微信。如表4-3所示。

表4-3 订阅号、服务号、小程序、企业微信的区别

账号类型	订阅号	服务号	小程序	企业微信
业务介绍	为媒体和个人提供一种新的信息传播方式，主要功能是在微信侧向用户传达资讯	为企业和组织提供更强大的业务服务与用户管理能力，主要偏向服务类交互活动	开发者可以快速地开发，可以在微信内被便捷地获取和传播，同时具有良好的使用体验	企业的专业办公管理工具，与微信一致的沟通体验，提供丰富免费的办公应用，并与微信消息、小程序、微信支付等互通
适用人群	个人、媒体、企业、政府或其他组织	媒体、企业、政府或其他组织	个人、媒体、企业、政府或其他组织	企业、政府、事业单位或组织
群发次数	1天内可群发1条消息	1个月（按自然月）内可发送4条群发消息	可以附在文章后进行转发	群发消息不受限制，并有主动分发能力
特点	想用公众平台简单发消息，做宣传推广服务，可以选择订阅号。订阅号有一次升级成服务号入口的机会，前提是通过微信认证资质审核，升级成功后类型不可更改	如果想进行商品销售及售卖活动，可申请服务号；后续可认证再申请微信支付商户。不适用于个人，服务号不可变更成订阅号	小程序内容既不得有小游戏、测试类内容，也不能有营销或广告用途的内容	确定企业号类型后不可更改。组织类型要根据申请机构类型来选择，不可更改。相对于普通微信公众号而言，企业微信需要更多证明材料

对企业而言，微信公众号运营意味着拓宽营销渠道，带来更多的客户资源。

3. 微信公众号内容策划

（1）标题设置。标题设置方式有很多种包括：详细型标题，如"技术型营销人必看：×××是如何获得更多用户的？"全文阐述什么问题一目了然，订阅用户从标题就可以判断是不是自己想要的内容，文章价值几何；带负面词汇的标题，如"4个常见错误、5件你应该避免的事"，这些负面词汇往往让人警醒，使其想一探究竟，通过一些错误的案例来获得启示；带有迫切感的标题，如"你还没尝试过的""最新推出"等，让标题充满紧迫感，这也是召唤行动的一种表示；带有福利标志的标题，如"年度礼物榜单——献给'不会送礼物星人'的福利帖""春节充电：36篇社交媒体和数字

营销人荐读文章"。

(2) 内容选题。在确定内容定位的基础上，需要进行内容选题。选题应该紧扣公众号的主题和定位，同时关注读者的需求和兴趣点，提供有价值、有趣、有深度的内容。

(3) 内容形式。微信公众号的内容形式多种多样，包括文字、图片、音频、视频等。企业需要根据内容选题和读者需求选择合适的内容形式，同时注重排版和呈现效果，提升读者的阅读体验。企业既可以直接使用微信公众号后台进行编辑，也可以选择使用第三方平台。值得注意的是，排版用色一般不要超过三种，应以简洁为主，避免添加重复元素。也可使用PS、AI等软件做长图文，图文形式最大的优点就是具有故事代入感，以图片冲击为主，配合适量文字。但值得注意的是，在微信平台上由于打开速度的原因，长度不宜过长。

(4) 引导关注。一是可以在微信订阅号的内容正开头部分设置"点击上方即可关注"的引导关注Banner；二是在正面之后加上引导关注信息及二维码。

4. 微信公众号推送时间策略

微信公众号推送时间策略可以根据不同的因素进行制定，以下是一些常见的策略：

(1) 固定推送时间。选择一个固定的时间段进行推送，培养用户的阅读习惯。一般来说，早上7:00—9:00、中午12:00—13:30和下午17:00—19:00是微信公众号阅读的黄金时段，因此在这几个时间段进行推送，可以提高打开率。

(2) 根据用户活跃时间推送。可以通过微信后台数据查看用户的活跃时间，或者通过第三方工具进行分析，选择在用户活跃时间推送，这样可以提高推文的曝光率和阅读量。

(3) 根据内容类型推送。根据微信公众号的内容类型和目标受众，选择适合的时间段进行推送。例如，如果微信公众号主要发布职场类文章，可以选择在工作日的中午或下午推送，因为这个时间段用户可能正在工作，需要一些职场技巧。

(4) 避免与其他大号同时推送。如果自己的微信公众号与一些其他大号的目标受众相似，可以尽量避免与他们同时推送，以减少竞争。可以选择在他们推送前或推送后的时间段进行推送，以提高文章的阅读量。

(5) 节假日特殊安排。在节假日或特殊时期，可以根据实际情况调整推送时间。例如，在春节期间，用户可能更关注与节日相关的内容，可以选择在这个时间段推送相关文章。

（四）微信营销内容分发注意事项

进行微信营销内容分发的过程中，一定要放弃推销思维，要讲究策略，不能一加好友就发广告。微信营销内容分发注意事项有以下几种：

1. 注意软度——广告不能太生硬

朋友圈是私人社交空间，如果总是看到有人发硬广，大家会对这个人产生不好的印象。在微信朋友圈做营销，不建议只发布产品广告，还要穿插一些其他类型的内容，即使要发产品广告，也不要太生硬，可以结合品牌故事或者朋友经历来说明。

2. 注意频度——人人都反感刷屏

微信朋友圈是社交分享互动的空间，人们在里面更愿意看到信息而不是购买产品。微信营销的真正精髓是通过分享内容建立信任，水到渠成地去营销，在朋友圈中达成商业转化的本质就是先打造个人形象，通过有温度、有情怀、有趣味的方式来与用户做朋友；反之，如果只顾急功近利地刷屏发广告，只认利益不认人，很容易破坏口碑。

3. 注意长度——注意阅读场景

微信推文是小屏阅读，人们往往缺乏读长文的耐心。不要把微信公众号当成个人展示的平台，只有能引发点击、评论、私聊等互动活动，才能创造真正的沟通机会。

4. 注意速度——碎片消费拼转化

大部分用户对微信推送内容的阅读速度非常快，如果企业的信息不能很快对其产生影响，就会淹没在众多的消息之中。如果要在微信营销活动中形成转化，那么快速打动目标受众就非常重要。

5. 注意梯度——购买习惯需递进

潜在用户的付费意识、购买习惯是需要培养的。建议企业先小范围尝试，再梯度变化，慢慢渗入。当消费者开始愿意在微信营销渠道中为一个低价产品买单时，就有机会购买更多的产品。

6. 注意准度——对症下药有疗效

假如微信公众号的粉丝很多，就要采取一定的策略，提高受众人群的精准度，这样也避免了长期的刷屏。例如，可以按组发布、按时间发布、使用提醒功能。

7. 注意风度——感知要大于事实

在进行微信营销时，不能直接宣泄自己的负能量，让别人看到会留下不好的感受，一旦别人有了不好的印象，再去做推广时就容易遭到用户的拒绝。

8. 注意黏度——有黏度才有关注

在微信营销中，提升用户黏度非常重要。首先，提供有价值的内容是关键，确保信息具有吸引力、实用性和趣味性，满足用户需求。其次，要加强互动，定期举办问答、投票等互动活动，激发用户的参与热情，提高用户黏性。同时，建立社群归属感也很重要，要通过微信群、朋友圈等社群功能，营造社区氛围，让用户感受到归属感和参与感。另外，提供个性化服务也能提升用户黏度，根据用户兴趣和需求定制内容，让用户感受到被关注和被尊重。

数实融合新视界

国货护肤品微信公众号内容营销

Home Facial Pro（简称HFP）是国内一个专业的护肤品牌。HFP以微信公众号为主要营销阵地，通过大面积尝试的方式开展微信内容营销。

1. 推送节奏清晰

HFP微信公众号的运营节奏非常清晰简明，主要配合品牌促销、产品上新的节奏进行内容推送。

（1）推送频次：每月4条，晚上22∶30发布。

（2）主要栏目：HFP品牌新鲜事、HFP周边、HFP新品。

（3）主要内容：品牌活动、产品上新、节日大促、产品科普（护肤知识）、品牌周边介绍、用户互动。

HFP使用的是微信服务号，而非微信订阅号。与微信订阅号相比，微信服务号更新频次低、触达率高、互动方式多样，更适合品牌进行营销转化。与许多品牌的微信订阅号不同的是，HFP能做到一边促销卖货，一边建立用户对品牌的认知，在用户心里"种草"。

2. 标题效果直接

HFP微信推文擅长通过描绘季节、氛围、场景、人们内心感受等方式营造情绪氛围，同时用表情突出情绪，将文字无法直观传递的感受生动地表达出来。HFP的推文标题大致由三个部分组成："表情＋福利信息＋情绪/场景/节点"。也就是说，如果文字描述场景，就用表情加强情绪；如果文字描述情绪，就用表情建立情境感。二者相互结合，延展出微妙的想象空间。比如，推文标题《（捂脸表情）老板去晒背了，防晒立减20元》，如果没有前面的捂脸表情，这个标题就瞬间平淡了很多。

3. 内容场景化设计氛围感强

从设计上来看，HFP的推文内容和产品设计风格调性一致，主打简约风格，渲染情绪氛围，整体呈现出大片质感。HFP也十分擅长用文案打造氛围感。尤其是在推文开头，HFP常引用文学作品中的句子营造场景氛围。作为主打营销的微信公众号，HFP微信公众号推文的大部分篇幅都是介绍产品和活动信息。不过，由于HFP有效利用了标题和开头的氛围铺垫，极大增强了品牌的风格感和记忆点，弱化带货的目的性，用户在浏览产品介绍时也更容易接受。HFP微信推文开头部分场景化设计示例如图4-5所示。

图4-5　HFP微信公众号推文场景化设计

二、微博营销

微博是用户在线创作、分享和发现内容的社交媒体平台。微博将公开、实时的自我表达方式与平台强大的社交互动、内容整合与分发功能相结合。任何用户都可以创作并发布微博，并附加多媒体或长博文内容。微博上的用户之间的关系可能是不对称的，每个用户都可以关注任何其他用户，也可以对任何一条微博发表评论并转发。微博简单、不对称和分发式的特点使原创微博能演化为快速传播、多方参与并实时更新的话题流。

（一）微博营销的定义与特征

1. 微博营销的定义

微博营销是指通过微博平台为企业、个人等创造价值而执行的一种营销方式，也是企业或个人通过微博平台发现并满足用户的各类需求的商业行为方式。微博营销以微博作为营销平台，每一个粉丝都是潜在的营销对象，企业通过更新自己的微博向粉丝传播企业信息、产品信息，树立良好的企业形象和产品形象。每天更新内容就可以跟粉丝交流互动，或者发布粉丝感兴趣的话题，以此来达到营销的目的，这种营销方式就是微博营销。

该营销方式注重价值的传递、内容的互动、系统的布局、准确的定位，微博的火热发展也使得其营销效果尤为显著。

2. 微博营销的特征

（1）门槛低、成本低。相对于传统的广告方式，微博营销发布门槛低，成本相对较小，使得营销人员可以更加灵活地传达信息。

（2）针对性强。微博用户群体广泛，而且用户可以通过关注、转发、评论等方式与营销人员互动，营销人员可以更加精准地定位目标用户，提高营销效果。

（3）多样化。微博营销可以利用文字、图片、视频等多种展现形式，让营销信息更加生动有趣；同时，企业的微博也可以将自己拟人化，使微博更加具有亲和力和可信度。

（4）传播速度快。微博的传播速度非常快，一条热门微博在短时间内可以被转发数万次甚至数十万次，这种快速传播的特点使得微博营销的效果非常显著。

（5）互动性强。微博营销不仅可以发布信息，还可以通过评论、私信等方式与用户进行即时互动，获取用户反馈，从而更好地调整营销策略。

（二）微博营销的分类

微博营销常见的类型有个人微博营销、企业微博营销和行业资讯微博营销等。

1. 个人微博营销

个人微博营销是由个人本身的知名度来得到别人的关注和了解的，个人运用微博往往是通过这样一个媒介来让自己的粉丝更进一步地了解自己和喜欢自己，微博在他们手中也就是平时抒发感情的平台，其功利性并不是很明显，他们的宣传工作一般是由粉丝们阅读和转帖来达到营销效果的。

2. 企业微博营销

企业微博一般是以盈利为目的性的，它们运用微博往往是想通过微博来提高自己的知名度，最后达到能够将自己的产品卖出去的目的。企业微博的更新速度快，信息量大，企业在进行微博营销时，应当建立起自己固定的消费群体，与粉丝多交流，多互动，多做宣传工作。

3. 行业资讯微博营销

以发布行业资讯为主要内容的微博，往往可以吸引众多用户关注，类似于用户通过电子邮件订阅的电子刊物。作为营销的载体，微博内容订阅用户数量决定了行业资讯微博的网络营销价值。因此，运营行业资讯微博与运营一个行业资讯网站在很多方面是很类似的，需要在内容策划及传播方面下很大功夫。

（三）微博营销内容策划

1. 微博内容要"有趣、有利、有用"

在微博营销中，微博内容要"有趣、有利、有用"是指微博发布的内容应该具备吸引用户注意力、符合用户需求和提供实际价值的特点。

（1）"有趣"是指微博内容应该具有吸引力和趣味性，能够引起用户的兴趣和共鸣。微博是一个社交媒体平台，用户更倾向于关注那些有趣、有娱乐性的内容。因此，企业在发布微博时应该注重内容的创意和趣味性，通过幽默、生动的语言或有趣的图片、视频等形式吸引用户的关注，提高用户的参与度和转发率。

（2）"有利"是指微博内容应该符合用户的利益和需求，能够为用户提供某种价值或帮助。例如，企业可以发布一些优惠活动、促销信息、行业资讯等，让用户感受到企业的实际价值和服务。同时，企业也可以针对用户的需求和痛点，发布一些有用的建议和解决方案等，帮助用户解决问题，提高用户的满意度和忠诚度。

（3）"有用"是指微博内容应该具有一定的实用性和可操作性，用户可以通过阅读微博内容获得一些实用的知识或技能，或者在实际生活中得到一些帮助。例如，企业可以发布一些产品使用技巧、行业知识普及、生活小窍门等内容，让用户从中学到一些实用的技巧，从而提高用户对企业的信任度和好感度。

2. 微博内容简明扼要，直奔主题

微博营销中，微博内容要"简明扼要，直奔主题"，这是指企业在发布微博时应该用简短明了的语言直接表达核心信息，避免冗余和复杂的表达，让用户一眼就能看出微博的主要内容和意图。

这一原则的重要性在于，微博是一个承载海量信息的平台，用户每天都会接收到大量的信息，包括文字、图片、视频等多种形式。因此，如果企业的微博内容过于冗长、复杂或模糊不清，就很容易让用户失去耐心和兴趣，导致用户流失和营销效果不佳。为了实现"简明扼要，直奔主题"的目标，企业可以采取以下几种策略：

（1）突出核心信息。在编写微博内容时，首先要明确要传达的核心信息是什么，然后用简洁的语言表达出来。避免添加过多的修饰词或无关紧要的内容，确保用户一眼就能看出微博的重点。

（2）使用简洁的语言。尽量使用简短、明了的词汇和句子，避免使用过于复杂或专业的术语，这样可以让用户更容易理解微博的内容，提高用户的阅读体验。

（3）配以图片或视频。在发布微博时，可以配以相关的图片或视频来辅助说明内容。图片和视频具有较强的视觉冲击力和吸引力，可以帮助用户更快地理解微博的主题和意图。

（4）引导用户互动。在微博的结尾处，可以添加一些引导用户互动的内容，如提问、讨论等。这样可以激发用户的参与意愿，提高微博的互动率和传播效果。

3. 注重日积月累

微博营销是一个需要长期投入和持续努力的过程，以下是一些注重日积月累提升微博营销效果的方法：

（1）确立稳定的发布频率。在微博上保持稳定的发布频率可以增加品牌曝光度，提高受众对品牌的关注度。企业应制订一个合理的发布计划并坚持执行，让受众习惯于看到自己的微博内容。

（2）提高内容质量。除了发布频率，内容的质量也是至关重要的。企业要确保自己的微博内容有趣、有价值、有吸引力，并符合目标受众的品位。不断提高内容质量可以吸引更多的粉丝，提高用户互动率和转化率。

（3）加强与粉丝的互动。与粉丝进行积极的互动可以增强粉丝对企业的忠诚度和信任感。及时回复评论、私信和"@"粉丝，关注他们的微博，参加他们的话题讨论，可以让粉丝感受到企业的关注和关心。

（4）制订合理的推广计划。微博营销是一种有效的营销手段，可以帮助企业扩大品牌曝光度和吸引更多的潜在受众。制订合理的推广计划，选择合适的推广方式和时间，可以提高推广效果，进而提升营销效果。

（5）不断优化营销策略。微博营销是一个不断优化的过程。通过数据分析、用户反馈和市场变化等，不断优化自己的营销策略，调整发布计划、内容质量和推广计划等，以适应不断变化的市场环境和受众需求。

（四）微博内容分发

在微博营销中，确定微博发布的时间点和发布条数是非常重要的，因为这直接影响到企业微博的内容能否被目标受众看到，以及能否引发他们的兴趣和互动。以下是一些确定微博发布时间点与发布条数的建议：

1. 确定发布时间点

（1）考虑受众的活跃时间。时间点一般选择上下班通勤时间、午休、下午16：00

后，晚上18：00及以后，是粉丝活的高峰期，可以抓住这些时间发布微博。但是，不同的受众群体有不同的活跃时间，企业需要了解自己的目标受众在什么时候最活跃。例如，如果企业的目标受众主要是大学生，那么晚上和周末可能是他们最活跃的时间。因此，在这些时间段发布微博可能会获得更高的曝光率和互动。

（2）考虑行业特点。不同行业有不同的热点和关注点，企业需要根据自己的行业特点来确定最佳的发布时间。例如，教育行业的用户可能在周末或晚上的时间段内更空闲。企业可以考虑在这些相对空闲的时间发布微博，以减少打扰定向用户并增加其阅读率。

（3）追踪和分析数据。企业可以追踪和分析自己的微博数据，包括粉丝的活跃时间、转发和评论的时间等，来找出最佳的发布时间。同时，自己也可以关注竞争对手的微博发布时间，看看他们是在什么时候发布内容，以获得一些启示。

2. 确定发布数量

（1）控制发布频率。企业需要控制每天的微博发布频率，避免过于频繁地发布内容，以免给粉丝造成困扰。一般来说，每天发布5~10条信息为宜，1小时内不要连发几条信息，但这也需要根据企业的具体情况来调整。

（2）考虑内容质量和多样性。在确定发布条数时，需要考虑内容质量和多样性。如果企业微博的内容质量很高，而且涵盖了不同的主题和类型，那么可以适当增加发布条数。但如果企业微博的内容质量不高或者类型单一，那么就需要控制发布条数，以免让粉丝感到厌烦。

（3）根据活动和热点调整。在特定的活动或热点事件发生时，企业需要增加微博的发布条数，以提供更多的信息和观点。但在这种情况下，也需要注意不要过度发布，以免影响粉丝的阅读体验。

（五）微博流量转化模式

当下的微博流量转化模式主要有企业品牌建设与推广模式、内容打赏模式、内容电商模式和广告植入模式。

1. 企业品牌建设与推广模式

企业可以通过微博提供的多元化营销场景，充分挖掘公域流量池，运营企业官微，采用"聚粉＋互动"双管齐下方式，盘活微博企业账号私域流量，不断为企业积累粉丝资产，从而进一步提升企业品牌知名度、认可度。

强大的品牌吸引力能够进一步增强企业官微的聚粉能力，有了数量众多的忠实粉丝，企业就可以更好地实施微博营销了，如新产品发布、线上活动等。

2. 内容打赏模式

在微博中，聚粉能力就代表着一定的盈利能力，微博粉丝的数量决定着微博的价值水平，这是因为粉丝是可以实现转化的。微博粉丝转化的途径是："创作有格调、有品位的内容—在各大微博平台分发—吸引有着相同兴趣、偏好的网民—转粉—通过微博打赏、直接付费"，以这种方式实现转化。

3. 内容电商模式

内容电商模式是指通过内容创作与输出，让内容承担发现需求、创造需求，传播品牌价值主张，提供购买决策，分享消费体验等任务，产生持续的影响力并完成聚粉，然后开设微博小店，粉丝在一边阅读微博内容，一边完成了商品的购买。

通过微博内容实施电商化运营，可为企业树立起较好的品牌形象，集聚大批忠实的活跃粉丝，从而提高企业的核心竞争力。目前，越来越多的流量博主转型做内容电商，通过优质稳定的内容，将流量直接导入目标电商平台，快速链接消费者和商家。

4. 广告植入模式

人们对传统的硬广告有着天然的抵触与戒心，现在硬广告的转化率越来越低，这就为微博营销提供了广阔的空间。广告植入模式是利用粉丝的注意力，微博内容创作者间接获取企业广告收益。企业可以将广告内容巧妙地植入微博，广告内容常常以新闻资讯、管理思想、企业文化、评论、技术、技巧文档，以及包含文字元素的游戏、幽默的段落等形式不露痕迹植入企业微博中，达到"润物细无声"的效果，既减少了观众的抵触心理，又为企业实现了较好的营销效果，内容创作者也获得了收益，实现了多赢。

数实融合新视界

借力"国家宝藏"进行微博营销

党的二十大报告提出，要"加大文物和文化遗产保护力度"。在宣传和保护文物方面，vivo冠名了央视的节目《国家宝藏·展演季》。在节目播出过程中，央视还特约摄影师们进入光线环境复杂的博物馆展厅，用随身携带的一部vivo手机给国宝们拍"证件照"，相关微博如图4-6所示。

微博内容看似与vivo无关，更多是在交流《国家宝藏·展演季》的内容。但事实上，相关的种种内容在微博中交互，成为围绕文化自信而产生的社会情绪发酵池，也形成了《国家宝藏·展演季》首期的一个热议中心，在没有平台PGC（Professional Generated Content，专业生产内容）的推动下，网友可以自己去定义话题、参与互动，甚至快速形成热议。"#国家宝藏展演季开播#"微博话题讨论量超过了109万次。

　　vivo还专门创建了微博话题"#我拍了拍博物馆#"，并联动50多家博物馆接力发布召集令，邀请网友"一起打卡宝藏文物"。这吸引了全网用户的讨论。网友讨论的热门对象从《国家宝藏·展演季》转变成了vivo手机系列产品。写出这些评论的人不再只是微博话题下的人群，而是来自各个年龄层次、各个兴趣领域。他们参与讨论，往往是因为看到了vivo手机的使用体验而有感而发。从此开始，大量网友在不知不觉中、不由自主地被博主们"感染"。vivo手机产品也潜移默化地影响用户的购买行为，最

图4-6　vivo《国家宝藏·展演季》相关微博

终实现了用户与品牌之间"认知—吸引—认同—购买—拥护"的关系。

调查研究与善作善成
全渠道网络推广

【实训目标】

（1）设计搜索引擎运营方案。

（2）设计微信公众号运营方案。

（3）设计直播运营方案。

【情景描述】

　　塘栖枇杷是浙江省杭州市余杭区特产、中国国家地理标志产品，也是浙江省乃至全国享有盛名的传统特色果品，其果形美观、色泽金黄、肉厚汁多、甜酸适口、风味较佳、营养丰富，深受消费者喜爱。塘栖枇杷初冬开花，花极清香，每一花束由60～90朵小花组成，5月果熟。其按果肉颜色分为白色和红色两类约计19个品种，主栽品种有5个："软条白砂""大红袍""夹脚""杨墩""宝珠"，尤以"软条

白砂"为最。

结合以上信息，完成以下实训：

（1）请为塘栖枇杷设计搜索引擎营销方案。

（2）请为塘栖枇杷撰写一篇微信公众号推文，要求图文并茂，排版美观大方。

（3）杭州塘栖枇杷也想借力直播带货，帮助种植户尽快完成销售，实现直播助农。请以"塘栖枇杷节"为主题，撰写一份详细的直播活动流程表。

【操作步骤】

1. 搜索引擎营销方案

  第1步：建立推广计划和推广单元；

  第2步：分析行业及主关键词；

  第3步：策划推广关键词；

  第4步：估算关键词价格及预算；

  第5步：设计竞价规则；

  第6步：设置投放规则；

  第7步：撰写搜索营销创意；

  第8步：评估与优化搜索营销投放。

2. 微信公众号营销方案

  （1）登录微信公众号平台，开通个人微信号，完成基本设置。

  （2）撰写1篇微信公众号推文，用排版工具（如秀米等）排版并同步到微信公众号。

3. 直播营销方案

  （1）开通个人淘宝/抖音直播。

  （2）以"塘栖枇杷节"为主题，撰写一份详细的直播活动流程表，格式可参照表4-4。

表4-4 直播活动流程表

直播主题：

直播时间：

直播形式：淘宝直播/抖音直播

流程	时间	环节	内容	备注	分工
1					

续表

流程	时间	环节	内容	备注	分工
2					
3					
4					
5					
6					
7					
8					
9					

（3）以4人小组为单位，做好分工，在直播间用个人账号直播。

（4）收集直播数据，进行直播复盘。

同步测试

一、单项选择题

1. 信息流广告是一种依据（　　）属性针对用户喜好和特点进行智能推广的广告形式。

    A. 广告主
    B. 社交群体属性
    C. 预估收益
    D. 预估转化率

2. 利用短视频平台的广泛传播力实现品牌信息快速扩散的流量转化方式是（　　）。

    A. 短视频+品牌营销
    B. 短视频+电商引流
    C. 短视频+知识付费
    D. 短视频+直播

3. 跨屏广告的核心是（　　）。

    A. 个性化推荐
    B. 不同屏幕设备之间的互动和协同
    C. 互动性强
    D. 成本低

4. 微信公众号服务号1个月内可发送（　　）条群发消息。

    A. 1
    B. 2
    C. 3
    D. 4

5. （　　）上用户之间的关系可能是不对称的。

    A. 微博
    B. App
    C. 直播平台
    D. 微信

二、多项选择题

1. 直播前要做的准备有（　　）。

    A. 直播设备选择
    B. 直播间布置
    C. 数据复盘
    D. 准备直播产品样品

2. 在搜索引擎营销中，选择核心词可以从（　　）等方面进行考虑。

    A. 品牌类
    B. 细分产品类
    C. 通用词
    D. 人群词

3. 微信公众号的分类包括（　　）。

    A. 服务号
    B. 订阅号
    C. 企业微信
    D. 小程序

4. 关于社群营销的作用描述正确的有（　　）。

A. 增强品牌认知度，提升品牌形象

B. 促进用户参与度与忠诚度，提供用户洞察和反馈

C. 有效传播品牌信息

D. 提升销售额和转化率

5. 微信营销的用户获取途径包括（　　　　）。

A. 微信公众号　　　　　　　　　　B. 微信群聊和微信朋友圈

C. 微信小程序　　　　　　　　　　D. QQ好友和手机通讯录

三、简答题

1. 可以从哪几个方面来发掘搜索引擎营销关键词？请举例说明。

2. 请简述直播营销实施的流程。

3. 微信公众号推文内容应从哪些方面进行策划？

4. 如何看待信息流广告投放过度对品牌产生的负面效果？举例说明。

5. 微博营销内容策划应从哪几个方面出发？

模 块 五

网络促销

学习目标

素养目标
- 善用网络促销方法合法合规地开展网络促销活动
- 养成通过换位思考的用户思维达到网络促销目的
- 树立"业务+数据"驱动思维,创新使用网络促销的方法和手段

知识目标
- 掌握网络促销的概念、特点和分类
- 了解网络节日促销的作用和流程
- 掌握价格促销的作用和形式
- 熟悉网络平台活动促销形式和流程
- 掌握网络促销方案的设计方法

技能目标
- 能够根据网络促销的目的设计促销方案
- 能够根据目的和场景选择合适的网络促销的方法
- 能够利用工具进行促销设置
- 能够根据目标和结果进行促销效果的评价

思维导图

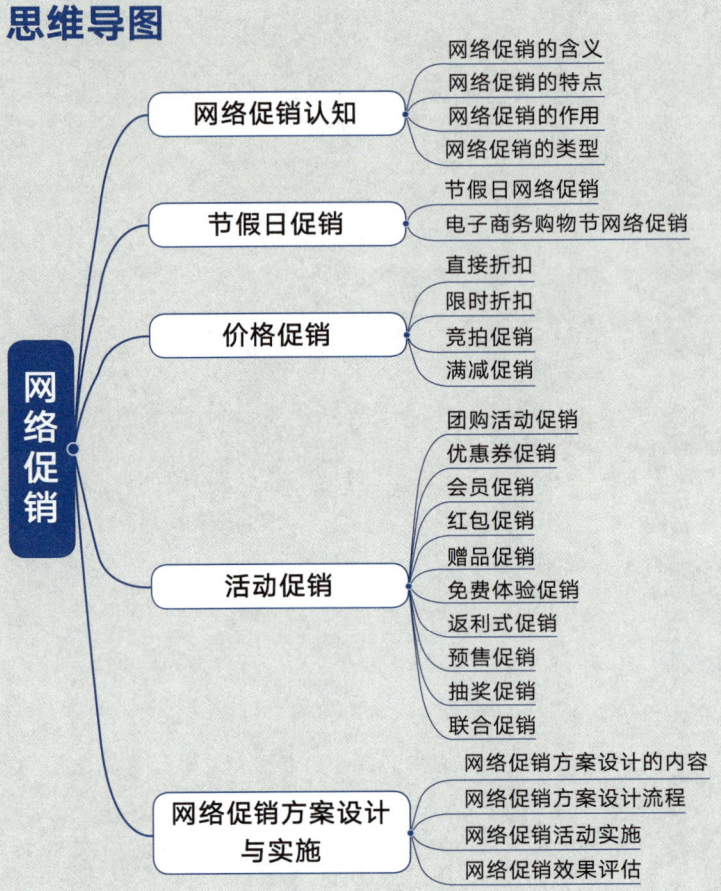

学习计划

■ 素养提升计划

■ 知识学习计划

■ 技能训练计划

引导案例

捕捉话题，乘势促销

2023年9月10日，国货品牌蜂花在其抖音官方旗舰店连夜上架了三款洗护促销套餐，售价均为79元，恰与此前某品牌眉笔的价格相同，超高性价比。飞瓜数据显示，蜂花直播间短短三天销量就出现了10倍的暴涨。9月13日，蜂花宣布由于产能跟不上已没货，呼吁大家关注其他国货品牌。当国内外洗护品牌纷纷在包装上下足功夫，通过包装的升级来带动销售量升级之际，蜂花虽然走过30余年历史，但其产品无论是在包装还是价格方面，几乎没有变化。据了解，蜂花36年不换包装，10年间只涨价2元。

蜂花也像普通网友一样，活跃在社交平台评论区一线，频频与粉丝、网友互动，有人说蜂花10年没涨价，蜂花则诚实地回应："十年来也是涨过两元钱的，不敢乱说哦"。面对79元商战的调侃，蜂花则表示："花花真的不是故意的，咱家一直都有这个套餐。"

几年前，一提到国货品牌，特别是美妆品牌，消费者都会想到平价、便宜、小众等标签，很多情况下消费者是出于怀旧而购买，难出爆款销量。而蜂花这次借势营销环环相扣，不仅实现产品大卖、粉丝大涨，更是带动了一大批国货品牌"重获关注"，实现多赢。

（资料来源：潇湘晨报，有删改）

【案例分析】

蜂花通过借势营销的方式成功吸引了大量消费者的关注和购买。这种策略不仅让消费者感到蜂花的诚意和实力，也引发了他们对产品的好奇和购买欲望。蜂花还通过频繁与粉丝、网友互动的方式增加了品牌的亲和力和好感度。他们在评论区积极回应用户的评论，展示了自己的真实而幽默的一面，进一步拉近了品牌与消费者之间的距离。

单元一　网络促销认知

微课：网络促销概述

促销是指企业通过一系列的活动和策略，将产品或服务推向市场，吸引客户购买和消费，从而提高销售额和市场占有率。其目的是通过吸引消费者的注意力、提供优惠价格或提供其他附加价值的方式，促使消费者购买企业的产品或服务。

随着社会和经济的发展，数字技术的不断发展和普及，消费者的行为和需求也在不断变化，越来越多的消费者开始在网络上进行购物和消费，从而改变了传统的销售方式和渠道，促进了网络促销的发展。

一、网络促销的含义

促销有广义与狭义之分。广义的促销是指企业为了激发顾客的购买欲望，影响他们的消费行为，扩大产品销售而进行的一系列宣传报道、说服、激励、联络等促进性工作。作为企业与市场的联系手段，广义上的促销包括多种活动，如人员推销、广告、销售促进和公共关系等。而狭义的促销则仅指销售促进，是企业在某一特定时期内，采取一些刺激措施，鼓励购买或销售企业的产品或服务的活动。本模块所介绍的促销属于狭义的促销。

网络促销是指运用数字技术，通过各种方式向虚拟市场传递商品和服务信息，利用各种短期刺激，并通过网络的互动特点，引起消费者兴趣，促进其消费和购买行为。与传统促销活动相同，网络促销的核心也是通过吸引消费者、提供有价值的商品和服务信息等方式来促进销售和提高品牌知名度，但是网络技术的应用使得传统促销活动得以创新并形成新的形式和特点。

二、网络促销的特点

网络促销作为企业开展的主要和活跃的营销活动之一，为企业直接与消费者之间的沟通提供了便利。相较于传统营销，网络促销更加智能化和经济化，能够帮助企业通过直接促销活动减少中间环节，降低成本并提高销售业绩。因此，网络促销已成为现代企业获取市场份额和提高品牌知名度的重要方式。

网络促销有别于传统促销的特点，主要表现为以下几方面：

第一，更具有准确性和个性化的特征。网络促销可以根据消费者的兴趣、地理位置等因素来精确定位目标市场，提高精准营销的效果。网络促销可以针对不同顾客制定个性化的营销方案，更好地满足顾客的需求，提高用户体验。

第二，交互性和互动性强。网络促销与消费者的互动性更强，消费者可以通过互联网获得更多的信息，与企业进行双向交流，从而更好地满足顾客需求。

第三，具有实时性。企业可以在短时间内发布网络促销信息，快速地响应市场变化，便于企业及时采取调整和改进策略，并可以定期或长期地持续实施，还能提高营销效果。

第四，可以通过数据分析优化促销活动。在网络促销活动中，企业可以通过实时监测数据的变化，了解用户的购买喜好、关注点、消费能力等方面，便于企业及时调整和优化营销策略，从而在短时间内快速响应市场变化，从而更加有针对性地开展促销活动。而传统促销则往往需要较长时间的制订计划、实施策略、收集数据等过程，难以实现实时性和准确度。

三、网络促销的作用

网络促销的作用比较明显，尤其是可以促使消费者在短期内改变他们的行为（如访问网站、网上注册、下单购买等）。大多数线下促销策略是针对分销渠道企业而设计的，而网上营销策略则主要针对消费者，有助于将用户吸引到网站上，促使他们延长停留时间，更多地返回网站。网上促销策略能够帮助企业树立品牌、建立数据库、增加线上或线下的销售量。整体而言，网络促销的作用主要表现在以下五个方面：

（一）告知功能

把企业的产品（含网站的服务内容）、服务（含网站附加服务）、价格等信息传递给网络目标公众，引起他们的注意，使用户进一步认识到本网站或本企业的产品可能给他们带来的特殊利益，提醒他们及时捕捉追求利益的机会。

（二）服务功能

宣传产品或服务的特点，使网络顾客更加清楚自己的需求和需要，熟悉产品或服务的使用与维护方法，从而乐于购买本企业的产品或服务。

（三）反馈功能

网络沟通的互动性使网络营销者可以通过即时通信工具及时收集和汇总网络顾客对产品或服务的需求和意见、对促销的反应与期望、对企业的认识与要求。

（四）创造需求

网络促销通过向网络消费者提供实际利益，使消费者产生消费欲望和需求，从而扩大了产品或服务的总需求。

（五）稳定销售

通过树立网站形象、产品形象、企业形象，网络促销能够达到稳定销售的目的。尤其是在网上销售短期内受到某些影响产生下降时，网络促销能够及时使销售回升，稳定销售水平。

四、网络促销的类型

随着数字技术的发展和网络营销模式的创新，各种网络促销方式层出不穷，方式也越来越多。总体来说，可以从消费者短期诱因的差别、促销活动实施层次的差异、促销手段等方面进行分类。根据提供给消费者短期诱因的差别，可以将网络促销分为以下三种主要类型：节假日促销、价格促销、活动促销。

（一）节假日促销

节假日促销是在传统节日或者商业节日等日期，推出促销活动，以特别优惠的价格、礼品、折扣等形式奖励消费者，并吸引消费者进行购物。通过节假日促销，商家可以在特定的时期内增加销售量，同时提高品牌知名度和忠诚度。

（二）价格促销

价格促销是一种通过降低商品或服务的价格来促进销售、提高市场占有率的促销方式。价格促销的方式可以是直接降低售价，也可以是在购买特定数量或达到特定金额时给予折扣、优惠等。

价格促销可以通过吸引消费者进行购物，增加销售量来实现增加收益的目的，是短期内实现销量增长的最简单的网络促销类型。例如，商家可以在特定的时间段内进行大幅度的降价促销，吸引更多消费者进行购物，从而提高销售额；或者在购物满一定金额后获得折扣优惠，鼓励消费者增加购买量，提高购买频率。

价格促销在促进销售的同时，也可能会对企业的利润产生影响。因此，商家需要考虑合适的促销力度，平衡促销费用和利润，并在促销活动后及时恢复正常的价格水平。此外，价格促销也需要符合相关法律法规，避免不正当竞争等问题。

（三）活动促销

活动促销是一种通过举办活动来促进销售的营销方式。活动促销可以是单独的营销活动，也可以是伴随着产品或服务推广的一种方式，其目的是吸引更多的顾客，并提高销售额。

活动促销的目的是通过活动吸引消费者的注意、提升品牌的知名度，吸引潜在顾客，并促进消费者产生购买行为。活动促销可以引起消费者较高的关注度和兴趣度，并激发消费者的购买欲望。同时，企业在进行活动促销时也需要考虑方便消费者、合法合规等问题，尽可能提高活动促销的效果，吸引更多消费者。

以上三种网络促销的区别在于：节假日促销是在特定的节假日或纪念日等日期进行，以礼品、折扣、广告等方式加强消费者情感联系，以提高消费者的购买欲望；价格促销是针对商品本身进行降价或打折，通常在特定的时间和地点进行，以吸引更多消费者提高销售额；活动促销则是把促销活动合并到商品本身上，以增强产品吸引力，打造品牌形象，也可以在特定场所进行，吸引更多的消费者。

这三种促销方式在实际运用中也可以相互组合，以创造更加有效的网络营销策略，如把节假日促销与活动促销相结合，通过吸引更多的消费者参加团购来提高销售额。

职业道德与法规

发展平台经济需要法律法规保障

2022年3月15日起施行的《最高人民法院关于审理网络消费纠纷案件适用法律若干问题的规定（一）》（以下简称《规定》），对网络消费合同权利义务、责任主体认定、直播营销民事责任、外卖餐饮民事责任等方面做出规定。《规定》为数字经济法律规范体系提供了可操作性的规则，为消费者的多元化消费需求提供了强力司法保障，规范了网络促销行为。

在实践中，存在网购商家利用奖品、赠品、换购商品作为销售商品的促销手段，却拒绝对此类商品给消费者造成的损害承担责任的情况。为规范此问题，《规定》要求，电子商务经营者在促销活动中提供的奖品、赠品或者消费者换购的商品给消费者造成损害的，应当承担赔偿责任，不得以奖品、赠品属于免费提供或者商品属于换购为由主张免责。

另外，《规定》还明确了经营者承诺效力。在实践中，存在网购商家做出高于法定赔偿标准的承诺，以此吸引消费者购买，一旦产生纠纷却又拒绝兑现承诺的情况。为此，《规定》明确，平台内经营者销售商品或者提供服务损害消费者合法权益，其向消费者承诺的赔偿标准高于相关法定赔偿标准，消费者主张平台内经营者按照承诺赔偿的，人民法院应依法予以支持。

> "法者，治之端也。"平台经济发展有利于提高全社会资源配置效率，推动技术和产业变革朝信息化、数字化、智能化方向加速演进，有助于贯通国民经济循环各环节。包括《规定》在内的一系列法律制度也必将进一步推动平台经济规范、健康、持续发展，激励平台经济挖掘市场潜力，增加优质产品和服务供给。

单元二　节假日促销

一、节假日网络促销

微课：节假日促销

节假日既是人们休息的日子，也是一般消费者的消费高峰。近年来，城市消费市场的节假日效应愈发明显，节假日促销已经成为商业中的必要手段。对于电子商务企业来说，在节假日购物旺季，在线网站流量通常会比平时增加25%~35%。

在传统节假日活动促销中，相关产品、活动、营销策略要与传统节假日文化相符合，关注目标用户的文化背景、消费心理，并融合传统文化元素，促销活动的参与感和互动性要强，不仅要吸引用户，更要留住用户，提高好评率。

例如，在端午节，热腾腾的粽子与清香扑鼻的茶搭配在一起，是一种传统。某茶叶店铺在端午节进行促销时，将茶文化与端午节融合在一起，策划跨店粽子配茶促销活动和买茶叶赠粽子促销活动，讲好端午饮食文化故事。该店铺策划了端午节定制促销礼盒活动，将茶叶与端午节相关元素相结合，以龙舟、艾草、五色线等为主题进行包装设计，表现了中华民族的传统文化，烘托了节日氛围。

二、电子商务购物节网络促销

在网络营销活动中，各个商家、店铺不但在传统节日中互相比拼促销手段和力度，而且一些非传统的日子也被网络商家开发出来，如"双11"和"双12"等，都是网络促销的电子商务购物节。

电子商务购物节是指一年中商家推出大规模促销活动的时间段，如前述的"双11"

"6·18"等。在这些时间段内,商家会提供丰富的促销活动,包括折扣、满减、赠品等,以吸引消费者购买商品。

举办电子商务购物节的目的是促进在线销售并提高客户的忠诚度。通过提供大量的促销策略和减价,商家可以吸引更多的消费者购买商品,增加销售额和利润。同时,电子商务购物节也为顾客提供了一个购买商品的理由,并为顾客提供更多选择和优惠。

微课:平台级促销

电子商务购物节的成功与否取决于商家的营销策略。商家需要制定有创意的促销活动,并进行积极宣传和推广,以便触达更多的消费者。此外,商家还需要提供良好的客户服务和售后支持,以确保消费者满意度和忠诚度的提高。

"双11"购物节现在已经成为全球最大的网购节日,这个节日已经融合了年轻人的消费观念和电商促销策略。

在"双11"的前几天,很多电商平台就会推出网络促销方案,给予消费者较大的折扣和优惠,促使消费者在该时段参与购买。电商平台也会打造各种有趣的营销活动,如抽奖、砍价、拼团等,以吸引更多的消费者参与其中。

这个购物节已经成为电商行业的一个重要里程碑,它不仅为消费者提供了物美价廉的商品,也为电商平台带来了巨大的商业机会。

数实融合新视界

家居行业"双11"的线上线下布局

2023年"双11",居然之家第六次与阿里巴巴展开合作。此次合作,居然之家联动全国门店,叠加"淘系"资源支持,为促销活动提供充足的流量支撑。

居然之家从传统卖场转型为新零售数字化平台,取得了巨大的进步。近几年,居然之家数字化转型成果显著,核心成果体现在三个方面:一是从原来的同城门店转化成"洞窝",完成线上布局;二是下沉到线下,开设自营"猫窝"实体门店,围绕数字化,通过场景化的方式服务消费者,重塑新的商业模式;三是战略布局具有前瞻性,打造"实体体验店+流量服务平台+物流交付+到家服务"的产业服务平台。

淘系平台对居然之家进行了专属流量扶持与曝光支持,为前置运营提供了充分的流量激励措施。淘系平台在"双11"期间提供专属资源支持,并通过直播流量券激励、公域流量抉择等渠道,多渠道助力居然之家获客。

居然之家在"双11"期间还采取了"纵横策略":通过居然之家旗舰店围绕商

品纵向挖掘畅销爆款；通过第三方家装家居数字化平台横向拓展行业资源。本次营销活动带动了超过100余家卖场，逾2 000家经销商参与。2023年"双11"，居然之家销售目标同比增长20%。

居然之家作为家居行业数字化转型、线上线下融合的标杆企业，"双11"也是检验其实力的难得机会。从2023年10月21日"蓄水"开始，至11月11日"双11"当日爆发，居然之家投入2 000万元、曝光4.8亿次、获客20万人，全国联动，取得了良好的营销效果。

职业道德与法规

节假日促销规范

2022年6月8日，国家市场监管总局向全国互联网平台企业和各地市场监管部门发出《关于规范"6·18"网络促销经营活动的工作提示》(以下简称《工作提示》)，进一步规范做好"6·18"网络集中促销活动。

《工作提示》包含以下十二方面内容：一是落实平台主体责任。加大审核和抽查力度，确保经营者主体信息真实有效，引导平台内经营者"亮照、亮证、亮规则"。二是加强商品和服务审核。加大对借重要活动等名义进行违法违规营销行为的监管和处置力度，严格商品信息发布审核，开展实时巡查，及时下架或删除违法违规产品链接。三是规范集中促销行为。加强对平台内经营者的管理，引导平台内经营者诚信守法经营，规范有序开展促销活动。四是防范经营假冒伪劣商品行为。对假冒伪劣商品及其经营者及时采取禁限措施，进一步加强知识产权保护。五是规范广告发布行为。提升广告审核水平，严禁虚假宣传、低俗内容，有效拦截虚假违法广告。六是禁止不正当竞争行为。不得通过排除、限制竞争及妨碍、破坏其他经营者合法提供的网络产品或者服务等开展促销。七是及时妥善化解网络消费纠纷。及时受理、高效处理投诉举报，积极协助消费者维护合法权益。八是做好基本消费品保供稳价。保障人民重要生活物资、粮油肉蛋奶果蔬等基本生活物资供应和价格稳定。九是严格落实管理措施。加强各环节全链条管理，做到促销期间不放松、不懈怠。十是助力中小微商户纾困。加大对中小微商户的支持力度，助力中小微商户减负增收。十一是切实维护灵活用工人员合法权益。保障外卖送餐人员劳动安全，优化考核方案，完善收入分配机制，及时合理解决问题。十二是强化政企沟通协作。平台企业

> 应积极配合监管部门依法查处相关违法违规行为,共同引导平台内经营者提高守法经营意识。

单元三　价格促销

价格促销指的是通过对产品价格直接或间接地降低来达到短期吸引消费者注意,使其产生兴趣,直至最终购买的促销形式。价格折扣主要包括直接折扣、限时促销、竞拍促销、满减促销等方式。

一、直接折扣

直接折扣促销类似于线下,是指在商品原价格的基础上给予一定的优惠,这种优惠既可以使用折扣或者直接降价的形式,也可以以满减的形式出现。这是一种最古老、最直接的价格折扣形式,对于消费者来说非常直观,易于接受。但是,由于此类方式被运用得越来越广泛,而且持续的时间比较长,所以,消费者对直接价格折扣促销的力度显得越来越具有"免疫力"。虽然直接价格折扣对于吸引客户确实有着非常大的作用,但是对于促成客户最终购买的作用已大大减弱。只有较大的折扣才会引起消费者较大的兴趣并促使其购买。另外,直接价格折扣促销的力度对于不同的品牌、不同的产品也有所不同,如较为大牌商品平时折扣多为九八折、九五折,那么现在如果打八折就可能会使消费者心动;而一般品牌的产品可能需要打五折、三折才能促使消费者购买。而在网络上,由于促销活动可不受时间、空间范围的限制,所以消费者对促销的力度要求更高。而且网络购物一开始就以价格比较实惠的特点来吸引买家,网络产品价格低廉的形象早已深入人心,因此,线上的直接价格折扣促销力度一般都比较大,否则无法达到吸引消费者,促成其购买的最终目的。

二、限时折扣

限时促销是指在一定时间范围内提供商品或服务的特别折扣或优惠,以促进消费者购买的方式。这种促销通常是短暂的,限制购买时间,以激发人们在限制的时间内抓住优惠时机、赶紧购买的心理。

限时促销作为一种有效的网络营销策略，主要通过设置时间限制和价格优惠来激发消费者的购买欲望，加速商品的销售。它包括以下几种方式：

（1）秒杀。这种方式通常以极低的价格提供数量有限的商品，吸引消费者快速下单。秒杀的特点在于时间短、数量少、价格低，营造了一种紧迫感，刺激消费者迅速做出购买决策。

（2）限时折扣。商家提供一定时间内的商品折扣，让消费者在指定时间内享受更优惠的价格。这种方式让消费者有明确的促销时间意识，促使他们在限期内购买，增加转化率。

（3）倒计时促销。通过倒计时的方式告知消费者促销剩余的时间，以增加购买的紧迫感。消费者在看到时间逐渐减少时，可能会更快速地做出购买决定。

（4）新品上市促销。在新品上市期间，提供特别优惠或赠品，吸引消费者尝试新产品。这种促销方式可以促进新品销售和品牌知名度。

（5）优惠券和礼品卡。向消费者赠送优惠券或礼品卡，消费者可以在限定的时间内使用，从而吸引消费者在近期内进行购买。

上述每种限时促销方式都有其独特的吸引力，商家可以根据自己的商品特性、目标市场以及营销目标选择适合的促销方式，或者将几种方式组合使用，以达到最佳的市场促销效果。

三、竞拍促销

竞拍促销也是一种常用促销方式，商家可以通过竞拍来吸引顾客。在竞拍促销中，商家通常会选择一些热门商品或限量商品，并设定一个底价或起拍价。顾客可以参与竞拍，出价高于最高出价的顾客将会获得该商品。

竞拍促销能够刺激顾客的购买欲望，增加销售量和知名度，也为顾客提供了一种买到特价商品的机会。同时，它也可以增强商家与顾客之间的互动和信任，建立品牌忠诚度和口碑。

以下是竞拍促销的一般流程：

（1）商家确定竞拍商品和竞拍规则，如起拍价、加价幅度、竞拍时间等。

（2）商家将竞拍信息发布到平台或渠道，吸引顾客参与竞拍。

（3）顾客在竞拍规定的时间内投标，每一次竞拍出价必须高于上一次的出价，直至达到拍卖底价或竞拍结束。

（4）竞拍结束后，商家将最高出价者作为竞拍的获胜者，并与顾客联系。

（5）获胜者需要支付最高出价以及可能的税费和运费，商家会将竞拍商品邮寄给获胜者。

（6）如果没有获胜者，则竞拍结束，商家可以选择重新发布竞拍商品或结束竞拍促销活动。

四、满减促销

满减促销是一种打折的方式，即购买一定金额的商品后，可以从总价格里减去一部分。其核心目的是提高销售额（销售额＝客单价×买家数量），通过提升客单价和买家数量来实现。商家将价格压低至敏感用户可以接受的底线，促使其成为购物用户，促使原本犹豫不决的用户下单购买。

满减促销的用户价值为：在心理上，一方面满足了用户追求低价的心理，另一方面满足了完成满减后产生的成就感；在内容上，降低了用户的决策成本，用户会优先查看有满减活动的店铺和商品；在价格上，使用户买到了性价比更高的商品。在电商企业或店铺中多会设置满减优惠券，使用满送、满赠的店铺级促销形式，促使消费者提升客单价。

满减促销优惠券的设置技巧如下：

（1）合理定价。满减优惠券的折扣力度不宜过大或过小，过大会影响利润，过小则可能无法吸引顾客。店铺可以结合商品成本、竞争对手的价格、市场需求等因素来定价。

（2）多样化策略。可以设置不同的满减门槛和优惠金额，同时考虑到有些顾客可能只想购买单个商品，可以将满减优惠券的适用范围设置为单个商品或整个订单。

（3）限制规则。店铺可以设置优惠券的使用次数、使用时间、适用范围等限制规则，以确保促销活动不会影响到正常的销售流程。

（4）发放方式。店铺可以通过平台发放、品牌推广、社交媒体、电子邮件营销等方式来发放满减优惠券，吸引更多的顾客参加活动。

（5）数据分析。店铺可以通过数据分析工具，分析满减优惠券的使用情况和效果，及时调整策略和优化活动效果。

(6) 阶梯设置。假设目标是促进用户在购买满100元的商品时增加购买数量，可以设置如下几个阶梯：

① 满100元减20元。这是默认的满减优惠券，可以吸引用户购买满100元的商品。

② 满200元减50元。当用户购买达到这个阶梯时，可以获得力度更大的优惠券，吸引用户进一步增加购买数量。

③ 满300元减80元。这是最后一个阶梯，可以给用户更大的优惠，也可以吸引用户购买更多的商品。

通过以上阶梯设置，店铺可以有效地促进用户增加购买数量，提高店铺的销售业绩。需要注意的是，阶梯设置的具体数值应根据实际情况进行调整，同时要确保优惠力度不会对企业利润产生较大的影响。

单元四　活动促销

一、团购活动促销

（一）团购的含义

团购就是团体购物，指的是认识的或者不认识的消费者联合起来购买，以加大与商家的议价能力，求得最优价格的一种购物方式。网络团购是指通过互联网将消费者聚合在一起，当消费者达到一定数量时，由于厂商可以获得生产、销售、运输、仓储等的规模效应而给予消费者优惠的一种促销形式。根据薄利多销、量大价优的原理，商家可以给出低于零售价格的团购价格或提供顾客单独购买得不到的优质服务。

目前，网络团购的商品和服务的范围越来越广，它通过消费者自行组团、专业团购网站、商家组织团购等形式，提升了用户与商家的议价能力，并极大程度地获得商品让利，引起消费者和商家的关注。

（二）团购类型

目前团购的形式大致有三种：自发团购、专业团购和销售商组织团购。

1. 自发团购

第一种是消费者自发行为的团购，通过网络搜索可以找到多类产品的自发团购邀请。

（1）自发团购的特点。自发团购行为是自然人通过互联网，将有共同需要的客户快速、便捷地集合在一起，然后向销售方提出购买要求，从而提高议价能力，购得比单独购买价格低得多的产品或服务的行为。

自发团购分为开团和跟团两种，开团者称为团长，是组织团购的一方；跟团者称为团员，是参加团购的一方。除了团长和团员以外，还有提供商品或服务的一方，称为商家。

（2）自发团购的流程。

① 团长开团。

a. 团长找到开团的商品或服务，确定团购要求人数、商品品牌、型号及团购价格等。

b. 召集团员。团长既可以在网上发布寻找信息，也可以找周围的亲戚朋友等。为了更好地确定团员人数，有些团长会向团员要求订金。

c. 团员人数达到团购要求后，团长就会组织向商家进行统一购买。团购结束，如果团员人数未达到团购要求，则开团失败。

② 团员参团。

a. 团员看到了团长的帖子，或者被周围开团的亲戚朋友说动，觉得对开团的商品或服务很感兴趣，于是参与团购。

b. 团员人数达到团购要求后，向团长付款，索要相关票据和质保书等。团购结束，如果团员未达到团购要求，则跟团失败。

2. 专业团购

目前已经出现了不少不同类型的专业团购性质的公司、网站和个人；目前市场上的团购网站非常多，既有综合性的团购网站，也有专业性的团购网站。团购网站的商业形式为B2C团购形式。

（1）团购网站的特征。

① 限制成交数量。团购网站通常会对销售商品或服务的数量进行限制。拿餐饮企业来说，商家通常出于促销和打广告的目的，提供一定数量较低价格的就餐机会。而对于实物商品，由于生产、配送等方面的问题，通常也会设置数量上限。

② 价格较低。团购网站作为一个有组织的电商平台，目的就是通过集体购买，获得较低的价格。通常都会出现一些力度较大的价格折扣，比如2~3折，有的甚至低至1折。

③ 限制时间。团购网站组织商家搞活动，由于广告、活动等费用的限制，一般都有时间期限。

(2) 团购网商家合作形式及问题。目前，在团购类型的网站中，和商家相对成熟的合作形式主要有以下两种：

① 活动返利。团购网站作为一个交易平台，组织消费者集体向商家购买商品或服务。事后商家按之前合同商定的比例，将报酬返还给团购网站。

② 广告推广服务。团购网站负责将商家所要团购的商品或服务信息发布到网站上去。在一定时间内对商家及商品进行线上或线下的推广。在该形式下，不论推广效果如何，商家一次性将推广费支付给团购网站。

3. 销售商组织团购

这种形式主要是销售商凭借自己的网上销售平台开展团购，在不同时间段推出的某些特种商品或服务的促销行为。通过团购，销售商一方面可以提升网站的人气和吸引力，另一方面可以对重点促销商品或服务实现快速销售。销售商可以实现资金的快速回笼，消费者也可以通过网站团购以较低的价格购得自己所需要的商品。销售商自己组织的网络团购可能更能得到消费者的认同。

行业发展与瞭望

社区团购的三个机会

目前，社区团购已成为团购的重要形式之一。从社区团购发展来看，社区团购还依然蕴藏着以下三个机会：

1. "走出去，沉下来"

社区团购"走出去"，是指社区团购平台或企业在运营模式成熟以后，不仅局限于某一特定社区或地区，而是将业务拓展到更广泛的地域，实现跨社区、跨城市的运营和发展。这种模式的出现，主要是基于社区团购模式本身的成功以及市场需求的扩大。

社区团购"沉下去"，主要指的是深入社区，更贴近消费者，提供更本地化、个性化的服务。这种模式的核心是满足下沉市场的需求，即深入那些传统零售业覆盖不足或者消费者购买力相对较低的地区，通过社区团购的方式为消费者提供实惠、便捷的购物体验。

2. 精细化运营

精细化运营已经被越来越多的社区团购所认同。尤其是对于地方团来说，想要不被淘汰、实现突围、抢占市场份额，那么，优化产品结构，找到可复制的运营方案，优化服务，提升供应链仓储能力等，都决定了未来社区团购的发展。

3. 团购中流量引入的私域直播被激活

一是"直播+团购"的私域团购模式。在当下获取流量越来越难的时期，引流拉新、激活用户、赋能团长，被看作是社区团购增长的三大利器，而"私域直播"的社区团购一方面能够帮助团长实现快速引流，另一方面，特价品、秒杀品、福利品的设置有利于实现客户引流和激活，帮助团购用户快速下单。

二是"短视频平台团购+融合团店+团批+直营团"的复合型团购模式。其中，"融合团店"是指将传统的实体店铺与社区团购模式相结合，形成一种新型的零售业态。融合团店不仅提供线下实体店铺的购物体验，还通过线上平台吸引消费者参与团购活动，形成线上线下深度融合、互为补充的运营模式。"团批"，即团体批发，是一种集中采购的模式。它是指所有采购某一货品的买家联合起来，作为一个团体来进行采购。"直营团"指的是由团购平台或企业直接经营和管理的团队。这种模式下，平台或企业会直接负责团队的组织、运营和管理，而不需要通过第三方合作伙伴或加盟商。

"短视频平台团购+融合团店+团批+直营团"模式具体做法是融合团店依托抖音等短视频平台打造品牌声势，为后续团批、直营团造势，再借助短视频巨大的播放量将用户引入店铺，直接带动产品销量。

数实融合新视界
国家"团购"药品成常态

国家组织药品集中带量采购，是按照"国家组织、联盟采购、平台操作"的总体思路，采取带量采购、量价挂钩、以量换价的方式，与药品生产企业进行谈判，在严格保证质量的前提下，达到降低药品虚高价格，减轻患者医药费用负担的目的。

以"国家队"为首，多个省份纷纷启动省级或跨省联动药品集采，向虚高药价"开刀"，原来的固化利益被不断分化瓦解，逐步让利给每一位需要"救命药"的老百姓。"低价"是药品集采带给老百姓的一个"健康红包"，让老百姓用得起药，用得上好药。随着药品集采常态化，国家"团购"将逐步覆盖国内上市的临床必需、质量可靠的各类药品，充分发挥医保基金战略性购买作用。

这就意味着，未来市场上将有更多药品被纳入国家"团购"，持续为老百姓的"药价清单"扩充可选范围。这是药品集采带给老百姓的另一个"健康红包"。

"招采合一"是国家组织药品集中带量采购的亮点。药品集采实行量价挂钩，根

> 据医院实际用药量，明确采购数量，并直接把指标落在医疗机构。国家医用耗材联采办会追踪企业库存，追踪医院用量情况，增加老百姓用上"团购"药品的可能性。

二、优惠券促销

目前，在电子商务平台被运用最广泛并且最有效的促销工具就是折扣优惠券。随着数字技术的发展，如今许多网站或者销售商家愿意在各自的网站或其他信息发布平台发放电子优惠券。电子优惠券与传统优惠券相比，不但可以同样起到促销作用，还可以节约大量印刷成本，也节省了人工费用，年轻人非常喜欢这类方式。

电子优惠券就是电子化了的优惠券，可以是代金券、折扣券或礼品赠券，电子优惠券对促销的作用如下：

（1）有效区分对价格敏感和对价格不敏感的消费者，前者更有可能主动获取电子优惠券，进而提高商家盈利水平。无论是提供代金券、折扣券还是礼品赠券，用户只有在购物时才能使用，大大激发了消费者的购物热情。

（2）电子优惠券提供暂时的降价，在期满后该商品即恢复到正常价格。此时提供电子优惠券吸引了更多用户，即使他们没有马上完成购物行为，也为商品增加了潜在客户资源。通过建立长期友好的关系，这些用户最终很可能成为真正的顾客。

（3）鼓励新顾客尝试使用某种产品，有利于提高品牌价值。

（4）基于大数据分析技术，可以获得使用电子优惠券的消费者数据，并对其消费行为进行分析，进行精准投放，提高促销效益。

（5）有助于商家及时调整及变更促销策略，灵活应对市场变化。另外，商家可以为在线优惠券设置跟踪代码，以方便统计哪些用户兑换或使用了优惠券，从而对电子优惠券的促销效果进行合理评价。

三、会员促销

会员促销就是企业通过发展会员，提供差别化的服务和精准的营销（促销）手段，提高顾客忠诚度，长期增加企业利润。其中，会员卡（号）是会员进行消费时享受优惠政策或特殊待遇的"证件号"。会员促销是一种综合促销手段，可以将不同的会员绑定进行差异化的促销，长期以来就会使客户产生黏性，在会员优惠条件的吸引下刺激消费

数实融合新视界
全渠道会员体系布局

在国内，京东是国内第一个尝试付费会员的电商平台，此后付费会员体系逐渐成为电商平台的标配。京东对付费会员制的探索具有指导意义，主要表现在以下三个维度：

1. 会员价值的基础搭建

目前，京东会员体系有以下两条主线：一是可以对用户的购物行为产生直接影响的"京享值"体系，"京享值"数值与用户消费频率、在京东平台的活跃度、信用分等呈正相关关系。用户想要享受闪电退款、上门换新、以换代修、京享礼包等特权，"京享值"数值必须达到特定的等级，如5 000分、10 000分、20 000分等。在"京享值"体系内，用户的购买频率越高，消费额越高，所能享受到的会员服务就越多。二是付费会员，京东会按照不同的等级为用户提供折扣，但会向会员收取年费。刚性年费虽然提高了用户门槛，但也可以让用户享受到更多有设计感的权益，如购物返京豆、全年运费券大礼包、合作影视平台VIP会员、免费上门退换货等。

2. 联合会员的黏性收益

爱奇艺与京东达成独家战略合作关系，实现会员权益互通，吸引了广泛关注。权益互通上线不足1个月，爱奇艺与京东发展的联合会员数量就突破了100万人。并且会有越来越多的合作者加入这个会员体系，通过权益共享共同吸引新客户，并增强老客户的黏性。

3. "无界会员"的场景交叉

京东提出了"无界零售"这一概念后迅速进行线上线下一体化布局，试图打通线上线下数据。在这个过程中，京东会员发挥了极其重要的作用。京东的"无界零售"并不是简单的线上线下融合，而是将零售活动融入生活的各个场景。因此，京东会员体系的重点任务也是线上线下的全场景植入。京东会员在线上领取优惠券之后，可以在线下支付时直接抵扣。对于独立运作的店铺来说，使用线上优惠券到线下消费直接抵扣是最简单的O2O规则。但是对于线下店铺来说，这种规则需要京东强大的后台数据系统提供支持。

除此之外，京东布局线下还有另外一条路径，就是线下会员联合。京东和航空、酒店、旅游等领域的企业合作，打通各类会员体系，支持消费者线上领券、线下消费，用相对较低的成本享受较高端的线下服务。

四、红包促销

店铺红包是由卖家自己设置、供消费者在卖家自己店铺消费时使用的红包。店铺红包仅限在其发行店铺使用。

店铺红包是高效的引流方式,可以实现跨平台分享,由于红包没有门槛或门槛较低,消费者更愿意领取,设置红包可以增强店铺流量红包促销还可以在预热期为店铺引流蓄势,锁定成交,最终促成买家消费,提升店铺的购买转化率。除此以外,在日常促销中,利用红包促销还能有效增加收藏量,如收藏店铺可以领店铺红包。

以下是一般红包促销设置的流程:

(1) 确定红包促销目的和规则。首先需要确定该次红包促销的目的,如吸引新客户或提高客户转化率等;其次,需要制定具体的红包规则,如面值大小、发放数量、使用限制等。

(2) 配置红包代码。在电商平台中,需要针对该次红包促销主题制作红包代码,既可采用平台现成的模板代码,也可以自定制。

(3) 选择红包领取方式。红包领取方式包括积分兑换、积极参与活动赠送、分享/推荐好友领取等多种形式。

(4) 红包派发。在活动开始前,将已制作好的红包代码放在平台上。客户在满足促销规则(如消费金额、下单数量等)后,即可领取使用。

(5) 红包管理。通过平台上设计好的红包管理系统,店铺可以实时监控该次促销的红包使用情况、发放情况和用户反馈情况,并对红包进行管理或调整。

红包促销是一种常见的营销方式,在电商平台或线下门店中都有广泛的应用。通过制定适当规则、设定目的、选择合适的领取方式、实行红包管理和优化,可以提高销售量、提升客户满意度和品牌忠诚度等。

五、赠品促销

赠送促销是指给予消费者超过支付金额以外的产品或服务,这种促销方式有助于促进交易的达成、商品品牌的建立与传播。赠品促销的主要方式包括免费试用、售后服务延长、送赠品等。其中,免费试用是指通过网络注册等形式获得对产品或服务的赠送体验,或者增加产品知名度,降低消费者对产品或服务的疑虑心理,增加购买数量。

送赠品在商业领域中的应用主要指顾客购买商品时，可获得商家赠送的另一种物品。在现代市场经济中，赠品被广泛应用到商业领域，对促进交易的达成、商品品牌的建立与传播，起着重要的作用。企业希望通过赠品促销刺激顾客的购买欲望，同时也希望通过赠品增加顾客对产品或服务的满意度及好感。

六、免费体验促销

免费体验就是让顾客通过对商品或服务进行一段长期或者短期的免费体验之后，对其性能和效果表示认可，并主动表达消费意向，商家再出售商品或服务的一种符合市场变化发展的全新的营销形式。在如今的电商竞争中，用户体验逐渐成为大家关注的焦点，消费者更愿意为良好的体验买单，而不仅仅是产品本身。因此，在网上开展的促销活动中，在线体验、在线申请、免费体验形式可以得到最大限度的放大。与线下一般的产品或服务试用免费派送不同，一方面线上消费者较为主动，只有出于自身的需要才会积极去申请；另一方面，通过网络，消费者可以与其他消费者分享自己的消费体验，以消费者推广的形式实现产品或商家宣传的目的。因此，免费体验促销的形式发展迅速，不但企业专门针对消费者提供免费体验通道，而且有专业的体验网站，为商品尤其是新商品提供宣传与推广。

（一）免费体验促销的特点

免费体验促销的特点如下：

（1）给体验者提供详细的产品或服务说明。

（2）不管购买与否，都不给体验者任何压力。

（3）免费体验可以让更多人了解该商品或服务，等于无形中为商品或服务做了广告。

（二）免费体验促销的类型

（1）试吃/试用/试穿/试玩。这是最常见的免费体验形式。在餐饮、化妆品、服装、电子产品等行业尤其常见。顾客线上提出申请，商家线下提供产品或服务的小样本，让顾客亲自体验。

（2）限时免费体验。商家在某个特定时间段内提供产品或服务的免费体验。这通常是为了吸引新顾客，或者在产品/服务推出初期吸引公众关注。

（3）预约免费体验。顾客需要提前在线上预约才能享受免费体验。这种策略常用于需要准备或定制的产品或服务，如美容、按摩、咨询等。

(4) 组合免费体验。商家将多种产品或服务组合在一起，向顾客提供免费的组合体验。这通常用于推广新产品或服务，或吸引顾客尝试多种产品或服务。

(5) 社交媒体免费体验。商家通过社交媒体平台提供免费体验。例如，商家会要求客户在社交媒体上分享他们的使用体验，以换取免费产品或服务。

(6) 推荐免费体验。客户推荐新客户给商家，就可以从商家那里获得免费体验作为奖励，这种策略旨在通过现有客户的口碑来吸引新客户。

免费体验促销的目的是让潜在客户亲自体验产品或服务，从而建立信任，激发其购买欲望。然而，这种策略也需要谨慎使用，以确保利润和长期盈利能力。

七、返利式促销

购物返利是指商家或供应商为了刺激销售，提高经销商（或代理商）的销售积极性而采取的一种商业操作模式，一般在一定市场、一定时间范围内达到指定销售额的基础上给予顾客一定的奖励，所以此方式也被称为返点或返利。随着电子商务的发展和互联网技术的发展，店铺返利促销可以在返利平台中进行设置，顾客通过代理商或返利网站获取返点或返利。顾客通过返利商城，在网上购物时能够根据购物的消费金额获得一定的现金返还，让顾客在购物时既能享有折扣，又能得到额外返利。返利式促销一般包括以下四种：

(1) 微信购物返利。一些商家可以利用微信平台进行返利促销。用户在微信平台上通过推广二维码或链接购买商品，可以获得一定比例的返利。

(2) 银行信用卡返利。一些银行可以利用信用卡的优势开展返利活动。用户使用信用卡消费，在活动期间可以获得一定比例的返利，或者在指定商家消费也可以获得返利。

(3) 友商激励返利。一些平台可以鼓励用户利用朋友圈等方式邀请好友或者分享特定的商品链接，可以获得一定比例的返利。

(4) 交叉营销返利。一些企业可以利用交叉营销的方式进行返利促销。用户在指定时间内购买企业的多个产品或服务，可获得一定比例的返利。

八、预售促销

预售促销是指在互联网上进行预售活动时，商家通过互联网提前展示新品，提供一定程度的折扣或其他优惠活动，让消费者在上市前预订和支付定金或全款，并在上市后按照一定的规则进行交付。

网络预售促销的意义在于，通过提前宣传和预售，可以大大增加消费者对产品或服务的认知和关注度，提高消费者的购买意愿和购买率，并为企业创造更大的销售业绩和品牌影响力。

预售促销的优点是：一是提前在市场上展示新品，提高消费者对该新品的认知度和关注程度；二是通过一定的价格优惠，刺激消费者的购买欲望，促进销量增长；三是提前获取客户收入并锁定客户资源，降低新品落地后的销售压力和库存压力。

网络预售促销比较适合的使用场景如下：

（1）适用于新品发布时：企业可以通过预售促销来推广新品，吸引更多消费者的关注和购买。

（2）适用于产品促销时：企业可以通过预售促销来推广产品，提高消费者的购买意愿和购买率。

（3）适用于节假日促销时：企业可以通过预售促销来促进节假日销售活动，提高消费者的购买热情。

网络预售促销使用的注意事项：① 必须明确预售产品或服务的交付时间和具体规则；② 必须保证预售产品或服务的质量和数量；③ 必须确保企业的宣传和促销活动合法合规。

九、抽奖促销

抽奖促销就是利用公众消费过程中的侥幸心理，设置中奖机会，利用抽奖的形式来吸引消费者购买商品。抽奖促销是人们在日常生活中最常见的促销方式之一。不论是大品牌还是新进入市场的品牌，抽奖促销都是非常适合的促销方式。网络抽奖促销也是大部分网站乐意采取的较为广泛的促销方式之一，抽奖促销的界面如图5-1所示。

抽奖促销需要做好以下几个方面的设置：

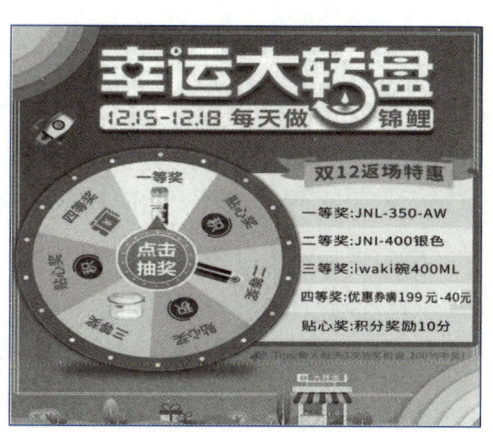

图 5-1　抽奖促销

（1）设定合理的奖品。奖品应该与受众群体相关联并能够吸引受众的注意力。此外，奖品的价值应该与店铺的营销预算相符。

（2）明确抽奖规则。抽奖规则应该明确、简单易懂。店铺需要告知顾客如何进入抽奖、如何获胜、是否有额外的条件等。

（3）保证公平性。抽奖过程中应该尽量保证公平，防止使用作弊方式来增加中奖的机会。顾客可以使用第三方软件来帮助处理抽奖过程。

（4）合法合规。抽奖活动必须遵守当地法规，不得侵犯消费者或竞争对手权益，并避免使用会引起法律问题的抽奖方式。

（5）宣传和推广。店铺需要使用多个渠道来宣传和推广自己的抽奖活动，如社交媒体、电子邮件等。同时，店铺需要预留足够的时间来宣传和推广活动，并确保所有受众都有足够的时间了解活动。

（6）持续跟进。抽奖促销活动结束后，店铺需要及时联系中奖者，通知他们获得了奖品，并告知他们如何领取奖品。对于未中奖者，店铺也需要提供感谢信件或奖品优惠券等，以鼓励他们参与未来的活动。

十、联合促销

联合促销是指多方利用各自的资源和平台，在网络上进行合作促销活动的一种营销模式。联合促销可以通过跨平台、跨店铺等维度进行。

联合促销的意义主要体现在，多方联合促销可以实现协同效应，实现更好的营销效果。各方的资源可以互相补充，实现资源整合，降低了成本，多家企业间的联合促销可以扩大推广范围，从而提高品牌知名度和销售额。

（一）联合促销的特点及使用场景

联合促销的特点有：① 多家企业共同参与，共享营销利益；② 多方合作，共担营销风险和成本；③ 各方资源可以互相补充，实现资源整合。

联合促销的使用场景包括：

（1）品牌推广。各品牌联合促销，共同推广品牌，提高知名度。

（2）产品销售。多家商家联合销售同类或不同类别的产品，以提高销售额。

（3）促销活动。多家企业联合举办促销活动，共同提升销售业绩。

(二) 联合促销活动的注意事项

在进行联合促销时,需要注意以下几点:

(1) 合作伙伴的选择:合作方需考虑商业模式、盈利能力、市场信誉、产品属性等因素,选择可靠合作伙伴。

(2) 促销方案制定:要制定具体的促销方案,包括时间、地点、促销方式、实施步骤等。

(3) 内部的交流与协调:在联合促销过程中,需要不断保持内部的交流和协调,确保各方合作无误。

职业道德与法规
网络促销需合法合规

党的二十大报告指出:"完善产权保护、市场准入、公平竞争、社会信用等市场经济基础制度,优化营商环境。"《规范促销行为暂行规定》是国家市场监督管理总局为规范经营者的促销行为,维护公平竞争的市场秩序,保护消费者、经营者合法权益,制定的部门规章,该法规自2020年12月1日起施行。商家在实施网络促销行为的时候,必须规避以下法律红线:

1. 未标明或未显著标明促销活动期限

商家开展促销经营活动时,大多使用"限时""特价"等字眼吸引消费者尽快达成交易,但往往并不注明活动时限。对于这种现象,《规范促销行为暂行规定》第七条明确规定:"卖场、商场、市场、电子商务平台经营者等交易场所提供者(以下简称交易场所提供者)统一组织场所内(平台内)经营者开展促销的,应当制定相应方案,公示促销规则、促销期限以及对消费者不利的限制性条件,向场所内(平台内)经营者提示促销行为注意事项。"

2. 未显著标明促销活动附加条件

《规范促销行为暂行规定》第二十条规定:"经营者开展价格促销活动有附加条件的,应当显著标明条件。"因此,如果商家在进行打折促销活动时,没有显著标明打折商品的数量限制、时间限制等附加条件,导致消费者在购买时才发现无法满足条件,那么商家的这种行为就可能被视为"未显著标明促销活动附加条件",从而违反了相关规定。

3. 未标明折价、减价基准

在实践中,很多商家开展打折促销活动具有连续性,此时,商家开展促销活动但未标明折价、减价基准的行为,《规范促销行为暂行规定》第二十一条第一款规定:"经营者折价、减价,应当标明或者通过其他方便消费者认知的方式表明折价、减价的基准"的规定。

4. 先提价后折价

一些不法商家在开展促销活动时,先提价后折价,标明的折价、减价基准较平时偏高且属于无依据的价格。对于这种现象,《规范促销行为暂行规定》第二十一条第二款明确规定:"未标明或者表明基准的,其折价、减价应当以同一经营者在同一经营场所内,在本次促销活动前七日内最低成交价格为基准。如果前七日内没有交易的,折价、减价应当以本次促销活动前最后一次交易价格为基准。"

单元五　网络促销方案设计与实施

一、网络促销方案设计的内容

网络促销方案设计的内容具体可以从以下五个方面入手:

(1) 网络促销形式的选择。在设计网络促销活动时,需要选择适合该产品或服务的促销形式,如限时促销、满减促销、赠品促销等。

(2) 奖品设定。网络促销活动离不开奖品,奖品的设定为促销活动的吸引力和推广效果提供了很关键的作用。

(3) 活动时间的选择。网络促销活动的时间安排也非常重要,需要结合产品的销售旺季或淡季等因素,根据实际需求安排活动时间,提高变现率。

(4) 渠道定位。对不同产品促销的渠道定位也不一样,网络促销渠道的选择要具有针对性和有效性,能够有效地吸引目标消费群体,提高消费者的购买意愿。

(5) 宣传推广。网络促销的设计要借助多种新颖的推广形式,如显眼的网络广告条幅,或社交媒体、短视频推广等方式,提高品牌宣传效果,从而更有效地吸引到目标消费群体。

总之,网络促销方案设计是网络促销活动中的一个重要环节,需要在考虑产品属性和市场需求的基础上,结合实际情况和客户需求,运用创意,寻找合适的促销形式,以推动品牌发展，并满足消费者的需求。网络促销方案设计还要严格把控促销的信息真实性和合理性，避免虚假宣传和不良竞争。

二、网络促销方案设计流程

首先，要对目标市场、品牌、竞争情况以及各种内部和外部因素进行全面了解。然后，营销人员选择专门的促销工具来实现企业的营销目标，通过适当的途径接触目标市场。在正式方案实施以后，营销人员还要对方案的实际效果进行测试，做出必要的调整，最后再评估结果。

（一）网络促销方案设计准备阶段

第一步：资料收集与分析。主要是对企业的营销背景、市场环境进行分析。一般包括以下主要几个方面的内容：

（1）宏观环境分析，包括政策法律因素分析、经济因素分析、技术因素分析、社会文化因素分析等。

（2）微观环境分析，包括竞争对手营销战略及状态分析、企业内部优劣势分析等。

（3）企业概况分析，包括企业的历史情况、现实生存状况及未来发展设想等。

（4）对调查材料的分析，包括企业目标市场需求行为调查、消费者购买力调查、购买行为方式调查、企业适应市场需要状况调查，以及对企业的影响力、知名度、满意度的调查等。

第二步：确定此次促销的基本目标。网络促销方案既要围绕企业的营销目标进行，也要考虑到与消费者沟通的便利性。例如，某汽车公司想要销售更多的汽车，其目标是：① 为网站带来潜在顾客；② 增加网站的注册量；③ 增加客户试驾的预约。增加销售量是公司的主要目标，上述三个目标可以帮助企业来实现这个主要目标。

（二）网络促销方案设计主体阶段

网络营销人员必须选择合适的网络促销沟通工具，即根据预期的结果在不同的阶段运用各种不同的工具，或者在不同的平台和场合运用各种不同的促销手段。例如，网络经营者可以通过搜索引擎广告引起消费者的兴趣和购物愿望，然后采用网络促销手段来吸引消费者的注意力，最后运用在线店铺直销等在线工具实现消费者的最终购买，以达到预期结果。具体可以有以下三个步骤：

第一步：方案设计。方案设计是网络营销策划的实质性程序，也是极富创意性的过程。方案设计要把握的原则是：准确精到，鲜明生动；别具一格，不同凡响；有的放矢，切实可行；不落俗套，匠心独具。方案设计的具体内容包括：理念设计；目标选择和进入市场的方式设计、企业成长阶段性战略设计、市场拓展方案设计、市场营销策略组合设计、产品更新及产品策略设计、企业及产品宣传设计、企业公益行为设计等。

第二步：费用预算制定。依据营销策划的主题及方案的大小，制定完成策划的任务实施所需的费用预算和策划方案本身所需的费用预算。

第三步：方案沟通。方案沟通首先是策划者与经营管理者的沟通。通过沟通进一步了解经营管理者的意图，最准确、最具体地体现其理念、思想、风格等。

(三) 网络促销方案设计调整阶段

网络促销方案调整包括以下两个步骤：

第一步：方案调整。方案调整是在营销策划方案基本磨合成形以后，再经过多方征求意见，对方案的某些目标、措施、策略进行调整、修改。

第二步：反馈控制。方案付诸实施后，要经过第三方专家或委托方组织的实施人员的评估、鉴定。一旦获得认可即坚持实施，如果有疑问则要双方当事人重新研究，提出修改意见后重新投入实施。

三、网络促销活动实施

(一) 明确网络促销的目的和方式

在制订促销计划之前，需要明确网络促销的目的和方式，以确定网络促销的重点和策略。目的可以是促进销售，提高知名度，刺激消费等。网络促销方式包括多种选择，如满减、特价、赠品、抽奖等。根据目的和方式，选择最适合的网络促销方式。

(二) 制订网络促销计划

在明确促销目的和方式之后，需要制订详细的促销计划，包括促销期限、商品范围、促销策略、广告宣传和促销预算等。在策划期间，需要关注市场情况和消费者需求，结合实际情况制订切实可行的促销计划。

(三) 准备网络促销物料

根据网络促销计划，准备相应的网络促销物料。具体包括制作网络促销宣传海报、促销红包，准备网络促销商品或服务等。网络促销物料的质量直接影响到消费者的购买决策，因此需要认真制作和设计。

(四) 执行网络促销计划

在网络促销期间，根据制订的促销计划进行促销活动的执行。在网络促销期间执行网络促销计划，首先，要确保促销信息准确且吸引人，通过多种渠道，如社交媒体、网站、电子邮件等广泛传播。其次，要密切关注用户反馈和数据分析，实时调整策略以提高转化率。同时，确保库存充足，物流顺畅，以应对可能增加的订单量。此外，要加强与客服团队的沟通协作，确保用户体验良好。最后，网络促销结束后要及时总结分析，为将来的新活动提供宝贵经验。

四、网络促销效果评估

网络促销效果评估是指对网络促销结果进行定量或定性的分析和评估。它旨在了解和衡量网络促销活动对销售业绩、品牌知名度、用户参与度等方面的影响，以便优化促销策略和提高营销效果。

（一）网络促销效果评估的内容

网络促销效果评估通常包括以下内容：

（1）销售额增长情况：比较网络促销活动前后的销售额变化，评估网络促销活动对销售额的影响。

（2）用户转化率：分析网络促销活动对用户从浏览者转化为实际购买者的比率的影响。

（3）用户参与度：评估用户对促销活动的参与程度，包括点击率、分享率、评论率等指标。

（4）用户满意度：通过问卷调查等方式了解用户对促销活动的满意度和建议。

（5）投资回报率（Return on Investment，ROI）：计算网络促销活动的投资回报率，评估网络促销活动的经济效益。

（二）网络促销效果评估的方法

网络促销效果评估可以通过数据分析、问卷调查、A/B测试、社交媒体监测等方法进行。

（1）数据分析：通过对销售数据、用户行为数据等进行分析，比较网络促销活动前后的差异，评估活动的效果。

（2）问卷调查：向参与网络促销活动的用户发放问卷，收集他们对活动的满意度、购买意愿等反馈信息，评估活动的效果。

（3）A/B测试：将不同促销策略应用于不同的用户群体中，比较两组用户的反应和购买行为，评估不同策略的效果。

（4）社交媒体监测：通过监测社交媒体上关于促销活动的讨论和反馈，了解用户对活动的态度和反应，评估活动的效果。

通过对以上指标的分析，企业可以了解网络促销活动的实际效果，发现问题并及时调整策略，以提升销售业绩和市场竞争力。

调查研究与善作善成
网络促销设计与实施

【调研目的】

（1）了解网络促销的形式和作用。

（2）设计和撰写网络促销方案。

（3）利用网络促销工具设置和实施网络促销。

【调研要求】

以小组形式选取主流电商平台中的一家店铺，通过网络调研平台、店铺和同类店铺的促销情况，为选定的店铺设计电商购物节的促销方案，并根据方案撰写至少2种促销形式的实施，并分析促销的目的和注意事项。

【调研内容】

（1）登录相应的平台（淘宝、京东、美团）选取一家腰部的店铺，了解店铺定位和产品（服务）特性。

（2）分析平台、店铺和同类店铺常用的网络促销形式和购物节常用的促销组合技巧。

（3）结合"6·18"或"双11"等购物节日的活动特性和规则，为选定的企业设计和撰写一份不少于1 500字的促销方案。

（4）利用平台工具进行优惠券、折扣、抽奖、拼团、秒杀等网络促销形式的体验，并撰写不少于网络促销活动1 000字的网络促销实施计划。

【调研成果】

不少于1 500字的网络促销方案一份和不少于1 000字的网络促销实施计划一份。

同步测试

一、单项选择题

1. 如果是为了在短期内达到较高的销量，最简单的网络促销类型的是（　　）。
   A. 价格促销　　　　　　　　　　　B. 活动促销
   C. 节日促销　　　　　　　　　　　D. 免费体验

2. 时间短暂的，限制购买时间，以激发人们在限制的时间内抓住优惠时机赶紧购买的心理的网络促销模式是（　　）。
   A. 价格折扣　　　　　　　　　　　B. 数量折扣
   C. 限时折扣　　　　　　　　　　　D. 免费体验

3. 自然人通过互联网，将有共同需求的客户快速、便捷地集合在一起，然后向销售方提出购买要求，从而提高议价能力的促销形式是（　　）。
   A. 自发团购　　　　　　　　　　　B. 专业团购
   C. 销售商组织团购　　　　　　　　D. 赠品促销

4. 提前获取客户收入并锁定客户资源，降低新品落地后的销售压力和库存压力的网络促销模式是（　　）。
   A. 价格折扣模式　　　　　　　　　B. 预售促销
   C. 返利式促销　　　　　　　　　　D. 节假日促销

5. 网络促销方案分为三个阶段：准备阶段、（　　）和网络促销方案调整阶段。
   A. 网络促销方案设计主体阶段　　　B. 实施阶段
   C. 反馈阶段　　　　　　　　　　　D. 分析阶段

二、多项选择题

1. 网络促销形式主要包括（　　）
   A. 价格促销　　　　　　　　　　　B. 节假日促销
   C. 活动促销　　　　　　　　　　　D. 广告促销

2. 价格折扣形式的促销主要方式有（　　）。
   A. 直接折扣　　　　　　　　　　　B. 限时折扣
   C. 竞拍促销　　　　　　　　　　　D. 满减促销

3. 限时折扣的形式包括（　　），以及优惠券和礼品卡。

A. 限时低价 B. 倒计时促销
C. 秒杀 D. 新品上市促销

4. 目前网络团购形式大致有（　　　　）。

A. 自发团购 B. 政府规定的团购
C. 专业团购 D. 销售商自己组织的团购

5. 竞拍促销在竞拍前需要设定好（　　　　）等条件。

A. 起拍价 B. 加价幅度
C. 竞拍时间 D. 优惠价格

三、简答题

1. 简述网络促销的含义及特点。
2. 结合"6·18"购物节促进销售额增长的目标，简述如何设置联合促销形式。
3. 结合本模块所学内容，分析各类网络促销形式适用的情景分别是什么？
4. 简述网络促销方案撰写的基本流程。
5. 简述如何进行网络促销效果评估。

模块六

网络营销效果评估

学习目标

素养目标
- 提升数字素养,培养网络营销数据收集和整理能力
- 弘扬诚信精神,在进行数据分析时培养学生的诚信意识

知识目标
- 掌握网络营销效果评估的概念
- 了解网络营销效果评估的作用
- 了解网络营销效果评估的意义
- 熟悉网络营销效果评估的各项评估指标体系
- 掌握网络营销效果评估的实施步骤

技能目标
- 能够正确使用网络营销效果评估工具
- 能够获取网络营销评估效果数据
- 能够实施网络营销效果评估

思维导图

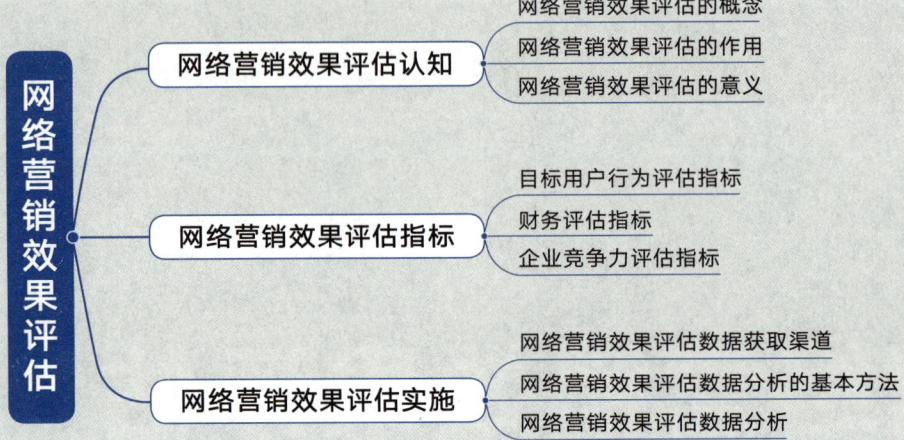

学习计划

■ **素养提升计划**
_____
_____

■ **知识学习计划**
_____
_____

■ **技能训练计划**
_____
_____

引导案例

网络营销效果评估助力大学生创业

大三学生汪小光开办的"猎猎电子商务公司"很受关注。该公司同时开设有网店和实体店,主营汉服和相关配饰。2023年,公司销售额突破了700万元,利润接近50万元。

在网络营销方面,汪小光通过搜索引擎优化提升了店铺和产品的搜索排名,吸引了潜在客户。此外,社交媒体营销也很关键,他通过微博、微信、小红书等平台推广产品和网络促销活动,并与顾客互动。为了衡量网络营销效果,汪小光使用了以下几种方法:

(1)网站流量分析。利用数据营销工具监控网店的访问量、流量来源、用户行为等数据,以评估网络营销活动是否有效吸引了目标用户。

(2)转化率分析。关注网站的转化率,如访客转化为实际购买者的比例,实际购买者转化为多次购买的忠实用户的比例等,以衡量网络营销活动的销售效果。

(3)客户行为分析。通过跟踪客户的浏览、购买、反馈等行为,了解客户偏好和需求,以便优化产品和服务。

(4)投资回报率分析。计算网络营销投入产出比,以评估营销活动的经济效益。

(5)竞品分析。分析竞争对手的网络营销活动,了解他们的营销策略和优劣势,以便调整自己的营销策略。

通过综合运用以上方法,汪小光能够更全面地衡量自己公司的网络营销效果,从而根据数据反馈调整营销策略,提升销售额和利润水平。

【案例分析】

网络营销效果评估可以让商家充分了解自己的优势、劣势、机会、威胁,也能让商家不断调整自己的方向。网络营销是一个不断优化和创新的过程。如果没有数据分析,没有网络营销效果评估,就很难去进一步了解用户需求,很难服务好用户。因此,网络营销效果评估在网络营销活动中至关重要。

单元一　网络营销效果评估认知

企业进行网络营销活动时，都要对营销效果进行评估，从而更好地把握网络营销活动的方向。在网络营销效果评估方面，各个企业所采取的评估方法并不完全一样，对于评估所设定的指标也不完全一致。

一、网络营销效果评估的概念

所谓评估，是指按照已经确定的目标对象进行测定的行为，即明确活动价值的过程。评估必须有明确的目标，但评估过程本身并不是目的，评估的终极目标是指导企业做出合适的网络营销决策。

网络营销效果评估是指借助某些定量和定性指标，对企业开展的网络营销活动的各个方面（包括网站访问量、个人信息政策、顾客服务和产品价格等）进行评估的行为，以达到总结和改善网络营销活动，提高企业网络营销水平的目的。

网络营销评估是一个系统性工程，需要企业的网络、市场、销售等与之相关的部门共同参与。网络营销效果评估可以使企业充分把握网络营销推广费用的流向，并能在众多网络营销平台和方法中选择最好、最适合企业发展需要的组合营销方式。

企业网络营销有关部门的工作内容之一就是评估和控制网络营销活动。网络营销活动的评估是为了评估所执行的网络营销计划和方案是否有效。当评估的结果表明未能达到预期目标时，就要调整网络营销计划和具体方案，从而对网络营销活动进行适当控制。

二、网络营销效果评估的作用

网络营销效果评估对于企业开展网络营销活动有以下重要作用：

（1）了解网络营销效果。通过网络营销效果评估，企业可以了解其各项网络营销活动的效果，包括广告曝光、流量、转化率等各项指标，为企业制定更加有效的网络营销策略提供数据支持。

（2）优化网络营销活动。网络营销效果评估可以指导企业优化营销推广方式和内容，减少低效活动，增加高效活动，提高网络营销效果，努力使投资回报最大化。

（3）降低网络营销成本。通过实施绩效评估，企业可以及时发现效果不好的网络营销渠道、关键词或内容，避免不必要的投入，降低营销成本，提高营销收益。

（4）与竞争对手比较。通过网络营销效果评估，可以帮助企业评估自己在行业内的地位，与竞争对手的网络营销效果进行对比，从而指导企业优化产品和服务策略。

（5）监控网络营销进程。通过网络营销效果评估，企业可以实时监控网络营销活动的进程，及时掌握情况，提高决策效率，更好地管理网络营销活动。

综上所述，网络营销效果评估对企业开展网络营销活动非常重要，有助于企业洞察市场，优化策略，提高成效和竞争力，实现可持续发展。

三、网络营销效果评估的意义

（一）网络营销效果评估可以提高企业管理水平

网络营销是企业营销活动的重要组成部分，它往往在第一时间将企业的发展情况以及产品的创新情况公布出来。以网络营销效果评估为参照，企业可以更加有针对性地整合内部资源，再造适合发展特点和市场环境的企业组织，提高企业的整体管理水平。

（二）网络营销效果评估是网络营销管理的需要，是实施有效网络营销的关键环节之一

正如所有管理活动都要有计划、执行和控制一样，网络营销也包含控制环节，控制环节包括效果评估过程。企业开展网络营销活动要实现其预定目的，网络营销计划、具体的网络营销活动实施过程的效果如何，不足之处和成功经验有哪些，这些分析都依赖于对网络营销活动的评估。只有客观公正地评估过去，才能改进现行工作，并对将来的活动产生影响，从而形成对网络营销活动经验的系统性积累。从这一点上来讲，网络营销效果评估更有意义，是实施有效网络营销的关键环节之一。

（三）网络营销效果评估有利于提高企业的知名度

网络营销活动也是企业扩大知名度的过程，网络营销的目的之一就是宣传企业。网络营销可以帮助企业在世界范围内提高知名度。客观公正地评估企业的网络营销活动有利于宣传企业、为企业树立良好形象；同时，借助第三方机构的力量对企业开展网络营销的活动效果进行评估，也会收到广告所达不到的效果。

（四）网络营销效果评估可以提高企业网络营销的水平

网络营销作为数字时代大市场营销的一个重要组成部分，它的改善有利于企业营

销活动的开展。不仅如此，通过网络营销效果评估，企业可以获得传统市场营销评估中难以获得的信息，推动企业整个营销工作的开展，指导企业调整营销策略。

> **行业发展与瞭望**
> ## 网络营销效果评估的趋势
>
> 随着网络营销的不断发展，企业对网络营销效果评估的重视程度越来越高。未来，网络营销评估将朝着以下方向发展：
>
> （一）数据驱动
>
> 随着大数据和人工智能技术的不断发展，网络营销评估将更加依赖数据。通过对大量数据的分析和挖掘，可以更准确地了解用户需求，预测市场趋势，为制定更精准的网络营销策略提供支持。
>
> （二）实时监测和分析
>
> 随着网络营销的快速发展，实时监测和分析网络营销效果的需求也越来越迫切。通过实时监测和分析，企业可以及时发现网络营销活动中的问题并进行调整，提高网络营销效果。
>
> （三）个性化评估
>
> 随着个性化需求的不断增加，对网络营销的评估也将更加个性化。企业可以根据不同的用户群体、产品或服务类型等，制定个性化的评估指标和标准，提高评估的准确性和针对性。
>
> （四）综合评估
>
> 网络营销评估将不再局限于单一的指标或数据，而是需要综合多种因素全面评估。例如，除了流量、转化率等指标外，还需要考虑用户满意度、品牌知名度、口碑传播等因素，以更全面地了解网络营销效果。
>
> （五）透明度和可衡量性
>
> 随着消费者对透明度的要求越来越高，网络营销评估也需要更加透明和可衡量。企业需要向用户公开网络营销活动的数据和效果，增强与用户的互动和沟通，提高用户对企业的信任感和忠诚度。
>
> 总之，网络营销效果评估将更加科学、全面和个性化。企业需要不断探索和创新评估方法，紧跟市场趋势和用户需求的变化，制定更精准、更有效的网络营销策略，提高投资回报率。

单元二　网络营销效果评估指标

网络营销效果评估指标一般包括目标用户行为评估指标、财务评估指标和企业竞争力评估指标。

一、目标用户行为评估指标

（一）目标用户行为评估指标

目标用户（也称目标客户），是指网络营销企业或商家提供产品、服务的对象。在制定网络营销策略时，目标用户的定义和识别是非常重要的步骤，因为只有了解目标用户的需求和行为特点，才能更好地制定网络营销策略并评估网络营销效果。在目标用户行为评估指标方面，一般可以从以下几个维度进行分析：

（1）用户活跃度。衡量用户在一段时间内的活跃程度，包括访问频率、访问时长、使用功能等。用户活跃度可以反映用户对产品或服务的依赖程度。

（2）用户留存率。衡量用户在一段时间内保留或回访的比例。用户留存率可以反映产品或服务的持续吸引力和用户满意度。

（3）用户转化率。衡量用户从潜在客户转化为实际客户的比例。用户转化率可以反映网络营销活动的效果和用户参与度。

（4）用户满意度。通过调查问卷、在线评价等方式了解用户对产品或服务的满意度和反馈。用户满意度可以反映企业提供的产品或服务质量，并为企业的优化改进提供依据。

（5）用户流失率。衡量一段时间内流失的用户比例。用户流失率可以反映产品或服务的竞争力和用户忠诚度。

（6）用户价值评估。通过评估用户的消费行为、使用习惯等数据，对用户的价值和贡献进行评估。用户价值评估可以帮助企业识别高价值用户，并制定更有针对性的营销策略。

（7）用户行为路径。记录用户在使用产品过程中所经过的路径，包括入口页面、出口页面等。通过分析用户的行为路径可以了解用户在使用产品时的习惯和偏好，从而优化产品设计。

（8）用户停留时间。用户在页面停留的时间越长，说明该页面越有价值，可以通过分析用户的停留时间来优化页面的内容和布局。

(9) 用户访问深度。该指标程度越深，说明用户对产品的兴趣越高，可以通过分析用户访问深度来优化产品的功能和内容。

(10) 用户点击率。用户点击率越高，说明该内容对用户的吸引力越大，可以通过分析用户点击率来优化产品的设计和功能。

通过对以上指标的分析，可以帮助企业更好地了解用户的反馈和行为，为企业制定更有效的营销策略提供有力支持。同时，这些指标可以用于评估网络营销的效果和价值，从而优化网络营销策略并提高投资回报率。

(二) 目标用户行为评估发展指标

在不同的时间阶段，网络营销效果评估的指标也会有所不同，结合当下短视频和直播蓬勃发展的背景，网络营销效果的目标客户行为评估指标可以从下述几个方向更新：

(1) 视频/直播观看量和互动度。短视频营销的核心在于短视频的观看量和互动度。相关评估指标包括短视频/直播的观看次数、点赞数、评论数、分享数等，以衡量短视频/直播在用户中的反响和传播效果。

(2) 用户留存率。用户留存率是衡量短视频或直播营销效果的重要指标。除了传统的留存率指标外，还可以考虑使用更具体的留存行为指标，如用户观看时长、回看次数等，以了解用户对内容的兴趣和参与度。

(3) 转化率和销售数据。转化率和销售数据是衡量短视频或直播营销效果的关键指标。除了传统的转化率指标外，还可以考虑使用更具体的转化行为指标，如购买转化率、表单提交转化率等，以了解相关营销活动对销售的具体贡献程度。

(4) 品牌知名度和口碑。品牌知名度和口碑是衡量短视频或直播营销效果的重要目标之一。其评估指标可以包括品牌搜索量、品牌提及次数、用户对品牌的评价等数据，以了解品牌在市场中的影响力和声誉。

(5) 用户行为效果。通过分析用户的观看行为、互动行为等数据，可以更深入地了解用户的需求和兴趣，从而优化营销策略并提高营销效果。例如，用户观看习惯、观看路径、互动时间等数据可以帮助企业了解用户对内容的偏好和需求。

(6) 社交媒体传播效果。短视频和直播营销通常与社交媒体紧密结合，因此相关评估指标需要关注社交媒体上的传播效果。例如，用户分享数、用户转发数、话题参与度等数据可以帮助企业了解内容在社交媒体上的传播范围和影响力。

(7) ROI评估。ROI是衡量营销活动投资回报的指标。在短视频与直播时代，ROI评估需要综合考虑短视频观看量、转化率、销售量等方面的数据指标，以更全面地了解营销活动的投资回报情况。

总之，在短视频与直播时代，网络营销效果评估的目标用户行为指标需要根据市场和用户的变化不断更新和完善。通过综合考虑上述几个主要指标，可以更全面地评估网络营销的效果和价值，为企业制定更有效的营销策略提供有力支持。

二、财务评估指标

网络营销效果评估中的财务评估指标与普通企业的财务评估指标基本相似，但更注重资金流动，因此网络营销效果评估中的财务评估指标主要是盈利能力指标和清偿能力指标。

（一）盈利能力指标

盈利能力指标包括如下几个：

（1）利润率，是指网络营销活动带来的销售额与相应成本之间的差额。高利润率表明网络营销活动在增加收入的同时，能够有效控制成本。

（2）投资回报率（ROI），是衡量网络营销投资效率的一个关键指标。ROI的计算公式为：ROI =（收入 − 投资）/ 投资。高ROI表明网络营销的投资回报水平高。

（3）客户生命周期价值（Customer Lifetime Value，CLV），是指一个客户在其生命周期内为企业带来的总利润。通过分析网络营销活动对CLV的影响，可以评估其长期盈利能力。

（二）清偿能力指标

清偿能力指标包括如下几个：

（1）现金流，网络营销活动产生的现金流反映了企业从网络营销活动中获得的实际货币收入。稳定的现金流有助于企业偿还短期债务和维持日常运营。

（2）速动比率，这是评估企业短期清偿能力的一个指标，其计算公式为：速动比率 = 速动资产/流动负债×100%。公式中，速动资产是指可以迅速转化为现金或已属于现金形式的资产。网络营销活动如果能够增加企业的速动资产（如现金、应收账款等），则有助于提高速动比率，从而增强企业的短期清偿能力。

（3）资产负债率，该指标反映了企业的总负债与总资产之间的比例，其公式为：资产负债率 = 负债总额/资产总额×100%。网络营销活动如果能够有效增加企业的总资产（如通过增加销售额和减少库存），同时保持适度的负债水平，那么企业的资产负债率就会得到改善,从而提高其长期清偿能力。

综上所述,从盈利能力和清偿能力的角度来看,网络营销效果的评估需要综合考虑多个财务指标。这些指标不仅可以帮助企业了解网络营销活动的经济效益,而且可以为企业的战略决策提供有力支持。

三、企业竞争力评估指标

在网络营销效果评估中,在制定评估竞争对手的指标时,通常考虑以下六个方面:

(1) 市场份额。这是评估竞争对手整体实力和市场地位的重要指标,通过了解竞争对手在市场上的占有率,可以对其市场影响力和竞争力产生直观认识。

(2) 产品/服务质量与性能。评估竞争对手的产品或服务质量、性能以及用户反馈,有助于了解其在市场中的优势和劣势,以及可能存在的改进空间。

(3) 价格策略。分析竞争对手的定价策略,包括其产品定价、促销活动等,有助于了解其在市场中的价格竞争力,以及可能对自身的定价策略产生的影响。

(4) 营销策略。评估竞争对手的营销策略,包括广告、促销、社交媒体营销等,有助于了解其在市场中的推广力度和效果,以及可能对自身营销策略产生的影响。

(5) 渠道策略。分析竞争对手的销售渠道或分销策略(包括线上线下渠道),有助于了解其在市场中的覆盖范围和影响力,以及可能对自身渠道策略产生的影响。

(6) 品牌影响力。评估竞争对手的品牌知名度和品牌形象,有助于了解其在市场中的影响力和吸引力,以及可能对自身品牌建设产生的影响。

通过对以上指标的综合评估,企业可以更全面地了解竞争对手的实力和优势,从而制定更有效的竞争策略。同时,这些指标可以作为企业网络营销活动优化的参考,以帮助企业在网络市场竞争中取得更好的成绩。

单元三 网络营销效果评估实施

网络营销主要以网站或平台为基础,网站流量、销售率和转化率的变化能够集中表现出网络营销的效果。对网络营销者来说,不仅需要统计跟踪网络营销效果,而且在看到成绩或不足时需要知道它们是如何产生的。这就需要仔细研究网站流量及用户在网站上的活动。通过对流量的仔细分析，能够发现网络营销活动是如何在各个环节上对用户起作用的，最终达到网络营销的总体效果。

一、网络营销效果评估数据获取渠道

网络营销人员的重要工作之一就是分析用户行为，直接分析网络营销评估效果数据，是分析用户行为的基本方式。下面介绍几种基本的网络营销效果评估数据获取途径。

（一）生意参谋

生意参谋是阿里巴巴集团的基本数据获取工具，服务于淘宝、天猫等网络卖家在网络营销活动中占有重要地位。生意参谋集数据作战室、市场行情、装修分析、来源分析、竞争情报等数据产品于一体，是商家的统一数据产品平台，也是大数据时代下赋能商家的重要平台。

生意参谋定位为统一的商家数据产品平台且支持多端联动，基于全渠道数据融合、全链路数据产品集成，为商家提供数据披露、分析、诊断、建议、优化、预测等一站式数据产品服务。生意参谋的界面如图6-1所示。

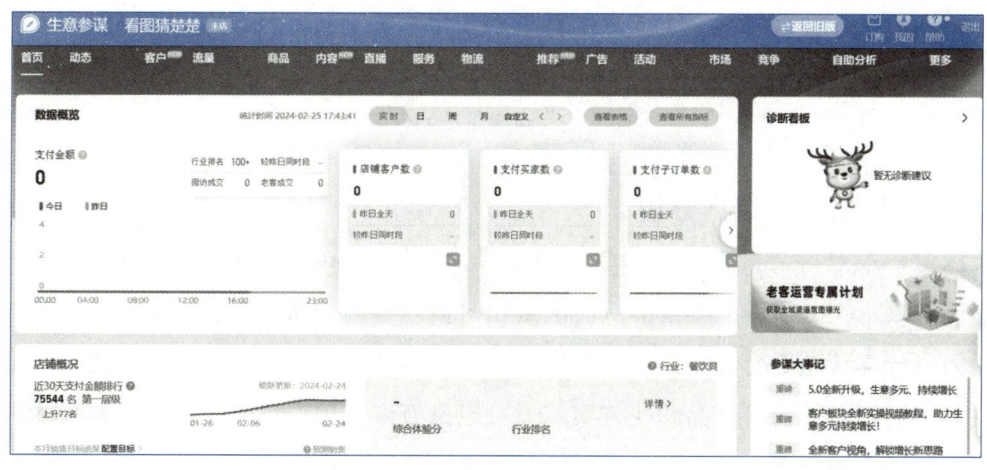

图 6-1　生意参谋的界面

（二）百度统计

百度统计是百度推出的一款免费的专业网站流量分析工具，能够告诉用户访客是如何找到并浏览用户网站的，以及访客在网站上做了些什么。这些信息可以帮助用户改善访客在用户网站上的使用体验，不断提升网站的投资回报率。

百度统计提供了几十种图形化报告，能够全程跟踪访客的行为路径。同时，百度统计集成百度推广数据，帮助用户及时了解百度推广效果并优化推广方案。百度统计提供了丰富的数据指标，系统稳定、功能强大、操作简易。用户登录系统后，按照系统说明完成代码添加，百度统计便可立即收集数据，为用户提高投资收益率提供决策依据。总之，百度统计是提供给广大网站管理员免费使用的网站流量统计系统，能够帮助用户跟踪网站的真实流量，并优化网站的运营决策。

目前，百度统计提供的功能包括流量分析、来源分析、网站分析等多种统计分析服务等。百度统计的界面如图6-2所示。

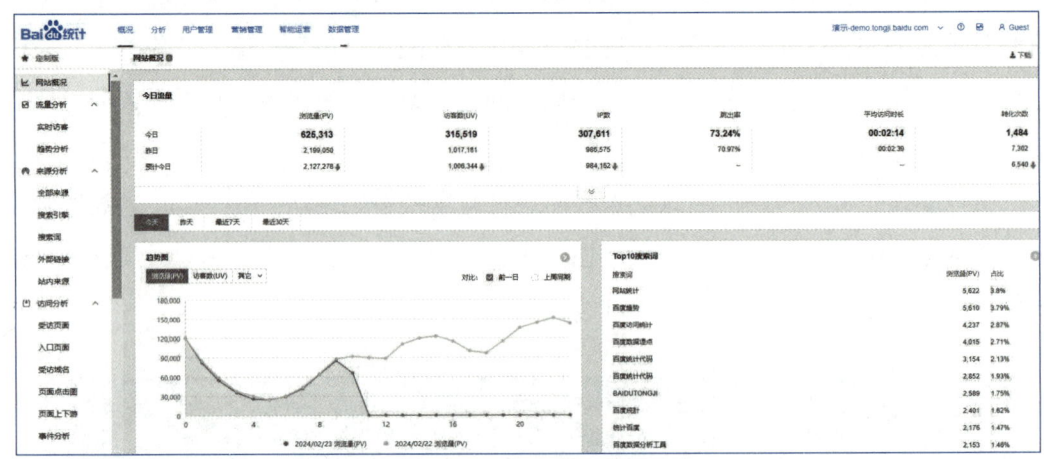

图6-2　百度统计的界面

（三）巨量百应数据分析

巨量百应是抖音官方的一个数据类工具，也称为Buy in，它是一个基于短视频、直播内容展示、分享商品场景，从而汇聚和链接内容创作者、商家、机构的一站式综合性商品分享管理平台。它是抖音电商旗下的内容营销综合服务平台，致力于打造一个兴趣电商领域的前沿产品解决方案。通过巨量百应，用户可以查看自己账号的详细数据，包括直播数据、粉丝数据、内容数据等，帮助用户更好地了解自己的账号表现，优化内容策略，提高直播效果。

巨量百应的操作后台（见图6-3）支持达人、商家、机构三类用户的登录和使用。达人可以通过巨量百应的达人工作台来管理自己的直播内容和商品推广；商家可以通过商家工作台来管理自己的商品和店铺运营；机构可以通过机构服务商工作台来管理旗下的达人和推广计划。

巨量百应的功能丰富多样，不仅可以帮助电商服务商更好地协助商家进行商品推广和销售，也可以作为自己带货的一个管理平台，方便管理带货的商品和旗下的达人，并实时了解直播带货的数据。

巨量百应有一定的入驻门槛，目前，需要同时满足以下4个条件才可入驻：

（1）完成账号实名认证。

（2）个人主页视频数（公开且审核通过）≥10条。

（3）账号粉丝量（绑定第三方粉丝量不计数）≥1 000个。

（4）缴纳商品分享保证金500元。

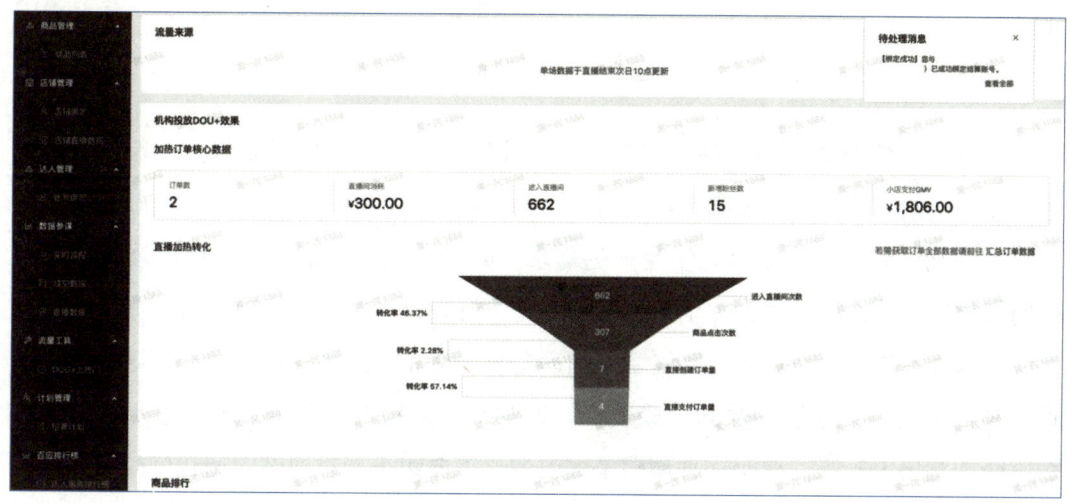

图6-3　巨量百应后台展示

二、网络营销效果评估数据分析的基本方法

（一）分析流量信息

网站统计工具一般都会在最醒目的地方列出基本流量数字。如图6-4所示，生意参谋在后台首页展示出最基本的数据，包括浏览量（Page View，PV）、独立访客数（Unque Visitor，UV）、跳出率、平均访问时长等。

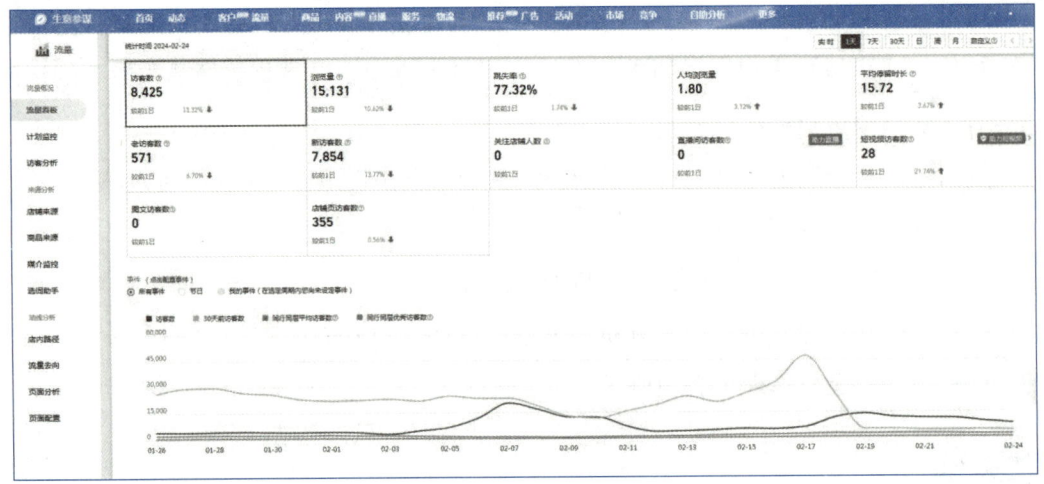

图 6-4 分析流量信息

这些基本信息体现出网站（网店）营销效果如何及流量质量高低。一般来说，如果企业的网站老访客占比较高，说明该网站的黏度较高。如果网站跳出率比较低，说明这是个成功的网站，基本满足了用户的需求。分析这些基本指标时，还应该看其随着时间变化的趋势，如在过去几个月总访问数是上升还是下降？是否有一段时间有明显的高峰？这段高峰是否与策划的网络营销活动有直接关系？如果总访问数一直随时间上升，说明长期的网络营销活动收到了成效。如果对网站架构进行调整后却导致平均访问页数下降或跳出率升高，说明这种调整是失败的，需要纠正。对网站的调整修改不是设计师或企业主自己主观觉得好就好，而要以用户反馈和实测数据为依据。

很多统计工具均显示网站流量在每天24小时内的分布情况，从中可以进一步判断网站何时流量更大。这些基本的流量信息及其随时间的变化，可以让网络营销人员大致了解网站表现及网络营销活动是否起到了应有的作用。

（二）查看流量来源

流量来源是网络营销人员经常查看的数据信息。如图6-5所示，直达访问、外部链接和搜索引擎的浏览量的比例被显示出来，各种流量来源随时间变化的趋势也被展现出来。

以外部链接流量为例，网络营销人员在外部链接流量来源中查看的数据信息包括：流量都来自哪些网站，是否有从来没想到过的网站带来的流量，这些外部链接流量的质量如何，跳出率及停留时间怎样等。对于流量质量高的网站，网络营销人员可以考虑能否直接与它们联系，达成某种更加深入的合作。

理解这些流量来源及不同来源的流量质量，可以使网络营销人员准确知道应该把时间更多花在哪些营销活动上。对于带来高质量流量的来源，就应该乘胜追击，开拓更多类似流量。

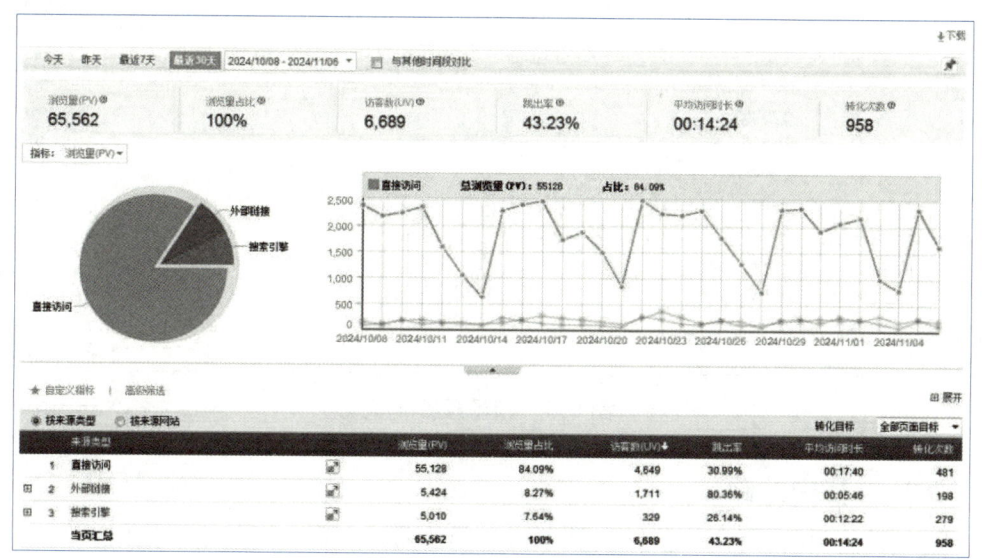

图 6-5　查看流量来源

（三）进行市场与竞店分析

在实际网络营销活动中，不能仅思考单独的网站（网店）的情况，必须经常了解市场与同行竞店的变化，只有时刻关注市场，才能在变化的市场中有一席之地。如图 6-6 和图 6-7 所示，了解目前同类竞店的交易构成，了解自己的网站（网店）是与哪些网站（网店）进行竞争的？去看同类的网站（网店），排行靠前的网站（网店）为什么好？

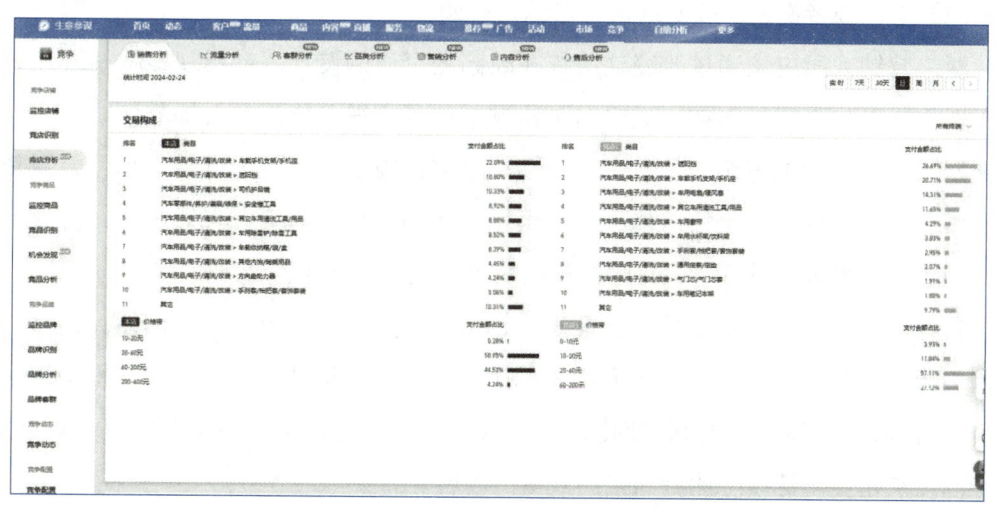

图 6-6　市场竞店构成

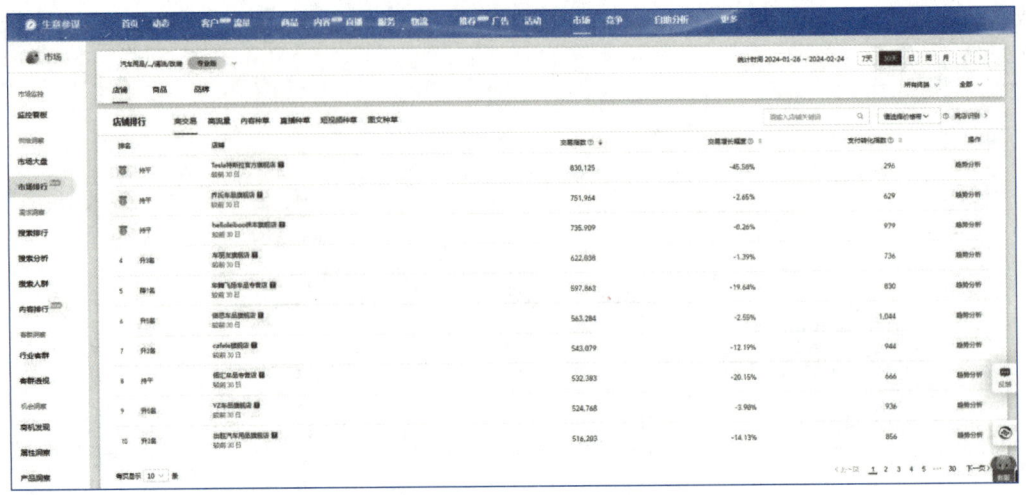

图 6-7　市场竞店排行

(四) 寻找网站缺陷

数据统计不仅告诉网络营销人员哪些流量的质量更高，还能告诉网络营销人员网站上可能存在哪些缺陷使得用户离开。

以跳出率为例，当以页面为标准时，跳出率会显示出这些页面质量如何。如果个别页面的跳出率比平均页面跳出率高出许多，就说明这个网页没能满足用户要求，用户或者在这些页面上没找到自己想要的信息，或者用户看完网页后没有按照网络营销人员的设想进入下一个页面，这些缺陷都无法达成网络营销目标。

对于流量较高但同时跳出率也较高的页面。网络营销人员就应该仔细审视网站有什么地方应该改进。很显然，用户已经用实际行动告诉网络营销人员，这些页面就是网站的缺陷，或者说是达成网络营销目标的瓶颈。

网络营销人员应该通过改变这些存在缺陷的页面的设计，继续观察网站统计数据，从而选择出最优页面。例如，更改网页标题或口号，很可能就会大幅降低跳出率；或者在网页内容上添加更明显、更有号召力的文字，吸引用户点击链接，也可能会降低跳出率。当然，这些都是简单修改，对页面上的任何可变因素，包括用词、排版、图片、颜色等，都可以进行对比实验，找出跳出率最低的版本。

有时，即使统计数字不太符合常规，也可以深入挖掘网页缺陷。例如，通常平均访问页数、平均访问时长、跳出率都是成比例的，但如果网站改版后发现平均访问页数显著提高，但平均访问时长变化很小，这很可能说明网站新导航系统有一定缺陷，用户需要点击更多链接才能看到相同数量的内容。

（五）注重转化效果

任何商业网站的网络营销都以最终效果为目的。无论有多少流量，无论用户在网站上停留了多长时间，如果最终没有转化成付费用户，那都毫无意义。前面的分析都是为了达成最后的转化，网络营销人员必须要定义一个可以量化的，并且网站统计工具可以跟踪的网站目标，时刻关注其转化率的变化。如图6-8所示。

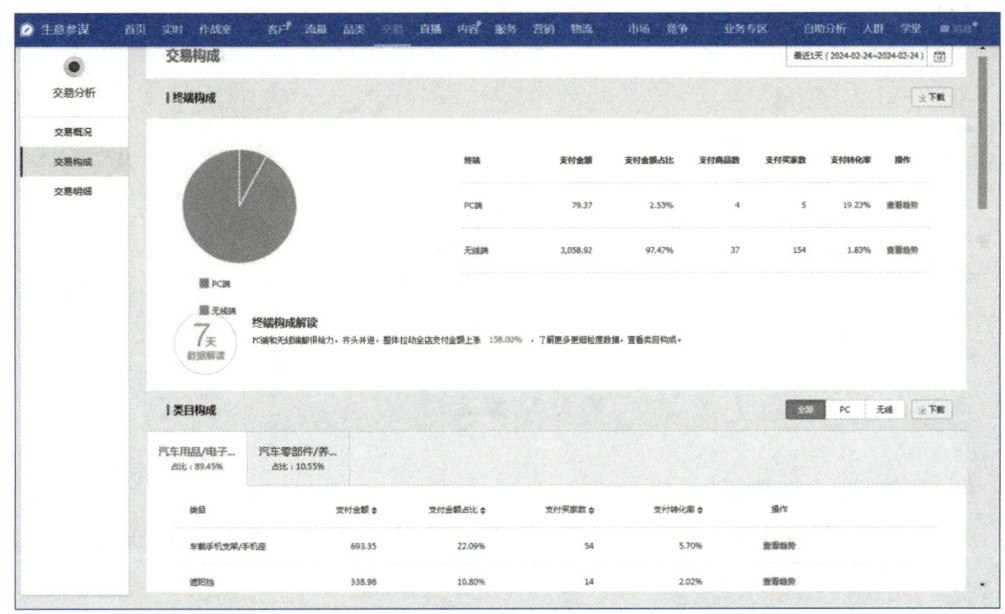

图 6-8　转化率统计

不同关键词流量的转化率往往相差很大。知道了什么关键词在网站上最容易转化，关键词搜索优化、竞价排名等网络营销活动就有了更明确的方向。通常，网站的转化率与跳出率、平均访问页数等指标是一致的。如果某网页的产品转化率较高，但流量较低，则应提高营销推广费用，以获得更多流量。从某种流量来源来说，跳出率越低，平均访问页数越高，说明用户对网站越感兴趣，转化率也就越高。

三、网络营销效果评估数据分析

（一）目标客户行为评估数据分析

目标客户行为数据可以从用户的浏览行为与用户的PV、UV等各种流量数据中得到。目前，生意参谋提供的流量情况数据比较全面，数据获取也非常直观，可以非常清晰地了解用户流量的来源、去向、跳出率等各种信息。生意参谋提供的流量分析界面如图 6-9 所示。

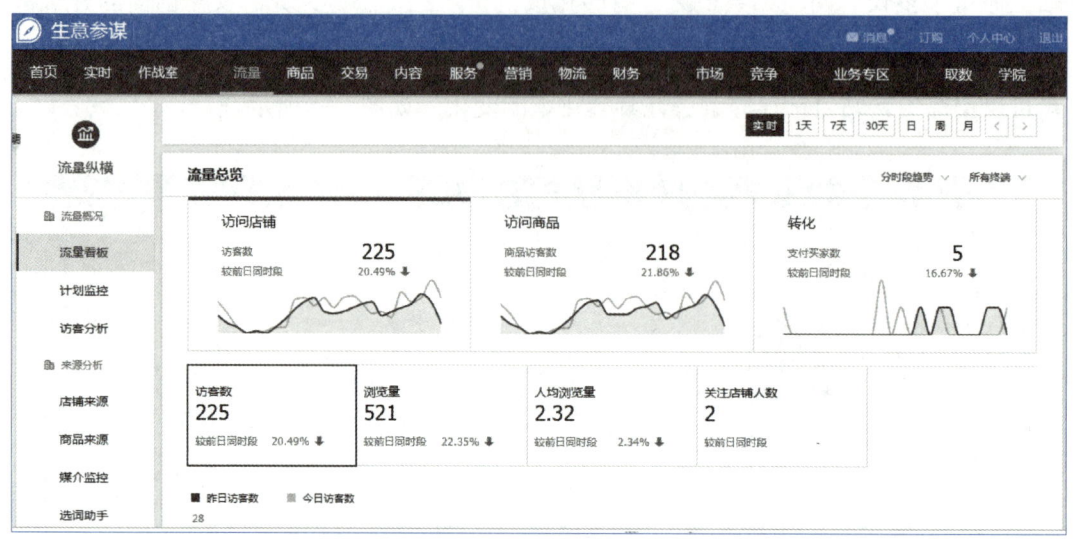

图 6-9　流量分析

（二）财务评估数据分析

生意参谋的营销中心也提供了非常直观的财务数据信息，店铺可以直观地了解财务情况，如图 6-10 所示。

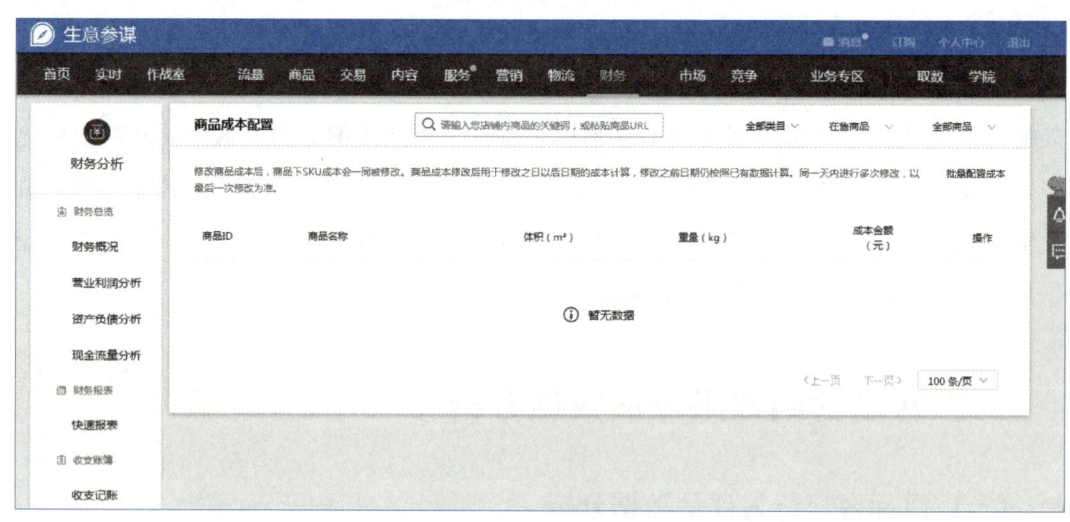

图 6-10　财务分析

（三）企业竞争力评估数据分析

竞争力是网络营销效果评估里非常重要的一个部分，在生意参谋中，也占据着非常重要的位置。如图6-11所示，可以从生意参谋的竞争分析中，非常清晰地了解企业竞争力的各项数据及统计。

图 6-11　竞争分析

职业道德与法规

杜绝网络营销中的"算法歧视"与"大数据杀熟"

算法歧视是指在使用算法决策时，由于算法设计、训练数据、模型偏差等原因，导致对特定群体或个体产生不公平、不合理的对待；大数据杀熟是指企业利用消费者个人数据，通过算法分析消费者的消费习惯和消费偏好等，对同一商品或服务提供不同的价格，从而获取更高的利润。这种行为侵犯了消费者的知情权和公平交易权，违反了市场经济的公平竞争原则。

2019年1月1日起施行的《中华人民共和国电子商务法》要求提供不针对个人特征的选项。2021年11月1日起施行的《中华人民共和国个人信息保护法》明确规范自动化决策，算法推荐服务的顶层设计逐渐完成。

2022年3月1日起施行的《互联网信息服务算法推荐管理规定》规范了通过算法技术向用户提供信息的行为，为算法推荐服务提供者明确的法律界限。这一系列法律法规的相继出台，在保护用户的知情权、选择权、拒绝权、救济权上提出明确要求，对保障未成年人、老年人、劳动者、消费者在互联网时代的权益具有重要作用，为我国数字经济发展增添了一抹以人为本、科技向善的鲜亮底色。

2022年7月25日，最高人民法院发布了《关于为加快建设全国统一大市场提供司法服务和保障的意见》。该文件强调了对平台企业垄断的司法规制，特别提到要及时制止利用数据、算法、技术手段等方式排除、限制竞争的行为，依法严惩包括"大数据杀熟"在内的破坏公平竞争、扰乱市场秩序的行为。

党的二十大报告指出："健全网络综合治理体系，推动形成良好网络生态。"在数字经济时代，如何强化反垄断、平台治理、企业社会责任，如何使算法少一点算计，在大数据提供个性化服务时，以公正透明的要义打造平衡用户权益与平台收益的健康生态，形成共同遵守的商业伦理准则或行业公约，关上大数据的"偏见之门"，是从根本上治理"算法歧视"与"大数据杀熟"这一问题的应有之义。

数实融合新视界
网络营销效果评估报告——以××公司直播营销为例

一、××公司背景概况

××公司作为一个专注潮流玩具领域的品牌或店铺，在市场上具有一定的发展潜力和市场前景。该公司需要通过不断创新和优化策略来保持竞争优势，实现持续发展。以下是××公司旗下某分店的直播现状举例。

二、××公司直播现状与问题

截取该公司在2023年12月5日、2023年12月11日和2024年1月16日三场直播的相关数据。

如图6-12所示，在2023年12月5日的直播数据中可以看出，主播在1小时52分钟的直播讲解中，平均在线人数较少，但是基本上都是精准客户，所以有26.67%的商品点击成交率，这说明整体产品定位和规划效果较好。但是人均观看时长较短，只有3分26秒，这说明用户黏性较低，主播在讲解的过程中不能有效地吸引客户关注，同时新增粉丝数占累计观看人数的比例也较低，这也能说明用户黏性较低的问题。

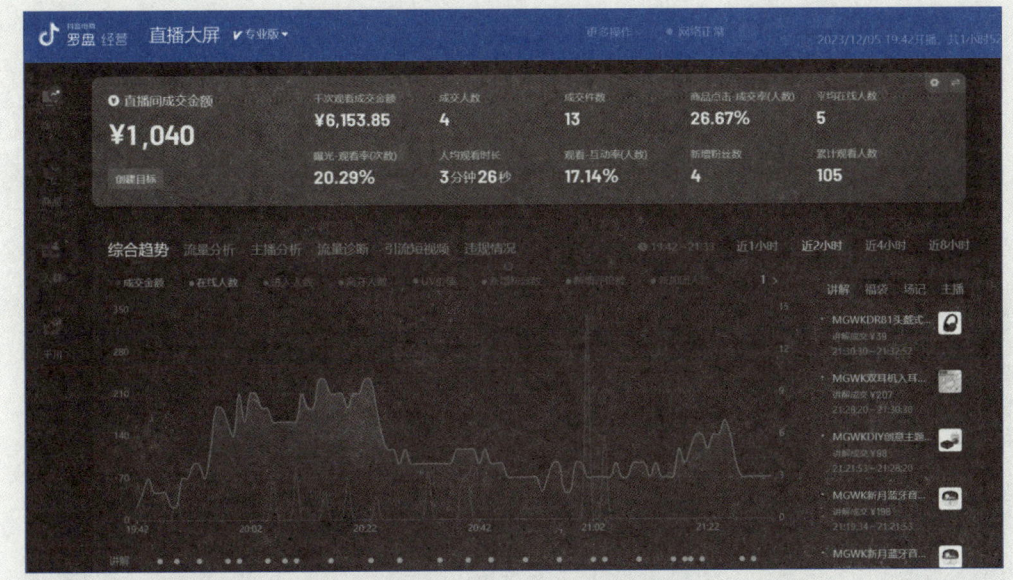

图 6-12　2023 年 12 月 5 日直播数据

如图 6-13 所示，从 2023 年 12 月 11 日的直播数据可见，直播时长 1 小时 56 分，与上一场直播基本持平，流量相对也平稳，没有出现额外推荐流量出现，但成交人数和转化率出现了较大提升，这说明直播的流量精准度有所提升，以及主播的讲解效果较好。但是用户黏度数据依然低迷。而且在引流方面有较大问题，整场直播的观看人数较低，说明在营销方面的投入较少，需要加大投入。

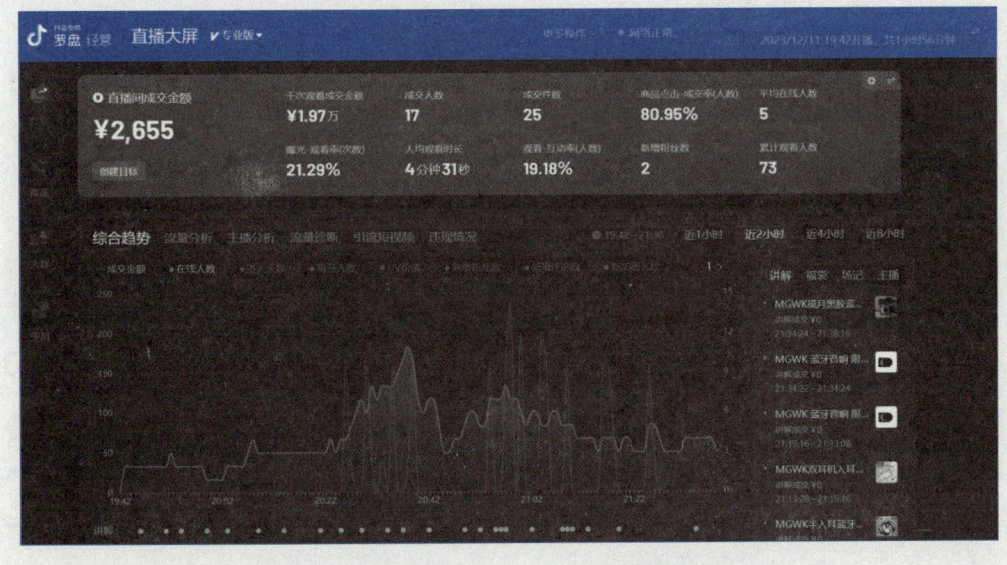

图 6-13　2023 年 12 月 11 日直播数据

如图6-14所示,从2024年1月16日的直播数据可以发现,为了解决流量问题,本次安排了较长时间的直播,直播时长为3小时40分,但是成效甚微,所以尤其在长期的直播下,观看互动率、商品点击成交率等数据都出现了剧烈的下滑,而且更长的直播没有带来更多的观看人数与粉丝,反而数据与之前的两次较短直播数据相似,这说明营销的问题并不出现在直播时长上。

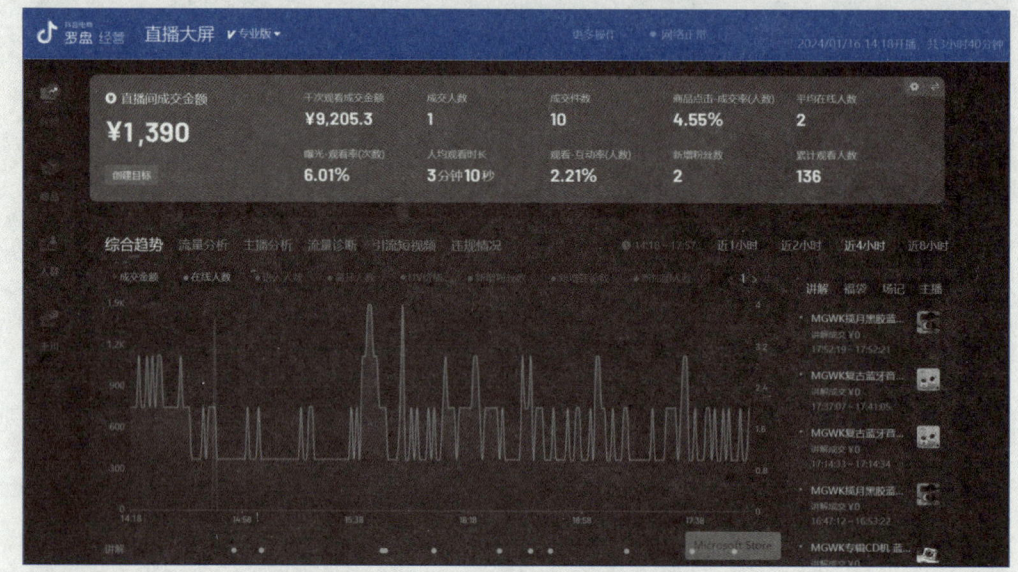

图6-14　2024年1月16日直播数据

综上所述,可以大致整理出该分店直播目前面临的较大问题:

直播问题1:观看人数整体较少,无法获取足够流量。

直播问题2:人均观看时长较低,粉丝转化率较低。

直播问题3:产品转化率不稳定,缺少产品的稳定选款。

三、××公司直播效果评估与建议

直播问题1:观看人数整体较少,无法获取足够流量。

直播评估建议:① 增加付费推广与多平台推广。除了在直播平台上进行推广外,还可以利用短视频平台、社交媒体、微博等多渠道进行宣传,并与其他相关领域的大号合作,进行跨平台推广。② 深入研究市场和竞争对手,了解所在行业的市场趋势和热门话题,以及竞争对手的直播内容和策略;找出他们的优点和不足,并尝试在直播中提供类似但更好的内容或服务,多思考多学习优秀的竞争对手是如何成功的。

直播问题2：人均观看时长较低，粉丝转化率较低。

直播评估建议：① 提高直播互动性和参与度，在直播过程中设置互动环节，如问答、投票、抽奖等，鼓励观众参与；及时回应观众的评论和反馈，建立亲密的互动关系。② 提供有价值的直播内容，在直播中分享专业知识、实用技巧、行业趋势等有价值的信息；提供独家的优惠、折扣或赠品，吸引观众留在直播间。③ 建立社群和粉丝文化，在社交媒体平台上创建粉丝群或社区，方便观众交流和分享；举办粉丝见面会或线下活动，赠送粉丝专属福利，增强粉丝归属感和忠诚度。

直播问题3：产品转化率不稳定，缺少产品的稳定选款。

直播评估建议：① 增加直播人员的培训，优化讲解节奏与流程。② 增加产品活动，尤其是一些转化率较低的款式，可以适当降价或者删除，以提升整体产品的动销率。

调查研究与善作善成

【调研目的】

（1）掌握网络营销效果评估的方法。

（2）能够根据给定企业网络营销情况，进行网络营销效果评估。

（3）能够撰写企业网络营销效果评估报告。

【调研要求】

本次调研的核心目的是对选定企业的网络营销效果进行全面评估。请选择一家具有代表性的企业，深入分析该企业所采用的网络营销方式，包括但不限于图文营销、搜索引擎营销、直播与短视频营销等。同时，选取一系列关键评价指标，如点击率、转化率、用户留存率等，用来量化评估其网络营销的实际效果。最终，将基于调研结果提出针对性的优化策略，帮助企业提升网络营销成效。

【调研内容】

（1）选择一个被评估的进行网络营销的企业。

（2）选择评估工具与指标。

（3）监测评估指标。

（4）完成评估报告。

【实训成果】

百度统计工具主要提供了用户行为分析数据,通过分析这些数据撰写网络营销评估报告,该报告应包括以下内容:

(1)趋势分析:监测网站流量趋势。

(2)来源分析:监测客户从什么途径来。

(3)页面分析:监测网站各页面的受欢迎程度。

(4)访客分析:监测网站访客是什么样。

(5)优化分析:监测总体进一步优化网站的指标。

同步测试

一、单项选择题

1. 以下不属于网络营销效果评估数据获取渠道的是（　　）。
   A. 百度统计
   B. 巨量百应
   C. 生意参谋
   D. 微信小程序

2. 以下不属于目标客户行为评估指标的是（　　）。
   A. 用户活跃度
   B. 用户黏性
   C. 用户行为路径
   D. 用户点击率

3. 在网络营销效果评估中，发现某网页的产品转化率较高，但流量较低，则应该实施的优化措施包括（　　）。
   A. 大幅度提升产品价格
   B. 提高营销推广费用
   C. 减少营销推广费用
   D. 保持营销推广费用不变

4. 网络营销人员经常查看的流量来源包括来自直接访问、外部链接和（　　）的流量。
   A. 关键词
   B. 搜索引擎
   C. 口碑相传
   D. 信息流广告

5. 在网络营销效果评估过程中，如果发现网站改版后平均访问页数显著提高，但平均访问时长变化很小，则说明（　　）。
   A. 广告定向设置是否过窄
   B. 创意内容与目标用户群体不相关
   C. 页面打开速度过慢
   D. 网站新导航系统有一定缺陷

二、多项选择题

1. 网络营销效果评估的作用，除了了解网络营销效果，还包括（　　）。
   A. 优化网络营销活动
   B. 降低网络营销成本
   C. 与竞争对手比较
   D. 监控网络营销进程

2. 网络营销效果评估中的财务评估指标主要包括（　　）。
   A. 盈利能力指标
   B. 清偿能力指标
   C. 用户停留时间
   D. 用户留存率

3. 网络营销效果评估数据分析的基本方法包括（　　）。
   A. 分析流量高低
   B. 查看流量来源

C. 寻找网站弱点　　　　　　　　D. 注重转化效果

4. 在评估某广告投放的过程中，如果发现该广告播放了 8 个小时，曝光量为 300 次，点击量为 6 次，点击率为 2%，转化量为 0 次，那么需要对这条广告进行优化时，首先应该从（　　　）入手。

   A. 页面加载速度　　　　　　　　B. 投放时段

   C. 人群定向　　　　　　　　　　D. 转化窗口

5. 在某次评估中，如果发现页面流量较高，但同时跳出率也较高，那么应采取的优化措施为（　　　）。

   A. 更改网页标题或口号

   B. 在网页内容上添加更明显、更有号召力的文字

   C. 更改用词、排版、图片、颜色等

   D. 去除冗余信息和元素

三、简答题

1. 什么是网络营销效果评估？主要评估哪些方面？
2. 网络营销效果评估的实施步骤是什么，主流的网络营销评估工具有哪些，各有什么特点？
3. 网站的流量分析主要通过哪些指标评估？

参考文献

[1] 林海. 新媒体营销 [M]. 2版,北京:高等教育出版社,2021.

[2] 王丽丽. 网络营销 [M]. 北京:高等教育出版社,2021.

[3] 魏振峰. 移动营销 [M]. 北京:高等教育出版社,2021.

[4] 徐慧剑,童红斌. 直播运营 [M]. 北京:高等教育出版社,2024.

[5] 北京鸿科经纬科技有限公司. 网店推广 [M]. 2版. 北京:高等教育出版社,2022.

[6] 秋叶. 社群营销实战手册:流量运营+私域转化+团队建设+品牌打造 [M]. 北京:人民邮电出版社,2022.

[7] 雷蒙德·弗罗斯特. 网络营销 [M]. 8版. 北京:中国人民大学出版社,2021.

[8] 凌守兴,王利锋. 网络营销实务 [M]. 2版. 北京:北京大学出版社,2017.

[9] 何晓兵,何杨平,王雅丽. 网络营销——基础、策略与工具 [M]. 2版. 北京:人民邮电出版社,2020.

主编简介

汪永华，教授，2002年毕业于西安交通大学电子商务专业，企业管理硕士，电子商务师，全国商业职业教育教学指导委员会数字经济与人工智能商业专门委员会委员，全国数字商务行业产教融合共同体理事会常务理事，国家职业教育电子商务专业教学资源库执行负责人，职业教育国家在线精品课程负责人，职业教育国家教师教学创新团队（物流管理专业）成员，浙江省职业教育电子商务专业教师创新团队负责人，浙江省级电子商务专业带头人。担任浙江经济职业技术学院商贸流通学院院长、智能商务研究所所长。主要研究方向网络营销、电子商务与物流。主编"十三五""十四五"职业教育国家规划教材《网络营销》（第二版）、"十四五"职业教育国家规划教材《直播电商运营》等；发表论文《电商会员制付费意愿影响因素实证分析》等10余篇。

郑重声明

高等教育出版社依法对本书享有专有出版权。任何未经许可的复制、销售行为均违反《中华人民共和国著作权法》，其行为人将承担相应的民事责任和行政责任；构成犯罪的，将被依法追究刑事责任。为了维护市场秩序，保护读者的合法权益，避免读者误用盗版书造成不良后果，我社将配合行政执法部门和司法机关对违法犯罪的单位和个人进行严厉打击。社会各界人士如发现上述侵权行为，希望及时举报，我社将奖励举报有功人员。

反盗版举报电话　（010）58581999　58582371

反盗版举报邮箱　dd@hep.com.cn

通信地址　北京市西城区德外大街4号　高等教育出版社知识产权与法律事务部

邮政编码　100120

读者意见反馈

为收集对教材的意见建议，进一步完善教材编写并做好服务工作，读者可将对本教材的意见建议通过如下渠道反馈至我社。

咨询电话　400-810-0598

反馈邮箱　gjdzfwb@pub.hep.cn

通信地址　北京市朝阳区惠新东街4号富盛大厦1座

　　　　　高等教育出版社总编辑办公室

邮政编码　100029

防伪查询说明

用户购书后刮开封底防伪涂层，使用手机微信等软件扫描二维码，会跳转至防伪查询网页，获得所购图书详细信息。

防伪客服电话　（010）58582300

网络增值服务使用说明

授课教师如需获取本书配套教辅资源，请登录"高等教育出版社产品信息检索系统"（xuanshu.hep.com.cn），搜索本书并下载资源。首次使用本系统的用户，请先注册并进行教师资格认证。

高教社高职电子商务专业教师交流及资源服务QQ群：218668588